"十三五"普通高等教育本科规划教材

管理学原理

主 编 张喜荣
副主编 杨 英 王新宇
编 写 周雪梅 孙鸿飞 韩洁平

中国电力出版社
CHINA ELECTRIC POWER PRESS

内 容 提 要

本书为"十三五"普通高等教育本科规划教材，系统地介绍了管理的基本原理、原则和方法。阐述了管理、管理者、管理技能、管理角色；管理理论的发展过程；计划、组织、领导、控制和创新等管理职能。全书共 10 章，每章后附有管理故事、管理案例和复习思考题。该书具有系统性和前瞻性，写作上简明清晰、深入浅出，实用性强，方便学习。

本书可作为普通高等院校经济管理类相关专业的本科生教材，同时也可作为从事企业管理工作的在职人员的参考用书。

图书在版编目（CIP）数据

管理学原理/张喜荣主编. —北京：中国电力出版社，2016.7
（2019.5重印）
"十三五"普通高等教育本科规划教材
ISBN 978 - 7 - 5123 - 9508 - 4

Ⅰ. ①管…　Ⅱ. ①张…　Ⅲ. ①管理学-高等学校-教材
Ⅳ. ①C93

中国版本图书馆 CIP 数据核字（2016）第 149406 号

中国电力出版社出版、发行

（北京市东城区北京站西街 19 号　100005　http://www.cepp.sgcc.com.cn）
三河市百盛印装有限公司印刷
各地新华书店经售
*
2016 年 7 月第一版　2019 年 5 月北京第四次印刷
787 毫米×1092 毫米　16 开本　15 印张　363 千字
定价 **30.00** 元

前　　言

　　"管理学"课程是世界上最大的一门课程之一，在我国几乎每个高校都开设了该课程。近些年来，国内外管理学的教材也很多，但是本书主要为普通高等院校经济管理类本科生所编写。本书有以下特点：

　　在写作上，本教材力图简明清晰，通俗易懂，重点突出，能够高效、准确地阐述管理学的知识体系，学生易学，教师易教。读者不需要高深的理论基础就能读懂和理解本书的内容。

　　在内容上，兼收并蓄了中外管理科学的精华，并结合中国实际情况，形成了比较完整、系统的理论和方法体系，同时反映学科的最新进展，并且又考虑到各门课程之间的联系与协调。

　　在结构上，本书按照管理职能框架展开，将管理划分为计划、组织、领导、控制和创新五个职能。一些职能拆分为几个部分，如计划职能，分为计划和决策两个部分；领导职能分为领导、激励和沟通三个部分。

　　管理案例部分，每章后配有管理哲理故事和管理案例，方便了教师进行案例教学，也便于读者通过案例学习、领会管理理论。简短而幽默的管理哲理故事，使学生在提高学习兴趣的同时，也领会理论的内涵。

　　复习思考题部分，每章后的复习思考题，题型多样，有概念、判断、选择、填空、简答、论述等题型，内容充分、有针对性，有利于学生对重点概念、知识点和理论的学习和强化。学生可以对照复习题来检验自己对知识的掌握程度。

　　本书由张喜荣主编和统稿。合作者有周雪梅、王新宇、杨英、孙鸿飞、韩洁平。具体分工为：张喜荣编写第一章、第二章、第五章～第七章；周雪梅编写第三章；王新宇编写第四章；杨英编写第八章；孙鸿飞编写第九章；韩洁平编写第十章。

　　本书在编写过程中参考并引用了中外管理学者的相关研究成果和资料，在此对作者一并表示衷心的感谢。在本书出版过程中，得到了中国电力出版社的大力支持和鼓励，谨向出版社的朋友们致以诚挚的谢意。

　　限于编者水平，书中疏漏与不足之处在所难免，恳请广大读者提出宝贵意见。

编者

2016 年 6 月

目　　录

第一章 管 理 概 述

【本章要点】

(1) 管理。管理的概念，管理的职能，管理属性。

(2) 管理者。管理者分类，管理者角色，管理者技能。

(3) 管理学。管理学特点，管理学研究方法。

(4) 管理环境。组织系统与组织环境，一般环境因素和任务环境因素，环境对管理的影响

第一节 管 理

一、管理的概念

自有人类社会就有管理活动，管理是人类社会生活中最常见、最普遍的活动之一。任何一个组织都需要有管理，国家需要管理，省、市、地区、企业、军队、学校、医院、银行等统统都需要管理。管理是共同劳动的产物，只要多人在一起劳动，为了实现一个共同的目标，就要有人指挥和协调，这种指挥和协调的过程就是管理。

管理概念本身具有多义性，汉语的字面意思是"管辖"和"处理"的意思。对于管理的概念管理学者们有多种解释，具有代表性概念有：

科学管理之父，弗雷德里克·泰勒（Frederick W Taylor）说过："所谓管理就是要准确地计划你要做什么，并务必使人们以最好、最经济的方式去做。"泰勒对管理的定义体现了工作分工，确定劳动定额并下放任务的职能上，该职能的本质是制订计划并确保计划的有效实施。

管理过程之父，法国著名管理学家法约尔（Henri Fayol）认为："管理，就是实行计划、组织、指挥、协调和控制。"这一定义突出了管理的职能内涵。

玛丽·帕克·福莱特（Mary Parker Follett）给管理的定义为"通过其他人来完成工作的艺术。"

斯蒂芬·P·罗宾斯（S P Robbins）则认为："管理是指同别人一起，或通过别人使活动完成得更有效的过程。"

诺贝尔奖获得者赫伯特·A·西蒙（H A Sinmon）给管理的定义是："管理就是决策，决策贯穿管理的全过程。"在西蒙看来，管理者所做的一切工作归根结底是不断地做出各种决策，决策贯穿管理的始终，决策具有重要意义。

现代管理学之父彼得·F·德鲁克（Peter F Drucker）认为："管理是一种工作，它有自己的技巧、工具和方法；管理是一种器官，是赋予组织以生命的、能动的、动态的器官；管理是一门科学，一种系统化的并到处适用的知识；同时管理也是一种文化。"

美国管理协会的定义是："管理是通过他人的努力来达到目标。"

我国学者杨文士和张雁在《管理学原理》中将管理定义为"组织中的管理者，通过实施

计划、组织、人员配备、指导与领导、控制等职能来协调他人的活动，使别人同自己实现既定目标的活动过程。"

徐国华定义管理为"通过计划、组织、控制、激励和领导等环节来协调人力、物力和财力资源，以期更好地达成组织目标的过程。"

周三多给管理的概念为"管理是管理者为了有效地实现组织目标、个人发展和社会主任，运用管理职能进行协调的过程。"

综上所述，本书给管理的定义为"管理就是组织中的管理者对人、财、物、信息等资源运用计划、组织、领导和控制等职能进行协调，有效地实现组织目标的过程。"该定义包含着以下含义：

（1）管理的载体是组织。组织是指由两个及以上人为实现共同目标而组成的有机整体。管理适用于各类组织。

（2）管理的主体是管理者。管理活动由各类管理者来完成。

（3）管理的对象是人、财、物和信息。进一步可分为人和物两大类，人是管理的核心。

（4）管理的职能是计划、组织、领导和控制等。

（5）管理的本质是协调，对内外各类资源进行协调。

（6）管理的目的是为了有效地实现组织的目标。即包括管理的效率和效果，管理效率是产出与投入的比值，管理效果是指组织的目标。即"正确地做事"和"做正确的事"。

（7）管理是一系列活动的过程，是使他人能够积极地、充满信心地实现组织目标的过程。

本书对管理的定义，能较全面地、通俗地反映管理概念的内涵和外延。

二、管理的职能

管理职能是根据管理过程的内在逻辑，把管理工作划分为几个相对独立的部分。管理职能的划分，为给庞大的管理知识和理论进行分类和整理提供了一个相当便利的框架，为研究和学习管理提供方便。但是，划分管理的职能，并不意味着这些管理职能是互不相关、截然不同的。划分管理职能意义在于：管理职能把管理过程划分为几个相对独立的部分，在理论研究上能更清楚地描述管理活动的整个过程，有助于实际的管理工作及管理教学工作。划分管理职能，管理者在实践中有助于实现管理活动的专业化，使管理人员更容易从事管理工作。在管理领域中实现专业化，提高管理效率。同时，管理者可以运用职能观点去建立或改革组织结构，根据管理职能规定出组织内部的职责和权力及它们的内部结构，从而也就可以确定管理人员的人数、素质、学历、知识结构等。

管理职能究竟应该包括哪些？管理学者至今仍众说不一。最早提出管理职能的是法约尔，他将管理划分为五个职能，即计划、组织、指挥、协调和控制。在法约尔之后，许多学者根据社会环境的新变化，对管理的职能进行了进一步的探究，有了许多新的认识。但当代学者们对管理职能的划分，大体上没有超出法约尔的范围。有的划分为四职能，有的划分为五职能、六职能或七职能等，但并没有本质上的差别，只是有的将某一职能分为两个职能，或有的将几个职能合并成一个职能。代表性的职能分类如表 1-1 所示。

表 1-1　　　　　　　　　　　　　管理职能的主要观点

年份	人物	计划	组织	领导	协调	控制	激励	人事	调集资源	通信联系	决策	创新	领导们的努力
1916	法约尔	√	√	√	√	√							
1934	戴维斯	√	√			√							
1937	古利克	√	√	√	√	√		√		√			
1947	布朗	√	√	√		√			√				
1948	厄威克	√	√			√							
1951	科曼	√	√	√					√				
1953	特里	√	√	√									√
1955	孔茨	√	√					√					
1956	特里	√	√				√						
1958	麦克利兰	√	√	√		√							
1964	梅西	√	√			√		√					
1964	孔茨	√	√	√				√					
1966	希克斯	√	√				√				√	√	
1972	特里	√	√	√		√							
1979	梅西	√	√			√					√	√	
1984	罗宾斯	√	√	√		√							

资料来源：罗哲．管理学．电子工业出版社，2010.8

古利克（Luther Gulick）提出管理七职能论，分别为计划（Planning）、组织（Organizing）、人事（Staffing）、指挥（Directing）、协调（Coordinating）、报告（Reporting）和预算（Budgeting）等七个职能，缩写为 POSDCRB。

哈罗德·孔茨（H Koontz）将管理划分为五职能。即计划、组织、人员配备、指导和控制。

斯蒂芬·P·罗宾斯（Stephen P Robbins）将管理划分为四职能。即计划、组织、领导和控制。

我国学者周三多将管理职能分为五职能，即计划、组织、领导、控制和创新。创新作为管理的一个职能，还是近些年的事。由于社会环境的迅猛变化，竞争的日益激烈，创新越来越被人们所重视，墨守成规无法应对动态复杂的环境变化，管理成功的一个关键因素就是创新，因此，创新也成为管理的一个职能。

本书将管理划分成五个基本职能，即计划（包括决策）、组织、领导（包括激励和沟通）、控制和创新。

1. 计划职能（Planning）

计划是指在行动之前预先拟订组织目标及实现目标的行动方案的过程。包括调查研究、科学预测、权衡客观的需要和主观的可能性，提出在未来一定时期内要达到的目标，以及实现目标的具体方案。

计划职能是管理的首要职能，是管理工作的起点，计划职能与其他职能密切相关，是其他管理职能的基础，确定目标和途径是计划职能所要完成的主要任务。目标是管理活动的终点，途径是连接当前和未来的桥梁，即如何实现目标。计划工作是一种需要运用智慧和发挥创造力的过程，它要求高瞻远瞩地制定目标和战略，严密地规划和部署，把决策建立在反复权衡的基础之上。

管理人员围绕着计划规定的目标，从事组织工作、配备人员、领导和控制等活动，以达到预定的目标。计划使组织中各种活动能够有条不紊地进行，计划可以增强管理的预见性，规避风险，减少损失；计划有利于在明确的目标下统一员工思想行动；计划有利于合理配置资源，提高效率，取得最佳经济效益。

2. 组织职能（Organizing）

组织是为有效地实现组织目标，将各项工作和活动加以分类，设计出合理的组织结构、配备相应的人员、分配权力并进行整合与协调的过程。组织是把管理要素按计划提出的各项目标和任务的要求，将组织要素结合成为一个统一的整体。具体包括组织结构的设计、管理体制的建立、规章制度的制定、人员和其他资源的合理配置等。简言之，组织工作是一个"建结构、定岗位、分权力、配人员"的连续动态过程。

计划工作确定组织的目标和行动方案之后，通过组织职能将活动进行分类，设置岗位和职位，划分部门，确立责权关系，根据岗位要求安排人员，协调资源，以及根据组织业务活动和环境的变化对组织进行调整和变革。

3. 领导职能（Leading）

领导是利用组织赋予的权力和自身的影响力带领和指导下属共同实现组织目标而努力的管理活动过程。组织是由人和各种资源有机结合而成的，而人是管理活动的核心，为最大限度发挥人的能动性，为了使管理工作卓有成效，管理者就必须运用各种适当的方法，调动员工的积极性，努力营造高昂的士气，使全体员工全心全意地为实现组织目标而努力工作。这便是领导职能所要完成的任务。

领导职能包括确立组织愿景，使他们明白在实现目标过程中的作用，激励下属，影响工作中的人或团队，满足他们的需要，选择恰当的激励方式，使下属的行为与组织期望的行为一致，指导和帮助他们完成组织任务，选择有效的沟通方式，解决组织中的冲突等。

4. 控制职能（Controlling）

所谓控制，就是按照组织的计划标准，对组织的各项活动进行检查，发现或预见计划执行过程中出现的偏差，采取措施进行纠正，保证组织目标实现的过程。控制工作的主要内容包括制定标准、衡量工作成效、纠正偏差。

组织是在复杂多变的环境中生存和发展的，意想不到的困难和障碍经常会遇到。为了确保组织目标的顺利实现，管理者必须对组织各项活动进行检查，发现和预见到偏差后及时采取措施予以纠正，保证组织活动实现组织目标。控制的标准是按照计划工作的所确定的目标制定，广义的控制职能还包括根据组织内、外环境的变化对计划目标和控制标准进行修订或重新制定。

5. 创新职能（innovation）

所谓创新，就是改变现状。创新是使组织的各项工作都不断地有所革新、有所变化。近些年来我国一些管理学教材把创新列为管理的一个职能，因为人们已经越来越意识到创新对管理者的重要性。"不创新，则灭亡""创新是当今商界的制胜之道"，在全球化竞争的环境中，组织要获得成功就需要不断地创新，创新是管理的原动力。在管理中的创新包括：技术创新、制度创新、理念创新、管理创新等。因此创新作为管理的一个重要职能。

　　计划、组织、领导和控制是管理的最基本职能。分别回答了一个组织要做什么和怎么做，靠什么做、如何做及做得怎么样等组织的基本问题。计划职能是管理的首要职能，它是一条主线，贯穿管理的整个过程。计划工作确定了组织的目标；组织职能根据计划所确定的目标设计组织结构、配备人员、确定岗位和职权；领导职能根据岗位职能对下属进行激励、处理好人际关系、通过沟通联络，指挥和带领下属实现组织的目标；控制职能是在实现目标的过程中，如果出现了偏差进行纠正的过程，保证组织目标的实现；创新职能贯穿于各职能之中，各管理职能的工作都需要不断的改进和创新，才能使组织更有生机和活力，才能在竞争中获胜。管理职能之间的关系见表1-2。

表1-2　　　　　　　　　　　　管理职能之间的关系总结

职能	英语	概　念	关　系
计划	Planning	计划是指在行动之前预先拟订组织目标以及实现目标的行动方案的过程	确定目标和方案，是基础和首要职能，是主线
组织	Organizing	组织是为有效地实现组织目标，将各项工作和活动加以分类，设计出合理的组织结构、配备相应的人员、分配权力并进行整合与协调的过程	根据计划目标，进行结构设计、确定岗位和职责，配备人员
领导	Leading	领导是利用组织赋予的权力和自身的影响力带领和指导下属共同实现组织目标而努力的管理活动过程	根据岗位职责进行带领和指导下属，对下属激励、沟通联系，保证目标实现
控制	Controlling	所谓控制，就是按照组织的计划标准，对组织的各项活动进行检查，发现或预见计划执行过程中出现的偏差，采取措施进行纠正，保证组织目标实现的过程	根据目标和执行情况进行对照检查，纠正偏差
创新	Innovation	所谓创新，就是改变现状	创新贯穿于各管理职能中，每一管理职能都要不断改革和创新

三、管理属性

　　马克思在《资本论》中指出："凡是直接生产过程具有社会结合过程的形态，而不是表现为独立生产者的孤立劳动的地方，都必须会产生监督劳动和指挥劳动。不过它具有二重性。一方面，凡是有许多人进行的协作的劳动过程的联系和统一，都必然要表现在一个指挥意志上，表现在各种与局部劳动无关而与工厂全部活动有关的职能上，就像一个乐队要一个指挥一样。这是一种生产劳动，是每一种结合的生产方式中必须进行的劳动。另一方面——完全撇开商业部门不说——凡是建立在作为直接生产的劳动者和生产资料所有者之间的对立的生产方式中，都必然会产生这种监督劳动。这种对立越严重，这种监督劳动所起的作用也越大。"从马克思的管理二重论的理论中，可以认识到，管理的两重性是通过两种管理性质表现的，即通过"指挥劳动"和"监督劳动"来分别表示管理的自然属性和社会属性。

　　"指挥劳动"是同生产力直接相联系，是由共同劳动的社会化性质决定的，是社会化大生产的一般要求和组织协作劳动过程的必要条件，它体现了管理的自然属性。

　　"监督劳动"同生产关系直接相联系，是由共同劳动所采取的社会结合方式的性质决定的，是维护社会生产关系和实现社会生产目的重要手段，它体现了管理的社会属性。

管理的自然属性是由人们的相互协作劳动、社会化生产而产生的，管理是共同劳动的产物，为了保证这种社会化生产持续、稳定地进行，需要按照要求合理地进行计划、组织、控制和领导，以有效地利用有限的资源，提高组织效益，这样便在管理学中形成一部分属于生产力范畴的内容，如管理的数量模型、库存管理、成本控制、财务管理等内容。这些管理理论、技术和方法是人类长期从事生产实践的产物，可以在不同社会制度下、不同国家、不同的组织中使用，是管理的一般规律，这就是管理的自然属性或生产力属性。

此外，管理是在一定的生产关系条件下进行的，必然会体现生产资料占有者的管理意志，这样便形成了管理属于生产关系和社会关系范畴的属性，如组织目标、组织道德、领导作风、激励方式、管理理念、群体价值观、组织文化等内容，具有明显的意识形态色彩，在不同的社会制度下、不同国家、不同的民族具有较大的差异，这就是管理的社会属性。管理的两重性比较见表1-3。

表1-3 管理两重性比较

属性	决定因素	性质	联系	特点
自然属性	共同劳动的社会化性质决定的	指挥劳动	生产力相联系	管理的共性
社会属性	社会结合方式性质决定的	监督劳动	生产关系相联系	管理的特殊性

管理的二重性具有辩证统一关系，相互联系，相互制约。管理自然属性不可孤立存在，它总是存在于一定的社会制度、生产关系中；同时，管理的社会属性也不可能脱离管理的自然属性而存在。管理的自然属性要求具有一定社会属性的组织形式和生产关系与其相适应，同时，管理的社会属性也必然对管理的方法和技术产生影响。

正确认识管理的二重性是非常重要的，这将有利于我们正确评价和学习先进的管理理论和思想。

第二节 管 理 者

一、管理者及分类

组织中的人员可分成两大类，一类是作业人员，直接从事生产或业务活动的人员。另一类是管理者，在组织中拥有正式职位，运用组织赋予的制度权力负责指挥别人的活动，有直接的下属，从事管理活动，为实现组织目标而负责对组织资源进行计划、组织、领导和控制的人员。如局长、厂长、处长、部长、科长、班长、组长、校长、院长、主任等均属于管理者。有些成员在组织中地位很高，但他们不指挥别人，没有自己的下级，这些人就不能被称作是管理者，如组织中的技术专家、法律顾问等就不属于管理者。有些组织成员尽管地位不高，如车间的基层监督员等，但他们却是货真价实的管理者。他们有自己的下级，他们要为别人的工作负责。

我们可以从组织的纵横两个方面来对管理者进行分类。从纵向来看，按组织层次来划分，可分为三类，横向可按职能部门划分。

1. 管理者按层次分类

管理者按层次分可分为三类，即基层管理者、中层管理者、高层管理者。处于组织中不同层次的管理者，其职务各不相同，但他们的工作具有一个共同的特征，即都是通过别人来实现组织的目标，并使组织活动得以更有效地完成。管理者要为他人的工作成果负责，而作业者则只对自己的工作负责。

(1) 高层管理人员。他们处于组织的最高层，对整个组织的活动进行全面管理，主要负责组织目标的确定、整体战略管理和运营政策制定，他们在对外交往中代表组织，高层管理者的工作往往是复杂和多变的。如公司董事会主席、首席执行官、总裁或总经理及其他高级资深经理人员，或高校的校长、副校长和其他处在或接近组织最高层位置的管理人员。

(2) 中层管理人员。他们是直接负责或者协助管理基层管理人员及其工作的人，如部门或办事处主任、科室主管、项目经理、地区经理、产品事业部经理或分公司经理等。这些人主要负责日常管理工作，在组织中起承上启下的作用。

(3) 基层管理人员。又称第一线管理者，他们处于作业人员之上的组织层次中，负责管理作业人员及其工作。如企业中的车间主任或班组长、学校中教研室主任等。

不论是作为哪个层次的管理者，其工作的性质和内容基本上都是一样的，都包括计划、组织、领导和控制等几个方面。但不同层次管理者在履行各项管理职能的程度和重点不同。高层管理人员花在计划、组织和控制职能上的时间要比基层管理人员的多些，而基层管理人员花在领导职能上的时间要比高层管理人员的多些。即便是就同一个管理职能来说，不同层次管理者所从事的具体管理工作的内涵也不完全相同。例如，就计划工作而言，高层管理人员关心的是组织整体的长期战略规划，中层管理人员偏重的是中期、内部的管理性计划，基层管理人员则更侧重于短期的业务和作业计划。各层次管理者的工作特征比较如表 1－4 所示。

表 1－4   各层次管理者的工作特征比较

工作特征	高层管理者	中层管理者	基层管理者
工作内容	计划、战略、政策	按计划实施	日常管理
工作性质	创造性	有效性	重复性
工作范围	全面、广泛	全部工作职能	单向工作职能
工作特点	很复杂	一般复杂	较简单

2. 管理者按职能分类

从组织的横向来分类的话，管理者还可以区分为综合管理人员和专业管理人员两大类。综合管理人员指的是负责管理整个组织或组织中某个部分的全部活动的管理者。除了全面负责的综合管理人员外，组织中还常常存在专业管理人员，也就是仅仅负责组织中某一类活动或业务的管理者。根据这些管理者所管理的专业领域性质的不同，可以具体划分为生产部门管理者、营销部门管理者、人事部门管理者、财务部门管理者等。

(1) 生产部门管理者。负责产品生产或提供服务。具体包括生产计划、生产控制、库存控制、质量管理、工厂布局、工作设计等。如车间主任。

(2) 营销部门管理者。负责产品销售或服务工作。具体包括产品开发、产品定价、市场调研、产品广告、产品销售、售后服务等工作。如营销总监。

(3) 人事部门管理者。负责人力资源管理工作。具体包括人力资源规划、人员招聘与选拔、人员培训、绩效考核、工资与福利、劳动保护等工作。如人力资源部主任。

（4）财务部门管理者。负责组织中的财务资源管理工作。具体包括资金筹集、财务计划、资金管理、会计核算、财务收支等。如财务处长。

（5）其他管理者。专业职能之外的其他行政管理工作，如总务处长，后勤经理，计划部长，公关部主任等。

二、管理者角色

管理者都从事计划、组织、领导和控制等管理职能，管理者在实际工作中都从事哪些工作，扮演哪些角色。对此学者们从不同的角度进行了研究。

1. 明茨伯格的管理角色理论

在研究管理者的角色时，20 世纪 60 年代后期，美国麻省理工学院的一位研究生亨利·明茨伯格（Henry Mintzberg）注意到管理者的实际工作内容与管理理论中所介绍的，尤其与法约尔描述的计划、组织、指挥、协调与控制等核心内容相差甚远。通常人们认为，管理者是深思熟虑的思考者，在经营决策的过程中，他们总是认真地思考和系统地权衡。但明茨伯格却发现，所调查的经理们几乎很少有时间能坐下来认真地思考，他们经常陷入变化很快、没有固定的模式和短时间的活动中，甚至有半数的管理者一项工作持续的时间少于 9 分钟。因此，他提出了管理工作的四种传说与事实。

传说一：管理者是深思熟虑的、系统的计划者。事实一是：无数的研究表明，管理者以一种不松懈的态度对待工作，简洁、多样化和连续性构成其行为特征。与此同时，管理者有着强烈的付诸行动而非深思熟虑的倾向。

传说二：富有成效的管理者不存在常规工作。事实二是：管理工作涉及一系列日常工作的处理，包括仪式、庆典、谈判，以及对把组织同其环境联系起来的信息的处理。

传说三：高级主管最需要由正规的管理系统提供的综合信息。事实三是：实际上，这种巨型的管理系统趋于失灵。管理者极为推崇口头交流、电话与会议，管理者似乎颇为青睐那些"软"信息，尤其是传说、小道消息、猜测等。

传说四：管理乃是或者至少是正在迅速地演变成为一种科学和一种专业。事实四是：管理者的工作计划都是在大脑里进行的，因而在描述这些过程的时候，我们往往使用"谈判""直觉"等字眼，而很少意识到这正意味着我们在这方面的无知。

亨利·明茨伯格对五位高层经理进行了一项精心研究，通过研究提出了管理角色（Management roles）理论。明茨伯格认为管理者扮演着 10 种不同而又相互关联的角色。这 10 种角色可以分为三大类：人际关系类角色、信息类角色和决策类角色。

（1）人际关系类角色。人际关系角色指所有的管理者都要履行的礼仪性和象征性的义务。它包含头面人物、领导者、联络者三类角色内容。公司的领导参加剪彩、颁发奖品等都是以头面人物角色的体现，组织的领导在进行雇用培训、激励、奖惩下属时，扮演的角色是领导者，而当管理者在组织内外充当联络员时，与提供信息的源头接触就成为他的主要工作。

1）头面人物。作为组织的管理者，对组织内部或外部的重大活动以头面人物的身份履行法律性或社交性的例行义务。不同级别的管理者出现说明组织对此事的关心程度的不一样或此事的发生对组织的意义不一样，或对某一级别的管理者而言在此情况下只要他们出现就说明了这一级组织对这件事的重视程度。头面人物的角色之所以重要到排在 10 种角色之首，是因为领导的主要作用是激励组织成员努力地工作。任何一级管理者的头面人物的作用都非常重要。如管理者在参加社会活动，宴请客人，签署法律文件，组织的大型集会等活动中，管理者行使组织代表人的角色。

2）领导者。负责激励和领导下属。作为领导者带领和引导下属努力工作，共同来实现组织的目标，实际上从事所有的有下级参与的活动。

3）联络者。与外部能够提供好处和信息的人保持接触和联系网络，发感谢信，从事其他有外部人员参加的活动。

（2）信息类角色。信息角色是指所有的管理者在某种程度上，都从外部接受和收集信息。它包含监控者、传播者、发言人三类角色内容。管理人员通过外界媒体了解公众的变化、竞争对手的打算时都是监控者角色的体现。在组织的领导将外界的信息传递给组织的成员，起着通道作用时，扮演的角色是传播者。而当管理者在组织充当发言人时，代表组织向外界发布有关组织的信息就成为他的主要工作。

① 监控者。接受大量的信息，作为组织内外信息的神经中枢，处理各种信件与接触，其主要目的在于收集信息。

② 传播者。把从外部人员或下属那里获得的信息传递给组织的其他成员。

③ 发言人。向外界发布有关组织的计划、政策、行动和结果的信息，作为组织所在行业方面的专家，举行董事会，向媒体发布信息。

（3）决策类角色。决策制定方面的角色。决策角色是指所有的管理者都会在其工作岗位上参与组织决策的工作。其中按参与的角色差异，分为创业者、麻烦事处理者、资源分配者、谈判者四类角色内容。创业者是具有创新思维、战略头脑的一类人物，他在组织中常常起到寻找机会、促进变革，带领组织不断发展的重要作用。麻烦事处理者的作用是管理者为了防止组织内出现重大问题而事先采取的控制活动。资源分配者的作用是管理者对组织的人、财、物等资源进行有效的配置，提高组织资源利用效率。而与组织有关的利益集团（如供应商雇员、债权人等）进行谈判，确定成交条件的管理，就是在组织中谈判者角色的作用。

1）创业者。从组织和环境中寻找机会，发动能够带来变革的计划，追求组织持续改进，制定战略，开发新项目，重视创新。

2）麻烦事处理者。当组织面临重大的突发事件和各种危机时采取正确的行动。所以管理者要具有诊断技巧，善于解决混乱问题。

3）资源分配者。做出或批准组织中的重大决策。管理者对资金、时间、材料、设备、人力等资源进行分配决策。

4）谈判者。在主要的谈判中代表组织进行谈判。与上级讨价还价，与下级谈工作条件与目标，与顾客、供应商谈价格，与合作者谈合作条件等。

管理者在不同的场合、不同的工作岗位上扮演不同角色的理论，已在实践中得到了充分的证明。管理者在组织中所扮演的角色，与管理者在组织中所处的层次有关。对于高层管理者来讲，他所担负的头面人物、联络者、发言人、传播者、谈判者的角色会更多；对于低层管理者，领导者的角色则会更多。管理者在组织中所扮演的角色也与所在组织的大小有关。通常管理者所扮演的10种角色是在不断地转换的。明茨伯格的10种角色描述和特征活动举例见表1-5。

表 1-5　　　　　　　　　　　　　　　　　　明茨伯格管理角色理论

角　色		描　述	特征活动
人际类	头面人物	象征性的首脑，必须履行法律性或社会性的例行义务	迎接来访，签署法律文件
	领导者	负责激励和指导下属，负责人员配备、培训和交往	实际上从事所有的有下级参与的活动
	联络者	维持与外界保持联系的社会网络，向人们提供信息	发感谢信，参加外部的公共事务活动、会议和社会活动
信息类	监控者	寻求和获取各种特定信息，以便透彻地了解组织与环境，是组织内部与外部信息的中枢	与媒体接触，了解社会对组织的看法，与下属谈话，了解组织内部有关信息
	传播者	把从部门或下属那里获得的信息传递给组织中的其他成员	举行信息交流会，用打电话的方式传达信息
	发言人	向外界发布组织的计划、政策、行动和结果等信息，以组织所属行业专家的身份出现	举行董事会议，向媒体发布信息
决策类	创业者	从组织和环境中寻找机会，制定改革方案，发起变革，监督某些方案的策划	制定战略，决定新产品开发计划
	麻烦事处理者	当组织面临重大的、意外的混乱时，负责采取正确的行动	制定危机战略，检查陷入混乱和危机的时期
	资源分配者	负责分配组织中的各种资源—事实上是批准所有重要的组织决策	资源调度，向下级授权，从事涉及预算的各种活动
	谈判者	在主要谈判中代表组织行使责权	合同谈判

2. 德鲁克的管理角色

美国著名管理学家彼得·F·德鲁克（Peter F Drucker）于 1955 年提出"管理角色"（The role of the manager）的概念，德鲁克认为，管理是一种力量，这种力量是通过各级管理者体现出来的。管理者所扮演的角色大体上分三类：

（1）管理一个组织（managing a business），求得组织的生存和发展。因此必须：①确定该组织是干什么的，应该有什么目标，如何采取积极措施实现目标；②求得组织的最大效益；③为社会服务和创造顾客。

（2）管理管理者（managing manager）。组织的上、中、下三个层次中，人人都是管理者，又都是被管理者，因此必须：①确保下级的设想、意愿、努力朝着共同的目标前进；②培养集体合作精神；③培训下级；④建立健全组织结构。

（3）管理工人和工作（managing worker and work）。因此要认识到两个假设前提：①关于工作，其性质是不断变动的，既有体力劳动，又有脑力劳动，后者的比例会越来越大；②关于人，要正确认识到"个体差异、完整的人、人的行为有因、人的尊严"对于各级各类人员相互关系的重要性。

3. 有效管理者与成功管理者

弗雷德·卢森斯（Frek Luthans）和他的助手从不同的角度考察了管理者做什么的问题。他们发现事实上在工作中最有成绩的管理者并不一定是组织中提升最快的人。他们提出有效管理者和成功管理者的概念。

有效的管理者是提高效率和效果的管理者，即能"做正确的事"和"正确地做事"的管理者。有效管理者主要表现为拥有优秀的和忠实的下属及高绩效的团队。成功的管理者是指在组织中相对快速地获得提升的管理者。

在组织中成功的管理者和有效的管理者从事管理活动是不同的。研究者们通过对零售商店、医院、政府部门、报社、公司总部、金融机构、制造业等450多位管理者后发现这些管理者都从事四类活动：

（1）传统管理：包括决策、计划和控制。具体行为有：制定目标，明确任务，分配任务及资源，安排时间等，明确问题，处理日常危机，决定做什么，如何做，考察工作，监督绩效等。

（2）沟通：交流信息和处理文书工作。具体行为有：回答常规程序问题，接受和分配重要信息，传达会议精神，通过电话接受或发出日常信息，阅读并处理文件和报告等，处理一般日常工作等。

（3）人力资源管理：包括激励、惩戒、调节冲突、人员配备和使用。具体行为有：安排奖酬，进行奖励，倾听意见，提供团队支持，绩效反馈，制定工作描述，招聘、安排人员、培训、指导等。

（4）网络联系：包括社交活动、政治活动和与外界交往。具体行为有：与工作无关的闲谈，议论流言蜚语，抱怨，参加政治活动，发牢骚，应对外界相关单位，参加外部会议，公益活动等。

研究表明，不同的管理者花在各项活动上的时间和精力是显著不同的，如表1-6所示。在管理活动的重点上，成功的管理者与有效的管理者强调的重点不一样，甚至几乎是相反的。成功的管理者与有效的管理者的显著不同在于：维护网络联系对管理者的成功相对贡献最大，它生动地说明了社交和施展政治技巧对于在组织中获得更快的提升起着重要的作用；而有效的管理者中，沟通的相对贡献最大，维护网络联系的贡献最小。实际上的差异是有效的管理者的能力要高于成功的管理者，因此他把主要的精力放在如何做事上，而成功的管理者则需要经常向上级请示该如何去做事，因此，把许多的精力放在沟通与交流上，使上级对成功者了解更多。

表1-6 　　　　　　　　　　**管理者类型在各管理活动中的时间分布**

管理活动 ＼ 管理者类型	有效管理者	成功管理者	平均管理者
传统管理	19%	13%	32%
沟通	44%	28%	29%
人力资源管理	26%	11%	20%
网络联系	11%	48%	19%

4. 管理层次与管理者角色

不同组织的管理者、不同层次的管理者的角色其内容没有很多差异，但管理角色的重要性随着管理者在组织中所处的层次而变化，不论管理者是哪个层次，都履行计划、组织、领导和控制等职能，但他们履行职能的程度和重点不同。如表 1-7 所示，随着管理层次的增加，花在计划职能上的时间越多，基层管理者占 15%，高层管理者占 28%；而领导职能是随着管理层次的增加花的时间越少，基层管理者占 51%，高层管理者占 22%；高层管理者组织职能是占 36%，第二位的是计划职能占 28%，基层管理者领导职能为第一位占 51%，对于中层管理者花费时间和精力最多的是领导职能占 36%，其次是组织职能占 33%。管理者应该根据所处的管理层次调整好时间和精力，扮演好管理角色。

表 1-7　　　　　　　　　　　　　管理者层次在各管理职能中的时间分布

管理职能 ＼ 管理者层次	基层管理者	中层管理者	高层管理者
计划职能	15%	18%	28%
组织职能	24%	33%	36%
领导职能	51%	36%	22%
控制职能	10%	13%	14%

三、管理者技能

管理者面临的环境复杂，扮演的角色多变，要想有效地实现组织目标，就必须掌握必要的管理技能。管理学者罗伯特·李·卡茨（Robert L. Katz）在《哈佛商业评论》中发表的"能干的管理者应具有的技能"一文中提出管理者应具备技术技能、人际技能和思维技能等三种基本的管理技能。

技术技能（technical skills）：指管理者熟悉和精通特定专业领域的知识或技能的能力。包括专业知识，用专业知识解决实际问题，使用某种工具和技能的能力。如制造、工程、财务、计算机等方面知识和技能。

人际技能（human skills）：指管理者成功地沟通、理解、激励个人或群体的能力。包括对下属的领导能力和处理不同组织之间的关系的能力。

思维技能（conceptual skills）：指管理者对复杂问题进行抽象思考、形成概念的能力。能够使管理者准确把握组织内外的各种关系，深刻了解组织中任何活动的后果，应对各种组织环境，能够识别问题，拟定方案，选择方案和付诸实施的技能。

罗伯特·李·卡茨认为，在不同的组织层次中，这三种技能应有不同的优化组合：在较低的层次，管理人员需要的主要是技术和人际技能；在较高的层次，管理者的有效性主要取决于人际和思维技能；在最高管理层，思维技能成为成功管理工作中最为重要的技能。依据罗伯特·李·卡茨的理论，美国的《财富》杂志对美国银行业、工业、保险业、公共事业、零售业和运输业中最大的 300 家公司进行了调查，调查的结果支持了卡茨的理论。表 1-8 表明，从基层到高层管理者技术技能在逐渐减弱，思维技能在逐渐增强，而人际技能变化不大。说明思维技能是高层管理者的重要技能，技术技能是组织基层管理者的重要技能，而人际技能是各层次管理者都应具备的技能。

表 1 - 8 管理技能与管理层次的关系

管理层次 ＼ 管理技能	技术技能	人际技能	思维技能
高层管理者	17.9%	42.7%	39.4%
中层管理者	34.8%	42.4%	22.8%
基层管理者	50.3%	37.7%	12.0%

第三节 管 理 学

一、管理学的特点

管理学是一门研究管理活动一般规律、基本原理和一般方法的科学。管理活动普遍存在，它以一般组织为研究对象，但不同的组织由于性质不同，管理的内容和方法不同，管理有许多专业领域，管理学是研究各类组织管理的基本概念、基本原理、基本方法，是各类专业管理的基础。管理学作为一门学科具有如下特性：科学性和艺术性、发展性、综合性、不精确性。

1. 科学性和艺术性

管理是一门科学。自有人类社会开始就有管理活动，人类具有管理思想可以追溯到几千年以前，但管理形成理论是在 19 世纪末 20 世纪初泰勒的科学管理的产生开始，科学管理的形成过程是：先有管理活动，在管理活动中产生了见解，进而形成管理思想，然后通过从实践中收集、归纳、检验数据，提出假设，并利用管理实践验证假设，形成管理理论，反过来理论又用来指导管理实践，在实践中不断地补充完善和修正。管理理论形成的过程与其他理论一样，也是经过实践、认识、再实践、再认识的过程。目前，管理学已形成了一套反映客观规律、合乎逻辑的理论和知识体系，因而管理学是一门研究管理活动基本规律和方法的科学。科学性是管理必不可少的基础，科学管理注重自然规律、客观数据、分析结论、程序化、规范、规则、惯性、理性体验、同一性和经验运用。

但由于管理对象分别处于不同环境、不同行业、不同的产出要求、不同的资源供应条件等状况下，这就导致了对每一具体管理对象的管理没有一个唯一的适合于各种环境的、万能的管理模式，尤其对于非程序性的、全新的管理对象，更是如此，具体管理活动的成效与管理技巧的发挥有很大的相关性。事实上管理者对管理技巧的运用与发挥，体现了管理者设计和操作管理活动的艺术性。另外，由于在达成组织目标的过程中，可供选择的管理方式和手段多种多样。因此，在众多可选择的管理方式中选择一种适合的用于现实的管理之中，是管理者进行管理的一种艺术性技能。艺术性更多地取决于人的天赋直觉，是非理性的，管理有时就是一种非理性的活动。管理的目的是高效率地达成组织目标，为此要求管理者必须灵活、熟练地应用相关的知识和技巧，创造性地对管理对象进行管理协调。因此，管理具有明显的艺术性特征。艺术性是管理变化、创新的灵魂，艺术性管理注重的是灵活多变、逆向思维、创新创造、情感认知、审美感悟。

管理学是一门实践性很强的科学。理论来自于实践，又对实践起着指导作用。管理理论与方法是人们通过对人类千百年来丰富的各种管理实践活动进行深入分析、总结、升华而得到的，反过来它又被用来指导人们的管理实践活动，它一刻都不能脱离管理实践。因此，要想成为一个有效的管理者，仅靠书本知识是不行的，必须通过大量的管理实践活动去体会和磨炼，理论必须联系实际。

把管理理论背得滚瓜烂熟的人不一定就是一个优秀的管理者。因为通过管理理论的学习，只是掌握了一些普遍的原理和规律性的东西，并不等于学会了解决复杂的实际问题的本领，这种本领必须要在实践中获得和提高。任何一个组织所处的社会环境和自然环境都是很复杂的，组织中的成员又各具特色，不是从一个模子中出来的，管理的核心是对个性化的人进行管理，而人是最复杂的，难以预测和控制，人在不同的环境下，其行为不同、相互影响不同、对相同的管理理念的认识不同、对相同的管理方法的理解不同、对相同管理者的管理作风的共享程度不同，其产生的效果肯定不同。而且环境因素和人的因素总是在不断地变化的，做好管理工作就绝不是学一些普遍性的规律所能解决的，必须要在实践中不断运用管理学的知识，不断增长才干和积累经验。因此管理是科学性与艺术性的结合。

人们已经承认管理既是科学又是艺术，因此，一个成功的管理者必须具备这两方面的知识。比如孔茨认为：“医生不掌握科学，几乎跟巫师一样。高级管理人员不掌握管理科学，则只能碰运气，凭直觉，或用老经验。”罗斯·韦伯认为：“没有管理艺术的管理科学是危险而无用的，没有管理科学的管理艺术则是梦想。”管理的科学性和艺术性同样重要。

2. 发展性

管理不存在最佳的一成不变的模式，不同的组织、不同的制度、不同的时间、不同的环境等应采用不同的管理模式，管理活动要与环境相适应。管理活动是在变动的组织环境中进行的，在资源配置过程中要适应于环境。由于各个组织所处的客观环境与具体的工作环境在不断地变化，各类组织从事的行业不同、组织的目标不同，从而导致了每个组织中资源配置的变化，因此，不存在一个不变的标准的管理模式。

随着全球科学技术的发展，特别是计算机和网络技术的广泛应用，对企业的组织形式、运营方式和管理手段产生了巨大的影响。如信息高速传递的实现，使企业的许多中间结构失去了存在的必要，因而出现了企业组织的扁平化；网络技术的广泛应用，出现了虚拟企业；企业为了充分发挥自身的优势并增强市场竞争力，由供求关系而形成企业供应链结构；电子商务的出现，对企业的营销模式产生了巨大的影响。由此产生了许多新的管理问题，需要人们去研究解决，所产生新的管理理论和方法将会大大推动管理学理论体系的更新和扩展，因此，管理学是一门发展的学科。

3. 综合性

由于管理活动的复杂性，必然会导致管理学的综合性。它与许多学科相联系，如经济学、技术学、数学、心理学、人类学、生理学、伦理学、社会学、历史、计算机科学等。它吸收和运用了各学科的成果，是一门介于社会科学和自然科学之间的综合性学科。管理工作广泛存在于各类行业、各个领域，涉及的专业包罗万象，作为管理活动主体的管理者在进行管理活动中，需具有广博的知识才能进行有效的管理。例如，企业的高级管理者，在处理企业有关生产、销售、计划和组织等方面的问题时，需要了解工艺、预测、统计学、数学、政治学、经济学等知识，在处理企业中人员调配、工资、培训和激励等问题时，现代管理者除了懂得管理外，还需掌握管理的重要工具，如计算机与网络知识等，学会用这些现代技术工具进行管理和决策等。管理学充分吸收了对自身有用的东西并加以拓展，因此，它具有很强的综合性。

4. 不精确性

管理学是一门不精确学科，即在给定可控的条件下，用同样的管理可能得到完全不同的结果。这种不确定性主要是由于组织环境中许多无法预知的复杂因素而引起的。如企业在投入资源一定的情况下，由于国家的方针、政策和法令的变化或组织内外环境的变化，都会对企业的经营效果产生严重影响。因此，管理学与诸如自然科学的精确学科具有很大的不同，它具有不精确性。即使在已知的条件完全相同的情况下，可能产生不同的或截然相反的结果。就是在投入的资源完全相同的情况下，其产出也可能不同。假如有两个企业，已知其生产条件、人员素质和领导方式完全相同，它们的经营效果也可能相差甚远。这主要是因为影响管理效果的内外环境因素复杂而多变，许多因素又是无法完全预知的。实际上，所谓"投入完全相同"这句话本身就是不精确的，因为"投入"不可能完全相同，即使表面上看在数量、质量、种类方面完全相同，但人的心理因素也不可能完全相同。人类可以准确地将人造卫星送入既定的轨道，而对人的把握却很难做到如此精确的程度。人的心理因素是难以精确测量的，它是一种模糊量。诸如人的思想、感情、个性、作风、士气，以及人际关系、领导方式、组织文化等，都是管理学的研究对象，又都是模糊量。在这样复杂的情况下，我们还没有找出更有效的定量方法，使管理本身精确化，而只能借助于定性的办法，或者利用统计学的原理来研究管理。因此，我们说管理是一门不精确的学科。

二、管理学研究方法

1. 比较法

比较法是把不同或类似的事物放在一起做比较，鉴别出事物之间的异同，分辨出一般性和特殊性的东西。从泰勒的科学管理开始，发展到现在的一百多年的历史中，出现许许多多的管理理论和学派，各种理论和学派各有优势和局限性，通过比较分析，吸收各学派的优势特色，丰富和完善管理理论和体系是一种很好的方法。

2. 归纳法

归纳法是通过对客观事物存在的一系列典型事物（或经验）进行观察，从掌握典型事物的典型特点、典型关系、典型规律入手，进而分析事物之间的因果关系，从中找出事物变化发展的一般规律，这种典型到一般的研究方法也称实证研究。管理活动非常复杂，影响管理活动的因素也很多，各种因素对管理活动的影响相关作用与交叉，人们所能观察到的往往只是综合结果，很难把各因素的影响程度分解出来，所以大量的管理问题都只能用归纳法进行实证研究。在管理学研究中，归纳法应用最广。

3. 演绎法

演绎法是指从一般到个别，由一般原理到个别结论的研究方法。对于复杂的管理问题，可以从某概念出发，或从某种统计规律出发，也可以在实证研究的基础上，用归纳法找到一般的规律性，并加以简化，形成出发点，建立起能反映某种逻辑关系模型。这种模型与被观察的事物并不完全一致，它所反映的是简化了的事实，它完全合乎逻辑的推理，它是从简化了的事实前提推广得来的，所以这种方法称为演绎法。从理论概念出发建立的模型称为解释性模型，例如投入产出模型、企业系统动力学模型等，都是建立在一定理论概念基础上的。从统计规律出发建立的模型称为经济计量模型，如科布-道格拉斯生产函数模型，以及建立在回归分析和时间序列分析基础上的各种模型。建立在经济归纳法基础上的模型称为描述性模型，如现金流量模型、库存模型等。现代科学技术的迅速发展推动着管理学研究方法的现代化。特别是计算机技术的迅速发展，管理中的各种模型都可以用计算机来运算，大大促进了管理学的发展。

4. 试验法

试验法就是人为地为试验创造一定的条件，通过具体的试验过程，观察试验结果，对有关的管理因素做出尽可能准确的定量分析、进行优化处理，再与未来给予一定条件的活动结果进行比较，找出各种因素与试验结果之间的因果关系。如果经过反复多次试验，而且总是得到重复的相同的结果，那就可以得出结论，即存在着普遍适用的规律性。管理中的许多问题，可以采用试验法进行研究，如生产管理、设备布置、工作程序、操作方法、质量管理、组织行为等都可以采用试验法进行研究。著名的霍桑试验就是采用试验法研究管理中人际关系的成功例子。

第四节 管 理 环 境

一、组织系统与组织环境

组织作为一个与外界保持密切联系的开放系统，需要与外界环境不断地进行各种资源和信息的交换，其运行和发展不可避免地受到各种环境的影响。

系统是由相互作用、相互联系的要素组合而成的具有特定功能的有机整体。任何一个组织都是一个相对独立的系统，称为组织系统。组织系统之外的一切条件和影响因素的总称为组织环境。环境是组织生存发展的物质条件的综合体，它存在于组织界限之外，并可能对管理者的行为产生直接或间接影响。任何组织机构都是社会的一个器官，组织机构的资源供应与对外服务都与社会有着相依相存的关系，社会就是它的环境，其管理离不开环境的影响。

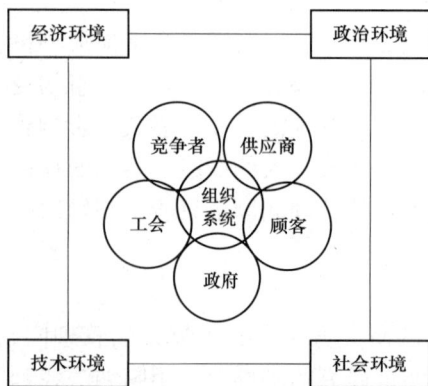

图 1-1 组织系统与组织环境的关系

任何组织系统都是处于一定的组织环境之中的，离不开与环境的相互作用和相互影响。组织系统的存在和运动需要外部环境提供条件。同时，组织系统的运动和发展又不断地改变着组织环境。组织系统与组织环境的关系如图 1-1 所示。

组织的生存发展要适应和服从组织环境，但组织系统对环境也不是被动的、消极的，而是能动的、积极的，而且组织还可以通过各种方式对组织环境加以控制，尤其在影响具体环境方面，组织系统可以设法发挥更大的能动作用。按照环境对组织的影响程度可将环境因素分为一般环境因素和任务环境因素两类。

二、一般环境因素和任务环境因素

1. 一般环境

组织的一般环境，是指可对组织的活动产生影响的大环境因素，包括经济、技术、社会文化、政治和法律等。

（1）经济因素。即经济环境的一系列因素，诸如国家的经济发展趋势、经济体制、经济结构、物价水平、国民生产总值、国民消费水平、劳动力情况及财政金融政策等。银行存款利率、通货膨胀指数、人均收入的变化、股市指数和经济周期是一些可以用来反映经济环境的指标。就企业而言，如果社会经济发展良好，一般说来，对企业发展也有利；反之，如果经济萧条，市场不景气，对企业就可能不利。国家经济体制对企业经营则是又一个至关重要的因素。在计划管理的体制下，企业产、供、销等都根据国家指令性任务进行，不能自主经营，也没有市场竞争，企业管理就是抓生产，完成国家任务，却忽视产品质量和经济效益。在市场经济体制下，市场竞争日趋剧烈，企业管理要面对不断改进产品结构、提高产品质量、降低成本以扩大市场销售的压力。如果在劳动工资、原材料价格不断增长，而商品价格却不能同步增长的情况下，企业管理就必须千方百计降低消耗、提高劳动生产率，以保证盈利。财政金融方面的政策也是不可忽视的因素，如果降低银行贷款利率，往往会促进分期付款的商品（如房屋）的销售量，反之，则会降低这类商品的购买力。

（2）技术因素。是指世界大环境内技术发展状况，对各类组织都是一项关键的影响因素。技术环境通常是指组织所在国家或地区的技术水平、技术政策、科研潜力和技术发展动向等。随着商品经济、世界贸易的发展，企业管理者必须考虑这种技术因素，特别是高速发展的新技术，如办公自动化、柔性制造系统、激光、集成电路、计算机、新材料、新能源等。近年来电脑运用于设计、控制生产，大大节省了研究试制的时间和费用。作为企业的管理者，必须注意技术革新和技术开发，使自己的产品具有竞争能力。技术的发展改变着管理活动的进行，在决策、计划、组织、控制等方面，技术起着重要的作用，技术决定着组织的方式和领导方式。

（3）社会文化因素。指的是在一个社会中形成的传统风俗、道德信念、价值观念和知识水平等因素的总和。这些因素会影响到员工的工作表现。不同国家有着不同的社会文化和心态，例如美国人的个人观念特别强，注意钻研技术和工作表现，以求较高工资，一遇到其他公司有较高待遇，就会立即跳槽；而日本则有着传统的集体主义观念，对本公司的忠诚度高，认为自己属于公司，与公司同命运。美日企业的管理因而也有不同的特点。管理者可以掌握这种社会文化的特点，建立起本公司的企业精神。管理的任务就在于使个人的价值观转化为组织的价值观，从而有利于调动人的积极性。

（4）政治和法律因素。包括政局的稳定性、国际关系和法律等。一个国家政治稳定，有利于各类组织的长期计划的制定，有利于经济的长期发展；国际关系的好坏对企业的影响尤为突出，两国之间关系融洽，会促进合资企业与跨国公司的建立，有利于国家之间的贸易往来，有利于企业的发展壮大；法律因素对企业起着直接影响，法律对企业既有帮助促进，也有约束限制，有利于规范企业按照正确的轨道发展。

2. 任务环境

任务环境指的是直接影响组织业务经营的具体环境因素，如竞争对手、顾客、供应者、管理部门以及工会等。

（1）竞争对手。竞争是多方面的，包括争顾客、原材料、贷款等，在市场经济体制下，技术发展和改进商品上竞争激烈，管理者对此必须保持清醒的头脑，不仅要研究服务质量、招揽顾客的方法和取得稳定的合格材料的供应渠道，而且还要掌握同行竞争对手的动态，特别是科研发展、新技术和新产品的情报。

（2）顾客。企业能否成功，关键在于是否能招来顾客，使顾客满意。特别是对于有着若干竞争对手的企业，市场研究和采取对策就十分重要。加强对顾客的调查，力求满足顾客的要求，常常是制胜之道。如上海的施贵宝制药有限公司加强对顾客的联系，不限于销售医药的公司或商店，他们直接访问医生、药剂师、护士及病人，直接向他们介绍药品的性能特点和调查疗效，直接取得用户的信任。企业不仅要做好广告宣传，而且要不断改善服务，因为这也是争取顾客的有效措施。

（3）供应者。指向企业提供资源的单位，不仅是物料，也包括人力、资金的供应。企业对所需材料、人力、资金，一般都应有稳定渠道并订立合同。

（4）管理部门及社会组织。管理部门指的是有关政府机构，如我国除了拥有所有权的主管部（部、局、公司）外，尚有为国家和社会利益而监督企业经营的各有关部、局，如财政局、税务局、劳动局、质检局等。在社会上，也有很多组织如消费者协会等，为了公众利益对工商企业监督。

（5）工会。工会是企业员工的合法组织。如我国就有全国的总工会和各地的工会，并与企、事业的工会保持联系，依据工会法律，工会的基本任务是依法维护员工的民主权力和物质利益，协助企、事业单位安排和合理使用福利、奖励基金，组织员工学习政治、科学、技术和业务知识，教育员工遵守劳动纪律。因此，我国的工会与行政一般是不矛盾的。

三、环境对管理的影响

一般来说，除了实力雄厚的特大型组织能对改变环境施加一定的影响外，大多数组织是无法改变外部环境的影响的，只有组织适应环境。环境的变化是复杂而多变的，是不以人的意志为转移的，对组织的影响作用是不可抗拒的，环境对组织的生存和发展起着决定性的作用。管理者要主动地研究环境和处理环境，要了解环境对组织的影响程度，要随时随地地利用各种渠道与方法去认识和了解环境，研究其变化规律，预测环境变化的趋势及其可能对组织产生的影响，确定各种环境因素对组织有什么影响，影响多大等，并对各种环境影响做出相应的反应，充分利用环境对组织有利的方面，努力朝着这个方向发展。对于环境中不利于组织发展的因素，组织一方面可通过组织内部的改革使组织与环境相适应，另一方面可努力通过组织的行为去影响环境，使其朝着有利于组织的方向发展。

对于不同的环境因素应采用不同的管理方法。一般环境不是管理者可以影响和改变的，应主动地适应；对于任务环境，管理者是可以通过努力加以管理的。比如，对供应者的对策，主要是避免只依靠一个供应来源，而要联系几个供应来源，这样就可避免待料停产的危险，而且可免除一家供应者抬价的威胁。如果供应来源只此一家，则企业管理者也可采取种种措施：其一是与供应者订立长期合同；其二，可对供应来源投资，甚至兼并过来成为本企业集团成员。

对竞争对手采取的对策主要是价格的竞争。例如美国的通用、福特、克莱斯特三大汽车公司相互竞争，一家减价，则其余两家也会采取相应的减价措施；也有另一种情况，一家公司在耗费巨资开发了一种新产品后，一开始就利用规模优势采用低价策略，使其他竞争者无法用相同的低价使该产品进入市场。这样，该公司获得很高的市场占有率，并进一步获得规模优势，消除了其他竞争者的威胁后，再逐步提价。在美国也曾有过一种情况，从事同类产品的几家大公司相互订立协议，划分市场或是在提高价格上达成协议，但这种情况已为美国的反垄断法所禁止。对争取顾客也可采取各种措施：其一是提高产品质量并做好售后服务，以包修、包换、包退为号召；其二是可使产品多用途化，为自己的产品开辟新用途；其三是采用上门服务的办法。对影响政府管理部门的措施，往往可聘请有影响的专家或是退职下来的前任官员作为公司顾问或咨询专家，发挥其对政府部门的沟通作用或政策咨询作用。当然，如果采用不正当方法，是违法而不允许的。至于对工会的影响，在资本主义国家内，常常是组织的尖锐问题，需要协商或采取使工会满意的措施。

管理哲理故事

一 只 苍 蝇 改 变 命 运

1965 年 9 月 7 日，世界台球冠军争夺赛在美国纽约举行。路易斯·福克斯如有神助，得分一路遥遥领先。此时，他只要正常发挥就可以一杆定乾坤，稳拿冠军了。而他的对手约翰·迪瑞则无力回天。

然而就是在这个时候，一只苍蝇落在了主球上，他挥手将苍蝇赶走了。可是，当他俯身击球的时候，那只苍蝇又飞回到主球上来了，他再一次起身驱赶苍蝇。这只讨厌的苍蝇开始破坏了他的情绪，而且更为糟糕的是，苍蝇好像是有意跟他作对，他一回到台球，它就又飞回到主球上来，近处的观众哈哈大笑。

福克斯的情绪恶劣到了极点，终于失去理智，愤怒地用球杆去打苍蝇，球杆碰动了主球，裁判判他击球，因此失去了一轮机会。接下去，对手，约翰迪瑞则抓住这个机会，奋起直追，终于夺走桂冠。

到嘴的鸭子飞了，福克斯实在咽不下这口气。第二天早上，人们在他的房间里发现了他的遗书和尸体！

故事的哲理：

管理者每天都要面临矛盾，每天也都受到干扰。面对这些矛盾与攻击，把精力放在更有价值的事情上，不与小人和小事牵缠不清，才是明智之举。

案 例

管 理 职 责 的 转 变

于力最近被一家生产机电产品的公司聘为总裁。在他准备去接任此职位的前一天晚上，他浮想联翩，回忆起他在该公司工作 20 多年的情况。

他在大学时学的是工商管理，大学毕业后就到该公司工作，最初担任液压装配单位的助理监督。因为他对液压装配所知甚少，在管理工作上也没有实际经验，他感到几乎每天都手忙脚乱。可是他非常认真好学，他一方面仔细参阅该单位所定的工作手册，努力学习有关的技术知识；另一方面监督长也对他主动指点，使他渐渐摆脱了困境，胜任了工作。经过半年多时间的努力，他已有能力独自承担液压装配的监督长工作。可是，当时公司没有提升他为监督长，而是直接提升他为装配部经理，负责包括液压装配在内的四个装配单位的领导工作。

在他当助理监督时，它主要关心的是每日的作业管理，技术性很强。而当他担任装配部经理时，他发现自己不能只关心当天的装配工作状况，他还得做出此后数周乃至数月的规划，还要完成许多报告和参加许多会议。他没有多少时间去从事他过去喜欢的技术职责。当上装配部经理不久，他就发现原有的装配工作手册已基本过时，因为公司已安装了许多新的设备，吸收了一些新的技术，这令他花了整整一年时间去修订工作手册，使之切合实际。在修订过程中，他发现要让装配工作与整个公司的生产作业协调起来有很多需要进一步研究的工作。他还主动到几个工厂去访问，学到了许多新的工作方法，他也把这些吸收到修订工作中去。由于该公司的生产工艺频繁发生变化，工作手册也不得不经常修订，郭宁对此都完成得很出色。他工作了几年后，不但自己学会了这些工作，而且还学会如何把这些工作交给助手去做，叫他们如何做好，这样他可以腾出更多时间用于规划工作和帮助他的下属工作得更好，用更多的时间去参加会议、批阅报告和完成自己向上级的工作汇报。

当他担任装配部经理6年之后，正好该公司负责规划工作的副总裁辞职，于力便主动申请担任此职务。在同另外5名竞争者较量之后，于力被正式提升为规划工作副总裁。他自信拥有担任此新职务的能力，但由于此高级职务工作的复杂性，仍使他在刚接任时碰到了不少麻烦。但是，他还是渐渐适应了，做出了成绩，以后又被提升为负责生产工作的副总裁，而这一职位通常是由该公司资历最深的、辈分最高的副总裁担任。到了现在，于力又被提升为总裁。他知道一个人当上公司最高主管职位之时，他应该自信自己有处理可能出现的任何情况的才能，但他也明白自己尚未达到自己的水平。因此，他不禁想到自己明天就要上任了，今后数月的情况会怎么样？他不免为此而担忧。

试回答以下问题：

1. 你认为于力当上总裁后，它的管理职责与过去相比有了哪些变化？
2. 从管理者职能的角度，对于力20多年的管理工作进行分析。

复习思考题

一、概念题
管理 管理学 管理者 思维技能 人际技能 技术技能 组织环境

二、填空题
1. 管理的目的是_____。
2. 明兹伯格将管理者的角色分为三类，分别是_____、_____、_____。
3. 管理的职能是_____、_____、_____、_____、_____。
4. 管理的两重性是_____和_____。
5. 管理技能_____、_____、_____。
6. 管理的特点_____、_____、_____、_____、_____。
7. 组织的影响因素分为一般环境因素和任务环境因素，

一般环境因素有：_____、_____、_____、_____。

任务环境因素有：_____、_____、_____、_____。

三、选择题

1. 管理的首要职能是（　　）。
A. 计划　　　　　　B. 组织　　　　　　C. 领导　　　　　　D. 控制

2. 管理者在处理组织成员和其他利益相关者的关系时，他们扮演的角色是（　　）。
A. 人际角色　　　　B. 信息角色　　　　C. 决策角色　　　　D. 发言人

3. 对于基层管理者而言，最重要的技能是（　　）。
A. 人际技能　　　　B. 概念技能　　　　C. 技术技能　　　　D. 决策技能

4. 确立目标是哪一管理职能的一个主要工作？（　　）。
A. 计划　　　　　　B. 组织　　　　　　C. 领导　　　　　　D. 控制

5. 与生产关系相联系的属性成为管理的（　　）。
A. 经济属性　　　　B. 自然属性　　　　C. 社会属性　　　　D. 科学性

6. 企业管理者可以分成基层、中层、高层三种，高层管理者主要负责制定（　　）。
A. 日常程序性决策　　　　　　　　　B. 长远全局性决策
C. 局部程序性决策　　　　　　　　　D. 短期操作性决策

7. 对于所有层次的管理者的重要程度大体相同的技能是（　　）。
A. 人际技能　　　　B. 思维技能　　　C. 技术技能　　　　D. 观念技能

8. 对于基层管理者而言，最重要的是（　　）。
A. 人际技能　　　　B. 思维技能　　　C. 技术技能　　　　D. 决策技能

9. 解决分析性、复杂性、战略性等问题的能力被称为是（　　）。
A. 人际技能　　　　B. 概念技能　　　C. 技术技能　　　　D. 决策技能

10. 管理的两重性是指管理（　　）。
A. 科学性与艺术性　　　　　　　　　B. 经济性与技术性
C. 自然属性与社会属性　　　　　　　D. 理论性与实践性

四、判断题

1. 管理是一门精确的学科。（　　）
2. 只要学好管理理论就能够成为一个优秀的管理者。（　　）
3. 管理层次越高，技术技能应越强。（　　）
4. 管理学是一门艺术，而不是科学。（　　）
5. 成功的管理者花费时间最多的是沟通。（　　）
6. 管理学是一门研究管理活动基本规律和方法的科学。（　　）
7. 管理学被称为软科学是因为它不像技术那样对生产有用。（　　）
8. 一般环境因素对组织影响较小，任务环境因素对组织的因素较大。（　　）
9. 管理学科是一门单一性、稳定性、理论性很强的学科。（　　）
10. 技术技能对各层次的管理者重要性都很高。（　　）

五、简答题

1. 管理技能与管理层次的关系？
2. 管理有哪些职能？
3. 管理学有些特点？
4. 管理者有哪些角色？

5. 管理者按层次分和领域分为哪几种类型？

6. 管理职能之间的关系是怎样的？

7. 什么是一般环境因素和任务环境因素？

8. 组织系统与组织环境的关系是怎样的？

六、论述题

1. 为什么管理既是科学又是艺术？

2. 举例说明管理者角色的多变性。

第二章　管理理论的发展过程

【本章要点】

（1）管理理论发展的阶段。管理理论发展各阶段划分。

（2）中外早期管理活动与思想。中国古代管理活动与思想，西方早期管理活动与思想。

（3）古典管理理论。泰勒科学管理理论，法约尔的一般管理理论，韦伯的组织理论。

（4）行为科学理论。霍桑实验及其结论。

（5）现代管理理论。现代管理各学派的要点。

（6）管理理论新发展。精益生产，学习型组织，流程再造。

第一节　管理理论发展的阶段

管理的实践活动自古以来就存在，是人类集体协作、共同劳动的必然产物。管理理论是在长期管理实践的基础上产生和发展的，人们才对管理实践活动进行研究和探索，包括政治的、军事的、经济的、文化的或宗教的等，经过长期的积累和总结，从而形成了点滴的管理思想。随着社会的发展，科学技术的进步，人们又对管理思想加以总结，提出管理中带有规律性的东西，结合科学技术的发展，在管理实践中进行验证，对验证的结果加以分析研究，从中提炼出管理活动的普遍原理。对这些原理的抽象和综合，就形成了管理的基本理论。这些理论随后被人们运用到管理实践中，指导管理活动，同时又进一步对这些理论进行实践验证，这就是管理学的整个形成过程，也就是从实践到思想再到理论，然后又将理论应用于实践。管理理论形成和发展过程如图 2-1 所示。

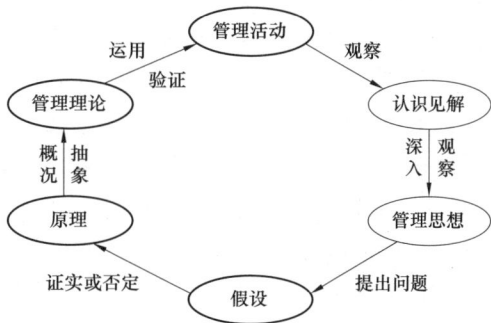

图 2-1　管理理论形成和发展过程

管理理论的发展过程可概括为四个阶段：

（1）18 世纪 80 年代至 19 世纪末为传统的管理思想阶段；

（2）19 世纪末至 20 世纪 30 年代古典管理理论阶段；

（3）20 世纪 30 年代至 60 年代行为科学理论阶段；

（4）20 世纪 60 年代至今现代管理理论阶段。

第二节　中外早期管理活动与思想

一、中国古代管理活动与思想

1. 中国古代管理思想

中国古代出现了许多思想家，有着极其丰富的管理思想。有老子、孔子、商鞅、孟子、孙子、管子等代表性的管理思想，一些管理思想至今仍存在借鉴意义。

中国古代有许多成功的管理经验，形成了丰富的独具特色的管理思想。美国学者克劳德·小乔治曾说："从《墨子》《孟子》和《周礼》的古代记载中，已经看到当时的中国人早已知道组织、计划、指挥和控制的管理原则"。战国时期的《周礼》一书对封建国家的管理体制进行了理想化的设计，内容涉及政治、经济、财政、教育、军事、司法和工程等方面。记载有关于管理人员的分工和职责的说明，对封建国家的经济管理论述设计都达到了相当高的水平。

老子是先秦道家学说的创始人。在他的思想体系中，不仅有着深邃的哲学思想，而且也包含着涉及政治、经济、文化、军事等诸多方面的管理思想，如"道法自然""无为而治"等，这些思想对中外管理思想的发展产生了深刻的影响。

孔子作为儒家学派的创始人，他的以仁为核心，以礼为准则、以和为目标、以德治国的管理思想是其管理思想的精髓，成为中国传统管理思想的主流。

孟子是孔子思想的传人，也是继孔子之后儒家学派最重要的代表，堪称中华民族的思想文化巨人。孟子的性善论的人性观、施"仁政"的管理准则及"修其身而平天下"等思想，对中国管理思想的完善与发展做出重要贡献。

孙子是中国古代的军事家，他的传世之作《孙子兵法》一书，不仅是我国文化宝库中的一颗明珠，而且在世界军事文库中也占有重要地位，受到了国内外的普遍重视。被尊为"历代兵家之祖""世界古代第一兵书""兵学圣奠"。对战略方面进行了广泛而深入的研究，不仅对现代军事管理，而且对现代的经营战略管理也具有极高的借鉴意义和实用价值。美国哈佛大学商学院和日本的许多大公司都把《孙子兵法》作为培训企业经理人员和中层以上管理人员的必读教材。他的"不战而屈人之兵""上兵伐谋""必以全争于天下""出其不意，攻其不备""唯民是保"等思想至今仍为管理者们所运用。

管子是中国古代杰出的政治家、军事家和思想家，曾经辅佐齐桓公40年，政绩卓越，富国强兵，帮助齐桓公实现了称霸诸侯的思想。他的"以人为本""德能并举"的管理思想、"与时变"的发展与创新精神投射出永恒的智慧光芒。

战国时期田忌赛马的故事，孙膑运用了运筹学的思想，齐国军师孙膑帮助大将田忌在赛马中战胜了齐王，这一事例正是管理科学学派中对策论研究的问题。

人类在长期的实践活动中，留下了极其丰富的管理思想遗产，体现了古人对管理的真知灼见，形成了丰富的独具特色的管理思想。具有代表性管理思想及代表人物见表2-1。

表2-1　　　　　　　　　　　　中国传统的管理思想

要点	管理思想的含义	代表人物
顺道	主观范畴的道，是指治国的理论，属于客观范畴的道，是指客观经济规律，在这里指管理要顺应客观规律	管子、司马迁
重人	重人是中国传统管理的一大要素，包括两大方面：一是重视凝聚人性，二是重视吸引和留住人才	司马迁、诸葛亮
人和	指调整人际关系，讲团结，上下和，左右和。对治国来说，和能兴邦；对治生来说，和气生财	孔子、管子

续表

要点	管理思想的含义	代表人物
守信	治国要守信，办企业要把诚信放在第一位，办一切事业都要守信	孔子、管子
利器	生产要有工具，打仗要有兵器，使用利器，可达到事半功倍的作用	孔子、郑观应、孙中山
求实	办事从实际出发，是人们思想方法和行为的准则	管子
对策	在一切竞争和对抗的活动中，都必须统筹谋划，正确研究对策，以智取胜	孙子、管子、范蠡
节俭	我国理财和治生，历来提倡开源节流，崇俭戒奢，勤俭治国、勤俭持家	孔子、墨子
法治	用法来治国、治人，人人守法，在法律面前人人平等	先秦法家、韩非

2. 中国古代管理实践

中国古代有许多伟大的管理实践，如万里长城、都江堰工程和丁渭工程等伟大的工程，体现了古人的高超组织才能和卓越的管理技巧。

万里长城始自中国秦始皇，至明朝修砌而成，中国伟大的军事建筑，它规模浩大、工程艰巨，被誉为古代人类建筑史上的一大奇迹。今日的万里长城东起黄海岸的山海关，西至戈壁沙漠的嘉峪关，翻越难以攀登的高山，横越辽阔的沙漠，仿佛一条蜿蜒横越中国的长脊椎骨，全长 21 196 千米。30 万大军，花了约 10 年的时间，还征调了 50 万左右的民夫，充军犯人。万里长城的施工管理制度周密，不仅计算了城墙的土石方总量，而且连所需人力和材料，以及应从何地调拨人力，人员往返的路程和所需的口粮，各地区负担的任务，都分配得十分明确，这样周密的计划工作令人叹服。

著名的古代水利工程都江堰，被誉为"独奇千古"的"镇川之宝"。蜀郡守李冰于公元前 227 年创建的，是中国最古老的水利工程，是全世界至今为止年代最久、唯一留存、以无坝引水为特征的宏大水利工程。都江堰的自流系统，主要由鱼嘴分水堤、宝瓶口引水工程和飞沙堰溢洪道三大工程组成。飞沙堰是中段的泄洪道，有排泄洪水和沙石的功能，宝瓶口具有引水和控制进水的作用。自动分流、自动排沙、自动排水和引水。"飞沙堰"是岷江从万山丛中急驰而来，挟着大量泥沙，石块，如果让它们顺内江而下，就会淤塞宝瓶口和灌区。飞沙堰真是善解人意、排人所难，将上游带来的泥沙和卵石，甚至重达千斤的巨石，从这里抛入外江（主要是巧妙地利用离心力作用），确保内江通畅，确有鬼斧神工之妙。都江堰工程体现了老子的道法自然，无为而治的思想。

我国古代著名的丁渭工程，在北宋宋真年间，皇宫失火，将宏伟的昭应宫烧毁。宋真宗命丁渭用 25 年的时间进行修复。丁渭经过仔细分析研究，提出了一个绝妙的修复方案。先把皇宫前的大街挖成渠道，利用挖出的土作为原料，烧制成砖瓦；再把京城附近的汴河水引入宫前的沟渠中，利用这一运河把大批所需建材运到宫前；新皇宫建成后，用废墟杂土填平沟渠，就地处理废墟，再修复原来的大街。丁渭的修复方案一举解决了工程中的三个问题：取土烧砖、建材运输、废墟处理。既节约了大量的人力、物力、材料，有提高了工作效率，加速了皇宫修复的速度，只用了 18 年的时间就修复了皇宫。该工程运用了运筹学的系统思想，对资源进行了优化配置，提高工作效率，节约了成本等管理问题。

二、西方早期管理活动与思想

西方管理思想与实践可以溯源到古埃及、古希腊与古罗马等文明古国。埃及金字塔宏伟巨大的工程体现了高超的管理技巧；古希腊人在发展工商业中尝试了提高劳动效率；古罗马天主教会职能组织与分级管理的具有独特的管理思想；《圣经》中也记载有管理活动的三条建议，涉及制定法令，授权委任管理和分级管理的问题等，这些都体现着古代西方朴素的管理思想。

1. 埃及金字塔的管理实践

金字塔规模宏伟、壮丽，建筑技艺精湛。金字塔耗用了上万斤重的石块 230 多万块，动用了 10 万人力，用了 20 多年的时间建成。金字塔的底边正对东南西北，误差仅 0.05%。在那么遥远的年代，没有现代化的建筑机械及测量技术，完全靠人工的力量完成这样巨大的工程，非常令人不可思议。金字塔不仅是建筑史上的奇观，也是人力管理活动的典范，是人类伟大管理实践之一。

2. 古巴比伦法典的颁布

古巴比伦王国是四大文明古国之一。很早开始了探索依法治国的管理模式。公元前 1750 年左右，颁布了一部著名的法典《哈默拉比法典》，其中许多条款都与经济管理有关，如控制接待、最低工资、会计和收据等。全文共 280 条，对人的活动做了很多规定，体现了许多管理思想。

3. 古罗马帝国的管理

公元 284 年，古罗马实行了一种把集权和分权很好地结合起来的连续授权制度，建立了层次分明的中央集权帝国，把整个罗马划分为四个大区，13 个省，100 个郡。大区的首脑授权给总督管辖各省，总督授权给郡长管辖各郡。内部行政管理权下放，兵力权由中央统治。古罗马帝国的强盛，在很大程度上归功于有效的管理。

罗马天主教会的组织设计也是一个生动的管理案例，罗马天主教会的组织结构基本是在公元 2 世纪建立。教会设计了一套组织结构，上自教皇、主教、神父，下至教徒，建成了一条组织上的指挥链，按任务的性质进行授权，同时在各级组织中配备参谋人员，有效地控制世界各地 5 亿多教徒的活动，罗马天主教会的组织是西方文化史上一种最为有效的正式组织。

4.《圣经》的管理思想

《圣经》旧约全书的"出埃及记"中记载，希伯来人的领袖摩西在率领希伯来人为摆脱埃及人的奴役而出走的过程中，他的岳父对他处理政务事必躬亲、东奔西忙的做法提出了批评："你应该当把有才能的人挑选出来，让他们充当千夫长、百夫长、五十夫长、十夫长""他们应该对每一件小事做出判断，但每一件大事，他们应该向你报告"。这些建议体现了现代管理中的分权、授权和例外管理的思想。

5. 亚当·斯密的劳动分工思想

18 世纪到 19 世纪中期，欧洲逐渐成为世界的中心。这个时期可以说是欧洲各国在政治、经济、技术、社会的各个方面经历大变动、大改革时期。这期间主导地位的家庭手工业制逐步被工厂制所代替，英国的工业革命使得机器动力代替了部分人力，机器大生产和工程制度普遍出现对社会经济的发展产生了重要影响，促使人们对管理的关注达到了新的高度。

亚当·斯密（Adam Smith，1732—1790）是 18 世纪后半期英国资产阶级杰出的古典政治经济学家，1776 年发表《国富论》，第一次系统论述了古典政治经济学，提出了劳动经济论和"经济人"的观点。其主要观点如下：

（1）认为劳动是国民财富的源泉，只有减少非生产性的劳动，增加生产性劳动，同时提高劳动者的技能，才能增加国民财富。

（2）强调劳动分工的重要意义。①分工可以使劳动者从事一种单纯的操作，从而提高劳动熟练程度，提高专业技能；②分工可以减少从一种工作转换到另一种工作所损失的时间；③分工可以使劳动简化，使劳动者的注意力集中在一种特定的对象上，有利于发现比较方便的工作方法，促进工具的改良和机器的发明。

（3）提出了"经济人"的观点。他认为人们在经济活动中主要是为了谋求个人利益，但社会上每个人的利益又总是受到他人利益的制约，要兼顾他人的利益，由此产生了公共利益和社会利益，因此社会利益以个人利益为基础。他认为："人类几乎随时随地都需要同胞的协助，要想仅仅依赖他人的恩惠，那是一定不行的，他如果能够刺激他们的利己心，使有利于他，并告诉他们，给他做事，是对他自己有利的，他要达到目的就容易多了。不论是谁，如果他要与旁人做买卖，他首先就要这样提议：'请把我所要的东西给我吧，同时你也可以获得你所要的东西'。这句话是交易的通义。我们所需要的相互帮忙，大部分是按照这个方法取得的。"亚当·斯密的"经济人"的观点对管理的实践和理论都具有重要的意义。

6. 罗伯特·欧文的人事管理

罗伯特·欧文（Robert Owen，1771—1858）19 世纪英国著名的空想社会主义者，他曾在其经营的一家大纺织厂中做过实验，试验主要针对当时在工厂制度下工人劳动条件和生活水平都相当低的情况下进行的。试验包括大力减轻劳动强度，改善劳动条件，缩短工作日，为员工提供较多的福利设施，提高工资，发放抚恤金，不虐待工人，不解雇工人，关心工人等。实验的目的是探索对工人和工厂所有者双方都有利的方法和制度。他认为，工厂是由员工组成的，把他们有效地组织起来，相互合作，就能生产最大效果。因他较早注意到企业中人事管理问题，开创了企业中重视人的地位和作用的先河，被后人称为"人事管理之父"。

7. 巴贝奇的管理思想

查尔斯·巴贝奇（Charles Babbage，1792—1871），英国著名的数学家和机械学家，是世界上第一台机械计算机的设计者。查尔斯·巴贝奇将技术方法应用于管理当中，是先于泰勒倡导科学管理的先驱。在 1832 年出版的《论机械和制造业经济》一书中论述了专业分工、工作方法、机器与工具的使用、成本记录等，是管理学史上一本重要的文献。查尔斯·巴贝奇的管理思想集中体现在以下几个方面：①进一步发展了关于劳动分工对提高劳动生产率作用的思想，详细分析了劳动分工的好处；②阐明了关于体力劳动和脑力劳动分工的主张；③强调了劳资关系的协调对提高劳动生产率的作用；④设计并发明了一些有助于提高作业效率的机器、工具。他曾发明了一种"计数机器"用来计算工人的工作量、原材料的利用情况，以提高效率。

三、早期管理思想的特点

在传统的管理思想时期，对管理的研究引起了人们的广泛重视，并且做出了许多有益的探索，其中不乏卓越的思想。但是由于当时工厂的规模较小，缺乏必要的实践，难以形成完整的管理理论。在整个 19 世纪，工厂的管理主要凭个人的经验；工人和管理人员的培养也是沿用师傅带徒弟的方法，有较大的局限性。这一时期管理思想的特点主要是：①由资本家直接担任企业管理者；②靠个人的经验从事生产和管理；③管理的重点是解决分工和协作的问题。

第三节 古典管理理论

古典管理理论形成于 19 世纪末和 20 世纪初，随着自由资本主义向垄断资本主义过渡，生产规模日益扩大，对管理提出了更高的要求。而传统的家长式的经验管理方式处处制约企业的发展。在这样的背景下，各种新的管理思想纷纷出现，管理科学由传统管理思想阶段推进到科学管理思想阶段。科学管理思想阶段经历了 19 世纪末到 20 世纪初的 30 年代到 40 年代，这一阶段的主要成就有美国的泰勒（Frederick W. Taylor，1856—1915）等人，以研究工人内部生产管理为重点，以提高生产效率为中心，提出解决生产组织方法科学化和生产程序标准化方面问题的管理理论；另一个代表人物是法国的法约尔（Henri Fayol，1841—1925），以企业整体为对象提出的有关企业经营管理职能和管理原则的管理理论。三是韦伯（Max Weber，1864—1920）等人，以组织结构为对象而建立的古典组织理论。这些管理理论是对社会化大生产发展初期管理思想的系统总结，表明了管理科学的正式建立。以上管理理论被称为古典管理理论。

一、泰勒科学管理理论

1. 泰勒与科学管理的内容

弗雷德里克·泰勒 1856 年出生于美国费城一个富裕的律师家庭。年幼时就喜欢搞实验，对很多事情都想找出一种最好的方法。他的家庭希望他能成为一名律师，但他顺利考进哈佛大学法律系后，由于眼疾中途退学。1875 年进入一个小机械厂当学徒工，从事机械和模型制造工作。1878 年进入米德维尔钢铁厂当机械工人，在此期间，他努力工作，表现突出，从一般工人先后被提拔为车间管理员、技师小组长、工长、维修厂制作部主任，到 1884 年晋升为总工程师。1890 到 1893 年期间，在一家制造纸板纤维的制造投资公司任总经理。之后独立开业，从事管理咨询和科学管理的推广应用工作。其中重要的一项咨询工作是在宾夕法尼亚州的伯利恒钢铁厂从事搬运铁块的"铁锹实验"。1901 年以后，他把大部分时间用到写作和演讲上，1906 年担任美国机械工程师学会主席职务。泰勒的代表作有：《计件工资制》（1895 年）、《车间管理》（1903 年）和《科学管理原理》（1911 年）等。泰勒科学管理的主要贡献：认为一切管理问题都可以而且应当通过科学的方法来加以解决，从而否定了靠经验办事的传统管理思想，把经验上升为理论。泰勒通过动作、时间研究和操作设计，取得了工效提高、成本降低的效果，他既反对雇主过分压低工人工资的做法，也反对工人"磨洋工"少干活而多拿工资的做法，提出了"高工资、低成本、高利润"的设想。泰勒的科学管理也称泰勒制，其主要要点如下。

（1）科学管理的中心问题是提高生产效率。他认为工人提高劳动生产率的潜力是非常大的，关键是经过时间分析与动作研究制定出有科学依据的"合理日工作量"。泰勒通过对时间和动作研究，及科学的观察、记录和分析，探讨提高劳动生产率的最佳方法，制定出"合理的日工作量"。

（2）科学地挑选和培训工人。泰勒认为，管理者的责任是为工人找出合适的工作，使工人的能力与职位相互适应，并激励他们尽最大努力去工作，使他们成为"一流的工人"。为提高劳动生产效率，必须为工作挑选出一流的工人，一流的工人是指他的能力最适合做这种工作而且他愿意去做，并不是指体力和智力最优秀的工人，管理者必须根据人的能力把他们分配到相应的工作岗位上，并进行培训，教会他们科学的工作方法，使他们成为一流的工人，鼓励他们努力工作。

（3）标准化的方法。使劳动时间标准化，使工人掌握标准化的操作方法，使用标准化的工具、机械和材料，在标准化的工作环境中操作。在一般的工厂里，工人的操作方法和使用的工具是根据自己或师傅的经验来确定的，工人的劳动时间、机器设备的管理、作业环境的设计布置也是依据管理人员自己的判断和经验确定的，因人而异，缺乏科学的依据。泰勒认为，经过思考、实验和分析，可以将这些经验性的东西转化为科学的方法和理论，将操作方法与工具、劳动时间、机器的布置等进行合理的配置，提高劳动生产率。

（4）差别计件工资制。泰勒提出了一种差别计件工资制，方法是首先管理者通过时间动作研究制定科学的工作定额和标准，实行无保底工作的"差别计件工资制"，按工人是否完成定额采取不同的工资率。如果工人完成或超额完成定额，按比正常单价高出25％计酬，如果工人完不成定额，按比正常单价低20％计酬。工资支付的对象是工人而不是职位，即根据工人的实际工作表现而不是根据工作类别来支付工资，这样做会体现多劳多得，大大提高工人们的积极性。

（5）"蛋糕"原理。泰勒为了要极大地提高劳动生产率，让工人和雇主双方来一次"精神革命"，通过双方合作，共同提高劳动生产率。后期的泰勒认为："科学管理的实质是伟大的心理革命"。雇主关心低成本，工人关心高工资，但如果只看分配，不重视生产，则只能形成对立的关系，这对双方都不利。心理革命就是将互相指责、怀疑与对抗变为相互理解、信任与合作。把"蛋糕"做大，提高劳动生产率对劳资双方都有利，这就是著名的"蛋糕"原理或"大饼"原理。

（6）计划职能与执行职能分开。泰勒认为管理工作应该用科学的方法取代经验工作方法，将管理工作与执行工作分开，并建立专门的管理部门，配备专门的管理人员，促进了专业分工和管理工作的专业化。

（7）实行职能工长制。泰勒对直接管理工人的工长的素质与职能做了具体的分析。他认为一个工长要圆满完成其职责，应具备九种素质：智能、教养、专业技术知识、技能、精力、坚韧刚毅、诚实正直、判断力与常识、健康。但要找到兼备九种素质的工长很难，可用职能工长制的办法解决，即一个工长负责一个方面的职能管理工作，细化生产过程管理。他把工长的管理职能分成八项职能：①调度员；②指示卡片管理员；③工时成本管理员；④工作分派负责人；⑤速度管理员；⑥检验员；⑦维修保管员；⑧纪律管理员。但因他设想的职能分工只是在车间基层，本不需要如此的细分，所以并没有得到推广。

（8）管理控制实行例外原理。管理人员重要的是为例外问题和情况做出判断，促使日常性业务标准化、制度化和科学化，然后将这些业务分权给下属去做，自己只保留例外和重要的事情的决策权和监督权。泰勒强调权力应以知识为基础，而不应以地位为基础，如果部下在处理日常业务中积累的知识多，这些业务就应交给他们去做。

泰勒的科学管理提倡用科学的管理方法代替传统的经验管理方法，泰勒认为，在科学管理中，对工厂内的一切事情，要用准确的科学研究和知识来代替旧的个人经验。由于科学管理的普及和发展，极大地促进了生产效率的提高，使管理发生了根本性的变革，为此泰勒被称为"科学管理之父"。泰勒提高工作效率的四个原理具体内容见表 2-2。

表 2-2　　　　　　　　　　　　　泰勒提高工作效率的四个原理

原理	特　点
原理 1	研究工人的工作方式，收集其所掌握的相关工作知识，然后试验各种提高工作效率的方式
原理 2	将完成工作的新方式编写成书面的规程和标准的操作步骤
原理 3	仔细挑选工人，以保证他们具备与工作需要相匹配的技术和能力，然后根据确定的准则和程序对他们进行工作培训
原理 4	建立一个合理的、可以接受的工作绩效水平，然后设计一个能够对超出这一水平的工作给予奖励的薪酬系统

2. 泰勒科学管理理论的发展

自泰勒创立科学管理理论之后，其后的追随者们也进行了大量的研究，不断扩充和发展了泰勒的科学管理理论，为科学管理体系的建立做出了重要贡献。这些人包括：

亨利·甘特（Henry L. Gantt）。美国管理学家、机械工程师。他长期与泰勒合作，其重要的贡献是发明以其名字命名的甘特图，这是一种用线条表示的计划图。这种图现在仍用于编制制度、计划，可有效地控制生产和计划，并演化为后来的网络计划法；他发展了泰勒的"差别计件工资制"，所建立的"计件奖励工资制"更为优越；即对于超额完成定额的工人，除支付给他日工资，超额部分以计件方式发给资金；对于完不成定额的工人，只支付其日工资。此"计件奖励工资制"可使工人感到收入有保证，提高了劳动的积极性。他还注意到员工的培训工作对提高劳动生产率的影响。他在 50 多家公司运用科学管理法，取得了重大成绩。

美国工程师弗兰克·吉尔布雷斯（Frank B. Gilbreth）及其夫人莉莲·吉尔布雷斯（Lillian Moller Gilbreth）。他们毕生致力于动作研究和科学管理运动，是最早享有盛名的效率专家。他在建筑业发展了科学管理方法，运用摄影机进行动作研究，在建筑业建立了一套计划和控制技术，他们的研究步骤是：①通过拍摄相片来记录工人的操作动作；②分析哪些动作是合理的，应该保留的，哪些动作是多余的、可以省掉的，哪些动作需要加快速度，哪些动作应该改变次序；③制定标准的操作程序。与泰勒相比，吉尔布雷斯夫妇的动作研究更加细致、广泛。莉莲被称为"管理学上的第一夫人"。

哈林顿·埃默森（Harrington Emerson）。其著有《效率的十二项原则》，内容包括：确定目标、科学判断、向有能力的人请教、严格纪律、公正处理、重视原始记录、搞好工作调度、时间安排标准化、操作标准化、利用书面说明、凡有效率均应给予奖励等。他在强调企业管理必须实行科学管理的同时，将研究的重点放在公司的组织和目标的管理问题上，这要比泰勒站得更高。他极力主张管理的思想和原则是提高管理效率的关键因素。被西方许多人称为"效率大师"。

莫里斯·库克（Mrris Cooke）。早在认识泰勒之前，他就进行了工业中浪费的分析研究，在与泰勒合作之后，致力于科学管理的研究和推广。他的主要贡献在于表明了科学管理的原理与方法不仅适用于工业领域，而且可以被应用于非工业领域。他在大学和行政部门应用科学管理进行了有效的探索。

科学管理理论被甘特等人继承和发展后，在美国产业界和行政机构等得到了广泛的传播和应用，对美国的劳动生产率超过欧洲起到很大作用。20 世纪初，科学管理理论传到欧洲各国及日本，他们都翻译了泰勒的著作，这对资本主义管理产生了深远的影响，至今仍不失为基本的管理理论之一。20 世纪 70 年代后期，日本工业管理专家甚至提出要重新研究、检验现代工业管理是否贯彻了泰勒制原则。

3．对泰勒管理理论的评价

以泰勒为核心代表人物的科学管理理论在其形成和发展中遇到了种种困难和指责，但最终得到了世人公认和发展。这一曲折的发展过程说明，该理论具有适应当时生产力发展要求的性质，包含有许多科学的成分。但泰勒当时研究科学管理的意图又是很明显的，为了对付工人的"磨洋工"，为了最大限度地利用工人的工作时间，以确保企业主的最大利润，泰勒在每次叙述他的理论时，都是从如何对付工人"磨洋工"开始。这就是说，泰勒科学管理理论具有二重性，正如列宁所说：泰勒的科学管理一方面它是一系列最丰富的科学成就；另一方面也体现了资产阶级剥削的最巧妙的残酷手段。因此，客观地评价泰勒科学管理理论，不仅对我们正确理解管理思想发展大有益处，而且对于改进管理都具有重要的意义。

（1）泰勒科学管理理论的贡献。

1）泰勒科学管理的最大贡献在于他所提倡的在管理中运用科学的方法和他本人的科学实践精神。泰勒科学管理的精髓是运用精确的调查研究和科学知识来代替个人的经验和判断。它开辟了管理从经验转向科学的局面，这在管理理论发展史上具有划时代的意义。泰勒本人曾明确说过，他认为管理部门和劳动者双方都必须采纳一种观点："双方都必须承认，一切关于在组织中所进行的工作方面，用精确的调查研究和科学知识来代替个人的判断或意见仍是必不可少的。"

泰勒在进行科学管理的研究及在推广他的科学管理的过程中遇到了巨大的阻力，有来自工会的，也有来自雇主们的。但泰勒并没有屈服，而是百折不挠，为科学管理献出了自己毕生的精力。

2）泰勒科学管理理论的基本原理有许多是管理的重要内容，并为现代管理理论和管理方法的发展奠定了基础。如选择一流工人、实行标准化管理、强调例外管理等许多思想在今天仍具有重大的应用价值。实践证明，科学管理原理不仅对提高美国的劳动生产率，而且对世界上其他在企业管理中应用"泰勒制"国家的劳动生产率的提高，都具有显著的促进作用。

3）泰勒和他的同事们创造和改进了一系列有助于提高劳动生产率的技术和方法。如时间与动作研究技术和差别计件工资制等。这些方法和技术在当时的美国产生了很大影响，并成为近现代合理组织生产的基础。再如泰勒和他的同事们发现了能大大提高金属切削的高速钢，他们对不同的金属材料，不同刀具、不同切削速度等对效率的影响进行了试验，所写成的论文成为当时金属切削的规范性文件。

（2）泰勒科学管理理论的不足。泰勒的科学管理理论和传统管理相比，科学管理是依靠科学制定操作规程和改进管理，给予金钱刺激；传统管理是靠拼体力和时间，靠饥饿政策。从而可以看出，科学管理的进步是明显的。但是，科学管理理论毕竟是在特定的历史条件下产生的，也不免有其自身的局限性。

1）科学管理理论的前提是把人视为"经济人"。管理活动的目的在于追求经济效益，资本家追求利润最大化，工人追求工资最大化。泰勒认为工人的主要动机是经济利益。他还认为工人是笨拙的，对作业的科学化完全无知。工人的行动只能严格按照管理者的要求去做。他曾说"现在我们需要最佳的搬运铁块的工人，最好他蠢得和冷漠得像公牛一样。这样他才会受到有智慧人的训练。"显然，科学管理理论忽视了管理中的人的因素，把人当成机器一样进行管理。

2）科学管理理论属于"机械模式"的理论。他过分强调管理制度、规范等技术因素、不注重人的社会因素，忽视了人的主动性。泰勒所主张的专业分工、计划与执行的分离、作业科学化和严格的监督等，导致体力劳动与脑力劳动的分离，加剧了劳资之间及管理人员和工人之间的矛盾。过去的管理仅仅是一般地规定任务，而现在还要规定一整套操作规程和步骤。控制越来越严密；管理越来越专横，越来越强调服从；工人在工作中无主观能动性可言。由于强调采用科学的方法，工人的分工越来越细，操作越来越简单，越来越成为机械的附属品。

3）科学管理理论仅局限于解决具体工作的作业效率和管理效率的研究，而忽视了高层次经营问题的研究。尽管泰勒的追随者们在后来的研究中，在某种程度上注意到了组织原则问题，但由于时代背景和自己视野的局限性，使这些研究难成系统。

二、法约尔的一般管理理论

1. 法约尔的一般管理理论的内容

法约尔（Henri Fayol，1841—1925）出生于法国一个富裕资产阶级家庭，1860 年从圣艾蒂安矿业学院毕业进入一家法国的矿冶公司工作，成为一名采矿工程师。从 1866 年开始担任公司的高级管理职务，直到退休。法约尔具有长期从事高层管理工作的经历，对管理工作具有深刻的体会，积累了丰富的经验。他于 1916 年发表《工业管理与一般管理》，从理论上概括出了一般管理的原理、要素和原则，把管理科学提到一个新的高度，使管理科学不仅在工商业受到重视，而且对其他领域如军队及其他行政组织也产生了重要影响。法约尔被称为"一般管理理论之父"，也被称为"现代经营管理之父"。法约尔管理理论是从企业的角度，系统地阐述了管理与经营的区别，管理的主要职能和管理的基本原则。他对管理的概括影响了整个 20 世纪，后来许多管理学者按照法约尔的研究思路对管理理论继续进行研究，逐步形成了管理过程学派，或称管理职能学派，法约尔为这个学派的创始人。

法约尔的重要贡献主要表现在五个方面。一是提出企业的六项经营活动；二是归纳了管理的五项职能；三是提出了管理者的六种能力；四是提出管理的十四项原则；五是提出了管理理论的普遍性与管理教育的必要性。法约尔的理论为后人研究企业经营、管理行为、管理者素质、管理原则和管理教育奠定了基础。

法约尔辨析了经营与管理两个概念的不同，他认为经营是指导或引导一个组织趋向一个目标，他把企业所从事的一切活动分为六类：

（1）技术性活动。生产、制造和加工，在制造业中指各种工种的工作，如钳工、车工、钣金工、炉前工、铸工、纺织工、装卸工等。

（2）商业性活动。采购、销售和交换。

（3）财务性活动。资金的筹集、控制和使用。

（4）会计性活动。计账、成本核算和统计。

（5）安全性活动。财物和人身的安全，如防止工伤事故、盗窃、火灾，减少罢工等。

（6）管理性活动。在六种活动中，管理活动是最重要的，他认为企业是一个由人组成的有机体，是区别于物的组织，企业的活动与动物有机体中的神经组织相似，是一种信息系统的活动，是赋予有机体活力的因素。他把管理活动划分成计划、组织、指挥、协调和控制五大职能。法约尔比较准确地阐明了管理的本质含义。

计划是管理的首要职能，包括预测和制订行动计划两个方面。法约尔认为一个优秀的计划应具有统一性、连续性、灵活性和精确性，他还主张针对时间的变化和活动条件的变化，制定一系列长短不同的计划：日计划、周计划、月计划、年计划、五年计划和十年计划等。

组织职能包括组织结构的设计，规范部门间相互关系的各种规章制度，以及员工的招聘，考核与培训等。组织是为企业筹措经营活动所需的各种要素，并使各种要素及其组织方式与企业目标一致。

指挥是对下属的工作给予命令与指导，使下属及其工作处于有效运作状态，逐步地趋向企业的计划和目标。指挥的任务就是让组织发挥作用，合格的指挥者必须做到八点：

（1）对员工要有深入的了解。

（2）淘汰没有工作能力的人。

（3）了解企业与员工之间的协定。

（4）树立一个好的榜样。

（5）定期进行检查，并用一览表表示出来。

（6）召集主要助手开会，以便统一指挥和集中精力。

（7）领导者不要限于琐事。

（8）尽力使员工团结努力、忠诚和有主动性。

协调职能是指企业的一切工作都要和谐配合，以便使整个经营活动顺利进行。协调是一种合适的比例，比如各种职能部门机构之间的比例，职能部门与机械设备之间的比例等。这种比例要适合每一个部门及时地、经济地完成自己的任务。

控制就是检查每一件事情是否与所拟订的计划、管理者的指令和确定的原则相符。在检查中发现问题、分析原因和探讨对策，使活动与计划的偏差处于允许的范围之内。有效的控制是及时的、迅速有效的，而且要有相应的奖惩手段。

法约尔认为成功的管理者应该具备与从事其他经营活动所不同的特殊能力，也叫职业管理能力。包括六种：

（1）身体。健康、精力充沛、反应敏捷，只有这样才能适应管理者负担的较繁重的工作任务，脑力劳动者也必须有体力做基础。

（2）智力。管理者要有较强的理解和学习能力、判断能力和优秀的适应能力。

（3）品质。管理者要有毅力、坚定，勇于承担责任，还要有创造精神、忠诚等。

（4）一般文化知识。管理者的知识面要宽泛，要能理解自己担任职务之外的工作及其特点。

（5）专业知识。对自己所担任的技术、商业、财务、会计、安全或管理方面的专业知识要有较深入的了解。

（6）经验。仅有以上基础能力和知识还不够，合格的管理者还必须有经验，必须通过实际参加管理工作从实践中体验管理。作为一个优秀的管理者要求的知识和能力是很全面的。

同时法约尔根据自己多年的工作经验，提出一般管理的 14 条原则。直至今天对管理的研究仍有重要意义。这 14 条管理原则如下：

（1）劳动分工原则（Division of work）。劳动分工可以提高专业技能，提高工作效率。

（2）权力与责任原则（Authority）。权力与责任要相符、相对应，在行使权力的同时要承担相应的责任，不能出现有权无责或有责无权的情况。

（3）纪律原则（Discipline）。纪律是企业领导人同下属人员之间在服从、勤勉、积极、举止和尊重方面所达成的协议。高层领导和下属一样，必须接受纪律的约束。

（4）统一指挥原则（Unity of command）。一个下属只能接受一个上级的命令，一个人一个领导。避免多头领导，以免无所适从。

（5）统一领导原则（Unity of command）。凡是具有同一个目标的全部活动，应有一个领导人和一套计划。

（6）个人利益服从整体利益原则（Subordination of individual interests to the general interest）。个人利益不能高于组织的利益，为了贯彻这一原则，组织目标应尽可能多地包含个人目标，使组织目标实现的同时满足个人需求；领导人要以身作则，以集体利益为重。

（7）合理报酬原则（Remuneration）。按员工贡献的多少，确定一个公平合理的报酬制度，对工作成绩与工作效率优良者给予奖励，但奖励应有限度。报酬制度的公平合理和良好的管理结合起来，才能收到好的效果。

（8）适当集权与分权原则（Centralization）。要掌握好集权和分权的程度，当下属工作重要时要分权，当下属工作不重要时要集权。要根据企业的性质、条件和环境、人员素质来恰当地决定集权和分权，当与实际情况发生变化时，要改变集权和分权程度。

（9）等级链与跳板原则（Scalar chain）。组织中工作的请示和命令等信息传递按各环节等级制度，按照命令统一的原则逐级进行，但有时可能出现信息传递的渠道太长而延误时间，法约尔提出"跳板"原则，便于同级之间横向沟通，但横向沟通前要征求各自上级的意见，并且事后要向各自上级汇报。

（10）秩序原则（Order）。物品要有排列顺序，人员要有自己的位置，每个人都应该安排在最适合发挥作用的工作岗位上。

（11）公平原则（Equity）。在对待人员的态度上，管理人员要"善意和公道"才能使员工忠诚、尽职尽责。

（12）人员稳定原则（Stability of tenure of personnel）。法约尔认为一个人要熟练、有效地从事某个岗位的工作，需要相当长的时间，假如刚刚熟悉工作就被调离，那么他就没有办法和时间为本组织提供良好的服务。所以，一个成功的企业员工和管理人员必须是相对稳定的，人员频繁变动的组织是很难成功的。

（13）首创精神原则（Initiative）。首创精神是指人们在工作中发挥自己的才智，提出具有创造性的想法，它能给人们带来很大的快乐，也能刺激人们努力工作。管理人员应具有首创精神，也应鼓励员工的首创精神。

（14）集体精神原则（Esprit of corporations）。全体成员的和谐与团结是企业发展的力量，管理者有责任尽一切可能保持和巩固人员的团结。

法约尔提出的 14 条管理原则，可以适应一切需要，问题在于懂得如何灵活地去使用这些原则，是一门很难掌握的艺术。管理者要充分运用自己的智慧、经验与判断力去运用这些原则。

　　法约尔理论还探讨了管理教育的必要性和管理理论的普遍性。他认为管理知识是可以通过教育来传授的，通过学习来获得的。法约尔认为管理知识是一种区别于其他专业知识的，可以适用于组织的、普遍的、独立的知识，是一种管理层次越高越需要的知识。

　　法约尔对管理理论的贡献和影响是巨大的，他的"一般管理理论"揭示了管理的本质和管理活动的规律性，他的管理思想系统性和理论性更强，对管理五大职能的分析不仅揭示了管理的本质，还为管理科学提供了一套科学的理论框架。一般管理理论使人们认识到管理是一种普遍存在于各种组织中的具有共性的活动，为近代管理科学的发展做出了卓越的贡献。

　　2. 对法约尔一般管理理论的评价

　　（1）法约尔对一般管理理论的贡献。法约尔的管理理论和泰勒的管理理论同属于古典管理理论的杰出代表，但法约尔的管理理论的系统性和理论性更强。他第一次把企业作为一个有机整体，对企业的全部活动进行考察和分析。他对管理职能和管理原则的阐述，为管理理论的发展奠定了坚实的基础。他所提出的五项管理职能及六种经营活动，构成了一个完整的管理过程。他所提出的管理原则，虽然有些杂乱，却给人以重要的启示，如统一指挥、统一领导、等级链等原则都对后来有很大的影响。他的理论是管理思想和理论发展史上的一个里程碑。

　　法约尔的管理理论虽然是以企业为研究对象而建立起来的，但这些理论不仅适用于工商企业，而且适用于政治的、宗教的、军事的及其他企业、事业。由于他第一次将管理行为中的要素和原则加以系统地概括和总结，因而使管理具有一般的科学性，才有广阔的应用范围。

　　法约尔还积极地提倡和推进管理教育。他首次论证了管理教育的必要性，认为在大学和专科学校都应讲授管理学。随着社会的发展和管理活动复杂性的提高，进行管理教育越来越重要。

　　（2）法约尔管理理论的不足。法约尔管理理论的主要不足之处在于他的管理原则过于僵硬，不具体。正如他自己所强调的，这些原则并不完整。比如统一指挥就可能与劳动分工发生矛盾。当某一层次的管理人员制定决策时，按照劳动分工原则，他就要考虑来自各个专业部门的意见或指示，但这是统一指挥原则所不允许的。例如，某一分厂的会计人员，在组织上隶属于这个分厂，按照统一指挥原则，总厂财务部门就无法指挥分厂的会计人员。所以，如何为统一与管理职能专业化（劳动分工）找到统一的联系界限，也成为后来管理学研究的重要内容。

三、韦伯的行政组织理论

　　1. 韦伯的行政组织理论的内容

　　马克斯·韦伯（Max Weber，1864—1920）德国著名社会学家，出身于德国一个有着广泛的社会和政治关系的富裕家庭。他从小受到了良好的教育，1881—1884 年间在海德堡大学学习，并在斯特拉斯堡服兵役，后来进入柏林大学学习，1889 年获得柏林大学博士学位。他对经济学、政治学、社会学、宗教学等都颇有研究，担任过大学教授、政治顾问、编辑、作家等。他在管理学上的主要贡献是提出了理想的行政组织体系理论，通常称作"官僚制""科层制"或"理想的行政组织"理论，对工业化以来的各不同类型的组织产生了深远的影响，成为现代大型组织广泛采用的一种组织管理方式。因而韦伯被称为"组织理论之父"，其代表作是《社会和经济组织理论》，该书使其在管理思想史上奠定了不可动摇的地位。

　　他认为理想的行政组织体系至少要做到：组织成员的任用必须一视同仁，严格掌握标准；组织内部任何人都必须遵守共同的法规和制度；组织内人员之间的关系是工作与职位关系，不受个人感情影响。达到上述条件的组织体系才具有精确性、稳定性、纪律性和可靠性，才能高效地运转。

　　所谓理想组织具有如下特点：

　　(1) 劳动分工 (Division of labor)。在分工的基础上，规定每个岗位的权力和责任，把这些权力和责任作为明确的规范而制度化。

　　(2) 自上而下的等级系统 (Authority hierarchy)。按照不同职位权力的大小，确定其在组织中的地位，形成有序的等级系统，以制度的形式巩固下来。

　　(3) 人员的甄选 (Formal selection)。明确规定职位的工作及该职位对人员任职资格的要求。根据职务规范挑选组织成员。

　　(4) 正式规章制度 (Formal rules and Regulations)。为了确保一贯性并规范全体雇员的活动，管理者必须依照正式的规则。

　　(5) 非个性化 (Impersonality)。规则和控制的实施具有统一性，避免掺杂个人感情及受到个人偏好的影响。

　　(6) 职业导向 (Career orientation)。管理者是专职人员而不是他所管辖单位的所有者，他们领取固定的工资并寻求自身在组织中的职业生涯发展。

　　韦伯的理想行政组织理论优越性在于：使个人与权力相分离，摆脱了传统组织的随机、易变、主观、偏见的影响，具有比传统组织更多的精确性、可靠性和稳定性。是理性精神和合理化的体现，存在着一套涉及组织管理过程的许多主要方面具有连续性的规章制度，给每项工作确定了清楚的、全面的、明确的职权和责任，从而使组织的运转尽可能少地依赖于个人。图 2-2 为韦伯的行政型组织能够有效提高组织绩效的原则。

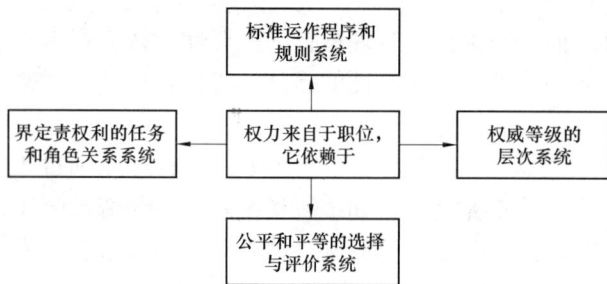

图 2-2　韦伯的行政型组织系统原则

　　2. 韦伯的理想行政组织理论评价

　　综上所述，韦伯行政组织理论的基本点是，要通过职务或职位，而不是通过家族个人或世袭地位来进行管理，即用行政管理制度来代替传统的管理制度。他对管理学的最大贡献是他所提出的理想行政组织模式。他认为这种组织体制适用于各种管理工作及各种组织，是对工业社会中大型而复杂的组织进行行政管理的最有效手段。韦伯的理想行政组织体系为现代组织管理理论奠定了基础；他不仅对古典管理理论的完善做出了重要贡献，而且对以后的管理理论有着一定的影响。

　　韦伯所处的时代是德国工业化迅速发展的年代，他提倡以法管理，使组织合理化，以便提高工作效率，符合资本主义政治、经济发展的要求。但是，韦伯所设计的理想的行政组织体系具有高度的机械性，过分强调集权化、制度化，而忽视了人的主动性，这可能会助长某些形式的独裁领导，导致组织失去活力。并且，韦伯的组织理论缺乏对组织与环境之间相互关系的探讨，这是传统组织理论中存在的共同问题。因此，韦伯所倡导的理想行政组织模式最适合于以生产率为主要目标的常规的组织活动，不适合于以创造和革新为重点的非常规的组织活动。

四、古典管理理论的共同特点

古典管理时期的泰勒、法约尔和韦伯等三个主要代表人物，为管理学发展奠定了坚实的基础。泰勒首先采用近代科学方法对管理进行研究，对管理研究提出了新思路。法约尔明确了管理是企业一种基本活动，其过程或职能为计划、组织、指挥、协调和控制，为管理过程研究打下基础。韦伯的理想行政组织理论，提出适合于企业组织发展需要的组织类型和基本管理精神，成为各类大型组织的"理想模型"。这一时期管理研究的实践，为管理思想进一步发展打下良好的基础。

古典管理理论的共同特点：强调用事实、理性、思考和规则来代替随心所欲。用科学管理代替单纯的经验管理，强调了组织形式，但这一时期的研究，把人看成是被动的、纯理性的人，而忽视了人的社会性。采用的管理方式是"胡萝卜加大棒"管理方式。

第四节 行 为 科 学 理 论

一、梅奥及其霍桑试验

乔治·埃尔顿·梅奥（George Elton Mayo，1880—1949）原籍澳大利亚的美国行为学家。1924—1932 年间，梅奥负责进行了著名的霍桑试验，即在西方电器公司所属的霍桑工厂，为测定各种有关因素对生产效率的影响程度而进行的一系列实验，为此产生了人际关系学说，开辟了行为科学研究的新领域。霍桑试验历时 8 年分为四个阶段：

第一阶段，工厂照明实验（1924—1927）。试验者以寻求劳动条件与生产效率关系为目的，选定两个电话继电器装配组作对比试验。一组为试验组，通过改变工作场所的照明强度，研究照明对工人生产效率的影响。一组为控制组，工人在照明强度保持不变的条件下工作。他们将照明亮度、房间湿度、温度、休息时间、工作时间、休息时提供茶点、工资报酬等条件进行变化，将这些条件变化和工人生产状况做科学测定与精确记录。但是，不管这些条件如何变化，或由优变劣，或由劣变优，以至照明度降到只有月亮光的程度，试验组的产量一直上升。试验进行了三年，每个工人每周继电器平均生产量从 2400 个上升到 3000 个。西方电器公司的检验监督乔治·潘诺克将试验情况告诉哈佛大学的梅奥。梅奥意识到这是他正在探讨的一个重大问题，便以极大的兴趣参加并领导了以后的试验。

第二阶段，继电器装配试验（1927—1928）。梅奥为首的霍桑试验研究小组总结了前期的"照明"试验结果，并重新设计了试验。他们成立了两个新的试验小组：一个是继电器装配组，挑选五名有经验的继电器装配工参加。试验之前，他们实行的是集体刺激工资制，在开始试验的头九周改为个人刺激工资制，开始时，总产量上升，当又回复到原来的集体刺激工资制后，小组成绩降到试验前原有水平的 96.2%。另一组是云母片剥离组，将其置于特别观察室，保留原有的个人刺激工资制，对休息间歇、工作日长短等条件予以改变，同时将产量记录下来，该组试验进行了 14 个月，产量一直上升，最后达到原产量的 115%。

试验小组认为，使得产量提高的原因在于"小组中精神状态的一种巨大改变"；在于"士气"，工人由于试验而受到注意、关注，因而提高了士气；在于"监督"，监督者由工头而改为试验人员，他们不被认为是工头，形成了"更为自由而愉快的工作环境"；在于工人的"主人感"，试验中劳动条件改变后，观察者不断问其感觉，征求意见，工人也似乎是试验的"主人"，在于"满足感"，工人因意见被倾听而得到心理的满足。总之，试验改变了原来的监督方式和上下级之间、同事之间关系的"社会环境"。

第三阶段，大规模的访问和调查（1928—1931）。有计划地同工人广泛谈话，共 2.1 万人次。访谈设计的目的是：改变监督的方式，将过去的命令式监督改变为坦率的、让人感到关心的、愿意倾听意见的监督。设想的谈话方式是问答式，每次谈话时间半小时，提问内容是对公司的规划、政策、工作条件、工头态度等方面的意见。在谈话进程中试验人员发现，工人对所提问题不感兴趣，工人认为重要的事并非公司认为重大的事，谈话进行不下去。后来，改变为不定内容随便交谈，时间也不受半小时的限制。访谈者的任务就是让工人讲话。实际上访谈的内容绝大部分是"泄发气愤""诉苦"。但"泄泄气"的机会，使工人们在心理上感到处境改善了，而事实上没变。心理感觉与事实不是一回事。研究表明，工人由于关心自己的个人问题而产生"悲观主义情绪"，影响了工作成绩。根据访谈活动的启示，试验者经过厂方同意，开始训练监工，使他们能倾听并理解工人的个人问题。监工被训练成访谈者，多听少说，在他们同工人的个人接触中防止任何道德说教、劝告或情绪，注意关心人，较为热情，注意处理社会和个人情况的技巧。监督方式的改变，提高了工人士气，产量得到了提高。

第四阶段，接线板接线工作室试验（1931—1932）。该试验又称为非正式组织研究试验。在访谈活动中研究小组已发现工人中存在着一种"无形的组织"，决定对其进行试验研究。他们选择了 14 名装配电话中央交换机设备中的接线器的男工，将其置于一间单独的观察室进行工作，这些工人由分成三个小组的绕线圈的 9 名绕线工、3 名电焊工和 2 名检验工组成。这一阶段研究发现，为了保护工作速度慢的同事，大部分工人都自行限制产量；工人对不同级别的上级持不同的态度，级别越高，越受工人的尊重；成员中存在小派系，每个小派系都有自己的行为规范，谁要加入这个派系，就必须遵守这些规范。派系中成员如果违反这些规范，就要受到惩罚。

在试验中实行集体刺激工资制，并强调必须互相协作。工作场地布局工具、设备、操作方法都是按照科学管理方法设计的。试验方式是自然观察方式。

试验人员除发现集体有意限制产量这一现象外，还发现了"非正式组织"的存在。公司严禁小组人员替换和帮助工作，但实际上，除检验员外，小组人员都互相帮助。人们乐意帮助有交情的人，尤其是受大家欢迎的非正式组织的头头，得到的帮助最多。在非正式组织中，工作上互相帮助，休息时间大家在一起做游戏、聊天、开玩笑等，是分伙进行的，每个团伙各有自己的"领头人"。不同工种的人三个一伙、五个一帮相互结合在一起谈论自己感兴趣的话题，而一些过于自信、傲气、不随和的人则被排除在这些"小团伙"之外。非正式组织存在着自己的规范，如限产，互相帮助，不应该向监工报告任何损害同伙的事情，不应该对人保持距离或多管闲事，不应该过于喧嚷、自以为是等。这些规范所遵循的是与公司要求完全不同的逻辑。

二、霍桑试验的结论

霍桑试验历经 8 年四个阶段的试验，梅奥等人进行总结，1933 年出版了《工业文明中人的问题》一书。梅奥等人认为人们的生产效率不仅受到生理方面、物理方面等因素的影响，更重要的是受到社会环境、社会心理等方面的影响。总结了人际关系理论的一系列观点：

（1）关于"社会人"而不是"经济人"的观点。梅奥等人认为，古典管理理论把人看做是"经济人"，认为工厂主、工人追求的都是金钱，所以经济因素是管理中刺激人的积极性的唯一动力。而霍桑试验证明，工人是"社会人"，除了有物质方面的需要外，还有社会和心理方面的需求，他们需要友情、忠诚、关心、理解、爱护、安全感、归属感，渴望尊重等。认为社交需要是人类行为的基本激励因素，而人际关系则是形成人们身份感的基本因素。管理人员应当满足员工的归属、交往和友谊的需要，工人的效率会随着管理人员满足他们社会需求程度的增加而提高。

（2）关于"非正式组织"的观点。企业中存在着非正式组织，非正式组织的成员在情感、态度和倾向等方面形成共同的准则和惯例，要求个人服从，就构成了非正式组织。

正式组织是为了有效地实现管理目的、依据权力把各种成员之间关系安排得合理而有秩序的组织。它所遵循的规范逻辑是效率逻辑，遵循合理化准则。非正式组织是员工之间相互接触、相互作用的社会关系形成的自发组织。它所遵循的规范逻辑是感情逻辑，遵循非合理化的组织规范。它存在和发展的基础是员工的安定感、归属感、友谊等社会需要。

（3）关于"人际关系"的观点。生产效率的提高主要是由于工人的工作态度及人际关系的影响。科学管理法的基本思路是通过科学的工作方法和经济刺激来直接达到提高劳动生产率的目的，人群关系理论的基本思路是：科学的工作方法和经济刺激决定情绪（劳动态度），情绪（劳动态度）则决定工作效率。

这里的情绪是指员工作为社会的人所得到的心理满足程度。情绪决定劳动态度，劳动态度决定劳动生产率。作业条件和方法、经济刺激必须通过对员工情绪的作用才能对劳动生产率产生影响。员工情绪决定于两个方面的情况：一是个人情况，如家庭、社会交往等因素；二是车间情况，指个人通过自己与车间同伴、上级的接触而形成的在车间的人群关系情况。人际关系学由此产生，1952年正式定名为"行为科学"。

三、对人际关系理论的评价

古典管理理论强调通过作业条件和方法的改进、经济刺激来提高生产效率，而人群关系理论认为更重要的是提高员工士气、组织好集体内部的合作、改善人际关系、上下沟通交流，使正式组织提高效率的需要与非正式组织的需要相平衡。它提出改进管理，要让员工参与决策，要协商处理与员工相关的问题，建立面谈制度，注意掌握与控制非正式组织的领导，提高员工的满足度，设法促进建立良好的人际关系，美化工厂环境，完善娱乐设施、福利设施等。

人际关系理论使管理理论的发展发生了根本性变化。管理的核心由过去以"事"为中心转向以"人"为中心；由只注重工人的金钱和物质条件上需要转向满足于人的社会需要；由过去完全靠纪律强制、监督管理转向引导，通过引导把员工行为纳入管理者希望的轨道。人际关系理论开拓了一个广阔而又崭新的管理科学研究的新领域，也为管理方向的变革指明了方向，导致了管理思想上一系列的变革，其中许多措施对我们今天管理仍有重要的指导意义。

但人际关系理论也存在明显的缺陷，它过分强调非正式组织的作用，而非正式组织并非经常地对每个人的行为有决定性的影响，多数情况下起作用的依然是正式组织；它过多强调情感的作用，似乎员工的行为主要受感情和关系的支配；它过分否定经济报酬、作业环境和外部监督的作用。

第五节　现代管理理论

　　管理理论的形成是从 19 世纪末 20 世纪初开始的，随着生产力的高度发展和科学技术的进步，经过管理学者们的探索和研究，对管理科学的认识不断丰富和具体，从而对其概括和抽象，逐步形成管理理论，管理作为一门科学真正蓬勃地兴起。第二次世界大战以后，随着科学技术日新月异的发展，组织规模的急剧增大，生产力水平的迅速发展，生产社会化的程度日益提高，虽然泰勒的科学管理理论大大地提高了生产效率，但是人们越来越感觉到现有的管理理论已不能满足需要，这引起了人们对管理的重视，对管理的研究进入了蓬勃发展的阶段。有很多学者包括人类学家、经济学家、生物学家、哲学家、管理学家、心理学家、数学家、政治学家、历史学家等都从不同的背景不同的角度纷纷来研究管理问题，使这一时期对管理的研究空前高涨，同时出现了各种各样的管理学派，形成了众说纷纭，莫衷一是的情况，美国管理学家哈罗德·孔茨形象地称之为管理丛林。具体形成了大大小小几十个学派，其中典型的学派有社会系统学派、行为学派、决策理论学派、系统理论学派、管理科学学派、经验或案例学派、管理过程学派、权变学派和角色学派等。

一、社会系统学派

　　社会系统学派（The Social System Approach）是从社会学的角度来研究各种组织和组织理论的。把组织看成是一个人们可以有意识加以协调和影响的社会协作系统，该学派的创始人是美国的管理学家巴纳德（Chester I. Barnard，1886—1961）。他出生于美国，读完了哈佛大学经济学课程后，1909 年进入美国电报电话公司，先后担任了多种管理职务，直到任新泽西贝尔电话公司的总经理。1938 年出版《经理人的职能》一书。巴纳德的管理理论主要是组织论的管理理论，以组织为基础分析和说明管理的职能和过程。在对个体基本特征和协作过程分析基础上，提出正式组织和非正式组织理论，强调组织的存在取决于协作系统平衡的维持。提出正式组织的各要素，提出了经理人的职责。巴纳德的社会系统学派主要内容可概况为以下几个方面。

　　（1）组织是一个社会协作系统，人与人的相互关系是一个社会系统，它是人们在意见、力量、意愿及思想方面的一种合作关系，是社会大系统中的一部分，又受到社会环境各方面的影响，管理人员的作用就是要围绕着物质的、生物的和社会的因素去适应总的合作系统。

　　（2）正式组织存在的三个基本要素：协作意愿，即组织中成员都能自觉自愿地为组织目标的实现做贡献；共同目标，即有一个统一的共同目标是协作意愿的必要前提；信息沟通，即组织内部必须有一个能够彼此沟通的信息联系系统。

　　（3）组织作为一个协作系统能否生存取决于三个条件：协作效果，即能否顺利完成协作目标；协作效率，即在达到目标的过程中，是否使协作成员损失最小而心里满足最高；协作目标能否适应协作环境。

　　（4）非正式组织的存在。即组织中不仅存在正式组织，还存在非正式组织，它同正式组织相互创造条件，在某些方面能对正式组织的目标生产积极的影响。

　　（5）经理人员的职能提出三项要求：建立和维持一个信息沟通系统；善于使组织成员为

实现组织目标做贡献；规定组织的共同目标，并用各个部门的具体目标来加以阐明。

（6）组织维持其生存与发展必须实现三个方面的平衡：第一是组织内部个人和整体之间的平衡；第二是组织与环境之间的平衡；第三是组织的动态平衡。

二、行为学派

行为学派（The Interpersonal Behavior Approach）又称人际关系学派，主要是在梅奥等人的人际关系理论的基础上发展起来的，这一学派主要研究组织中人与人之间的关系和组织中人的行为。该学派认为，管理是通过人去完成各项工作的，因此必须以人与人之间的关系为重点来研究管理问题，处理好人际关系是组织中管理者必须理解和掌握的一种技巧。主要研究成果有马斯洛（Abrbam H. Maslow）的需要层次理论、赫兹伯格（Frederick Herzberg）的双因素理论、麦格雷戈（Douglas McGregor）的 X 理论和 Y 理论等。由于这一学派主要对人的需要、人的行为、人际关系、人的本性、领导方法进行研究，第一次把管理研究的重点从对工作和物的关注转移到人的因素上来，不仅在理论上对古典管理理论做了修正和补充，还为现代行为科学的发展奠定了基础，也对管理实践产生了深远的影响。

三、决策理论学派

决策理论学派（The Decision Theory Approach）的主要代表人物是曾获诺贝尔经济奖的赫伯特·西蒙（Herbert Simon），他的代表作为《管理决策新科学》。该学派认为管理的实质是决策，因此，管理理论主要应研究决策问题，研究制定决策的科学方法，合理的决策程序问题。西蒙的决策理论的主要思想包括两个基本命题：人的有限理性和决策的满意准则。该学派在社会系统学派理论的基础上，吸收了行为科学、系统学派的思想，结合现代数学及计算机等科学知识，形成了对管理实践进行科学的定量与定性分析结合的管理体系。西蒙认为组织是由作为决策者的个人所组成的系统，任何成员在加入组织之前都要首先做出参加或不参加该组织的决策，加入组织后还要继续做出种种个人决策，组织的决策则是组织成员及其群体参与的结果。西蒙的主要贡献是：①突出决策在管理中的地位；②系统地阐述了决策原理；③强调了决策者的作用。

四、系统理论学派

系统理论学派（The Systems Approach）是用系统科学的思想和方法来研究管理问题。系统学派的主要代表人物是美国的卡斯特（Fremont. E. Kast）和约翰逊（Richard A. Johnson）等人，其代表作是《系统理论与管理》。系统管理学派认为，组织是一个由相互联系的若干要素组成的开放系统，它具有系统的集合性、相关性、目的性和动态性，这些要素可以被称为子系统。系统运行效果是通过各个子系统相互作用的效果决定的。组织本身是一个系统，同时又是社会系统的一个子系统，组织在社会环境的相互作用中取得动态平衡。企业的系统管理强调以整体系统为中心，决策时强调整个系统的最优化而不是强调子系统的最优化，它使管理人员不至于因为只注意一些专门领域的特殊职能而忽略了企业总目标，也不至于忽略自己这个企业在更大的系统中的地位和作用。系统理论的范畴和原理，还可应用于各种组织的管理，有助于组织管理的整体优化。其理论要点：

（1）企业是由人、物资、机器和其他资源在一定的目标下组成的一体化系统，企业的成长和发展同时受到这些组成要素的影响，在这些要素的相互关系中，人是主体，其他要素是被动的。

（2）企业是一个有许多子系统组成的开放的社会技术系统。企业是社会大系统的一个子系统，它受周围环境的影响，也同时影响环境，在与环境的相互作用中达到动态平衡，企业内部又包含若干子系统。

（3）运用系统观点来考察管理的基本职能，可以提高管理的整体效率，有助于管理者树立整体观，发展观和动态观。

五、管理科学学派

管理科学学派（The Management Science Approach）又称数理学派或运筹学派。这一学派是第二次世界大战之后在泰勒科学管理理论的基础上发展起来的，其代表人物是美国的伯法（E. S. Buffa），其代表作为《现代生产管理》。管理科学理论是以现代自然科学和技术科学的最新成果为手段，运用数学模型，对管理领域中的人力、物力、财力进行系统的分析，并做出最优规划和决策的理论。该学派主要运用运筹学和系统分析的方法解决复杂的管理问题、决策的优化问题，计算机的出现使运筹学如虎添翼，这两项堪称为"神机"（计算机）与"妙算"（运筹学）的利器对大型复杂的管理决策问题，提供了解决的办法。

该学派可以认为是泰勒"科学管理"的继续和发展。他们的出发点是反对只凭经验、直觉、主观判断进行管理，主张用科学的方法，探求最有效的工作方法或最优方案，达到最高的工作效率，以最短的时间、最小的支出，得到最大的效果。与"泰勒制"不同的是，现代管理科学学派的研究，已突破原来的操作方法及作业水平的范围，向管理组织的所有活动方面扩展，并采用了现代数学方法、电子计算机技术、系统论、信息论、控制论等技术，形成了一系列新的组织管理方法和技术。

管理科学学派的主要内容可简要概括为以下几个方面：

（1）管理科学学派认为组织是由"经济人"组成的一个追求经济效益的系统，同时又是一个由物质技术和决策网络组成的系统。

（2）管理科学学派研究的目的在于把科学的原理、方法和工具应用于管理的各种活动，以取得最大的经济效益。

（3）管理科学的应用范围着重于管理过程中的计划、控制职能问题的解决。它的思想方式和成果已广泛渗透、运用于管理活动之中。

（4）管理科学学派解决问题的步骤包括：①提出问题；②建立所研究系统的数学模型；③从模型中得出解决问题的方案；④对模型和得出的方案进行验证；⑤建立对解决问题方案的控制；⑥实施方案。

管理科学学派解决问题的方法主要有规划论、对策论、排队论、库存论、概率论、计划评审法、模拟法等。

六、经验或案例学派

经验或案例学派（The Empirical or Case Approach），该学派对管理理论的研究是通过对大量管理的实例和案例的研究，来分析管理人员在个别情况下成功和失败的管理经验，从中提炼和总结出带有规律性的结论，使管理人员能够学习到更多的管理知识和管理技能。经验学派的主要理论观点是：管理有三项基本任务，第一是取得经济效果，不论社会经济制度或社会意识形态怎样，作为经济实体的企业，都有提供利润的责任；第二是使工作具有生产性，并使工作人员有成就。凡是能直接有助于企业成长的工作，都是具有生产性的工作；第三是承担企业对社会的责任，通过提供商品的劳力，对社会产生积极的影响。该学派的主要代表人物戴尔（Ernest Dale），其代表作为《伟大的组织者》《管理：理论和实践》；德鲁克

（Peter Drucker），代表作为《有效的管理者》《管理：任务、责任和实践》。

七、管理过程学派

管理过程学派（The Opperational Theory Approach）或管理运营学派又称管理职能学派，该学派是在法约尔一般管理思想的基础上发展起来的。该学派当代著名的代表人物是哈罗德·孔茨和西里尔·奥唐奈（Cyril O'Donnell），代表作是两个人合著的《管理学》。该学派将管理看成是一种程序和相关的职能，为研究管理提供了一个框架结构。法约尔认为管理的本质是计划、组织、指挥、协调和控制的过程，哈罗德·孔茨继承了法约尔的理论，并把法约尔的理论更加系统化和条理化。孔茨指出：①人力资源方法和数理方法与其是说一种管理理论，倒不如说是管理者采用的一种方法；②管理过程方法能够包含和综合当今的各种管理理论。该学派认为各个组织所面临的内部条件及管理环境都是不同的，但管理的职能却是相同的。通过对管理过程的研究分析、总结出一些基本的规律，这些规律就是管理的理论与原理，可以用来指导管理实践。

八、权变学派

权变学派（The Contingency or Situational Approach）是 20 世纪 70 年代在西方形成的一种较新的管理思想学派，目前的影响很大，所谓权变就是具体情况具体分析，具体处理。"权"就是衡量，"变"就是调整。权变理论的核心思想是，认为不存在一成不变的、无条件适用于一切组织最好的管理方法。强调在管理中要根据组织所处的内外环境的变化而随机应变，针对不同情况寻求不同的理论和方法。权变学派的代表人物是英国的伍德沃德（Joan Woodward），其代表作为《工业组织：理论和实践》。

权变学派运用主要表现在计划、组织、领导方式三个方面：

（1）计划的制订，必须首先分析环境和组织的重要变量，在不同情况下，制定不同类型的计划，要充分注意计划中的模糊性与灵活性；

（2）不但不同公司，甚至在同一公司的不同发展阶段，也需要不同模式的管理组织形式。因地制宜和因时制宜地选择符合企业需要的管理组织形式和管理措施，是公司经理的重要任务；

（3）世上没有什么"最好的"或"最差的"领导方式，一切以企业的任务、个人和团体的行为特点及领导者和职工的关系而定。

所以，认为组织根据实际情况建立管理模式时应主要考虑组织的规模、技术、管理者的权力、下属的差别、环境的不确定性等多方面因素的影响，管理者只有根据这些因素的动态变化来制定管理方案，才能更大程度地保证管理的成功。

九、角色学派

角色学派（The Role Approach）主要通过观察管理者的实际活动来明确管理者工作的内容。也有人对管理者的实际工作进行研究，这一学派的代表认为是亨利·明兹伯格，他系统地研究了不同组织中五位总裁的活动，得出结论，即总裁们并不按照传统关于管理职能的划分行事，如计划、组织、领导和控制，而是进行着许多别的工作。明兹伯格根据自己和别人对管理者实际活动的研究，认为管理者扮演着 10 种不同的角色。即①头面人物；②领导者；③联络者；④监控者；⑤传播者；⑥发言人；⑦创业者；⑧麻烦事处理者；⑨资源分配者；⑩谈判者。

第六节 管理理论的新发展

一、精益生产理论

精益生产（Lean Production，LP）是美国麻省理工学院数位国际汽车计划组织（IMVP）的专家对日本丰田准时化生产（Just In Time，JIT）的生产方式的赞誉。精，即少而精，不投入多余的生产要素，只是在适当的时间生产必要数量的市场或下道工序急需的产品；益，即所有经营活动都要有效，具有经济效益。精益生产方式是战后日本汽车工业在"资源稀缺"和"多品种、少批量"的市场制约的产物。是从丰田相佐诘开始，经丰田喜一郎及大野耐一等人的共同努力，直到 20 世纪 60 年代逐步完善而形成。

精益生产方式的实质是管理过程的优化，通过大力精简中间管理层，进行组织扁平化改革，减少非直接生产人员；推行生产均衡化、同步化、实现零库存与柔性生产；推行全生产过程（包括整个供应链）的质量保证体系；减少和降低任何环节上的浪费；最终实现拉动式准时化生产。

精益生产的特点：

（1）拉动式准时化生产。以最终用户的需求为生产起点，强调物流平衡，追求零库存，要求上一道工序加工完的零件立即可以进入下一道工序。

（2）全面质量管理。强调质量是生产出来而非检验出来的，由生产中的质量管理来保证最终质量。生产过程中对质量的检验与控制在每一道工序都进行。

（3）团队工作法。每位员工在工作中不仅是执行上级的命令，更重要的是积极地参与，起到决策与辅助决策的作用。

（4）并行工程。在产品的设计开发期间，将概念设计、结构设计、工艺设计、最终需求等结合起来，保证以最快的速度按要求的质量完成。各项工作由与此相关的项目小组完成。进程中小组成员各自安排自身的工作，但可以定期或随时反馈信息并对出现的问题协调解决。依据适当的信息系统工具，反馈与协调整个项目的进行。

二、学习型组织

所谓学习型组织是指具有持续不断学习、适应和变革能力的组织。管理者所面临的最大挑战是变化，如现代管理大师彼得·德鲁克所言，"当今世界，唯一不变的就是变化"。学习型组织与传统型组织具有明显的不同，在对待变革的态度上，学习型组织如果不变革那就不管用；在对待谁对创新负责上，学习型组织认为创新是组织中每位成员的事；学习型组织认为如果不学习就会不适应；而在对待竞争优势上，学习型组织认为学习能力、知识和专门技术是组织的竞争优势；在管理者的职责上，学习型组织认为管理者的职责是调动别人、授权别人。

彼得·圣吉（Peter M. Senge）在《第五项修炼：学习型组织的艺术与实务》中指出，企业应成为一个学习型组织，并提出了建立学习型组织的四条标准：①人们能否不断检验自己的经验；②人们是否具备生产知识；③大家能否分享组织中的知识；④组织中的学习是否和组织目标息息相关。五项修炼：自我超越、改善心智模式、建立共同愿景、团体学习和系统思考。

三、业务流程再造

传统的组织结构建立在职能和等级制的基础上，业务流程再造对许多传统的组织构造原则提出了挑战，通过重新设计流程，可以在流程绩效的改善上取得相应的提高，从而激发和增进企业的竞争力。迈克尔·哈默（Michael Hammer）和詹姆斯·钱皮（Jammes Champy）在1993年出版的《公司再造》（Reengineering the Corporation）中指出，公司再造是"为了飞跃性地改善成本、质量、服务、速度等重大的现代企业的运营基准，对工作流程（Business Process）进行根本性重新思考并彻底改革"，也就是说，"从头改变，重新设计"。为了能够适应新的世界竞争环境，企业必须摒弃已成惯例的运营模式和工作方法，以工作流程为中心，重新设计企业的经营、管理和运营方式。

企业再造的基本内容是，首先以企业生产作业或服务作业的流程为审视对象，从多个角度重新审视其功能、作用、效率、成本、速度、可靠性、准确性，找出其不合理的因素，然后以效率和效益为中心对作业流程和服务进行重新构造，以达到业绩突破提高的目的。企业再造强调以顾客为导向和服务至上的理念，对企业整个运作流程进行根本性的重新思考，并加以彻底改革。企业必须把重点从过去的计划、控制和增长转到速度、创新、质量、服务和成本，目的是为了吸引顾客、赢得竞争和适应变化。

企业再造的主要程序如下：①对现有流程进行全面的功能和效率分析，发现其存在的问题；②设计新的流程改进方案，并进行评估；③对制定与流程改进方案相配套的组织结构、人力资源配置和业务规范等方面进行评估，选取可行性强的方案；④组织实施与持续改善。

四、管理理论发展的观点

1. 系统观

任何一个组织都是一个系统，是由若干要素构成，同时又是更大系统的子系统，系统之外的是组织的环境，系统受环境的影响，同时又影响环境。系统观就是整体观、全局观，任何管理问题都应该从整个系统的角度考虑，同时还有考虑环境对系统的影响。

2. 权变观

管理变量与环境变量之间的函数关系就是权变关系，不同的管理环境下，采用不同的管理方法和技术，在通常的情况下，环境是自变量，而管理的观念和技术是因变量。不能以不变应万变，必须视具体情况，做出具体分析，因时、因地、因人而异。

3. 动态观

动态观就是用发展的、动态的观点看问题。事物总是不断变化的，不能用僵化静止的观点看问题。今天和昨天可能不同，和明天也不一样。昨天有效，今天不一定有效，明天更不一定有效。

4. 人本观

人本观就是以人为中心的管理观。是在尊重人的人格独立与个人尊严的前提下，在提高广大员工对企业的向心力、凝聚力与归属感的基础上，依靠人性解放、权力平等、民主管理，从内心深处来激发每个员工的内在潜力、主动性和创造力，使员工能真正做到心情舒畅、积极主动地为企业创造业绩。管理者不再是指挥者、监督者、控制者，而是要扮演教师、教练、知心朋友及客户经理的角色，起到启发、诱导、激励作用。把提高人的素质、建立人际关系、满足人的需求、调动人的主动性、积极性和创造性的工作放在了管理的首位。在管理方式上强调尊重人、信任人、激励人、鼓励人，以感情调动职工积极性、主动性和创造性。

5. 全球观

全球化已涉及社会、经济、文化、政治等人类生活的一切领域，经济全球化使生产要素跨越国界，在全球范围内自由流动，各国、各地区相互、融合成整体。各国在市场和生产上相互依存日益加深，跨国公司既对经济全球化大潮起到推波助澜的作用，同时也依仗全球化进程使本身得到迅速发展。从事国际性的业务越来越多，由于各国知识型员工管理及有关的法律法规的特点及细则存地很大差异，各国的文化、习俗及经济发展水平各异，国家之间不同的政治、经济文化的不同，对知识型员工的管理必须进行相应的调整，这就要求知识型员工管理必须面向全球化。把握和了解国际趋势，熟悉国际惯例，及时掌握国际动向，用国际化的视野管理知识型员工。

6. 虚拟观

随着经济全球化和知识信息化，使得智力资源的所有权和使用权在一定的条件下可以分离成为可能。企业的员工的工作主要是思维性的脑力工作，而非体力工作，企业在使用知识型员工时，可以通过虚拟员工或半虚拟员工的形式获取和使用智力资源，可不必通过传统的用人方式。虚拟企业是企业将外部的智力资源与自身的智力资源进行优势互补，通过信息网络把来自不同企业的人员集合在一起，为一个共同的目标而协同工作。因此，企业通过信息网络虚拟化管理成为可能。它突破了空间和时间的限制，网上招聘、网上在线培训、网上沟通、利用网络进行管理等成为知识型员工管理的手段；也可以把行政工作交由专业化公司来运作，比如通过专业的猎头公司来进行招聘、通过管理咨询公司设计薪酬、对日常工作尽量简化手续，形成工作流程化，并把大部分精力放在研究工作上。

7. 知识观

信息经济时代，知识和信息是企业最重要的资源，最大限度地获取和利用知识是提高竞争力的关键。企业对员工的管理，不仅要利用员工的知识，还要使员工的知识不断地更新。由于科技发展高速化、多元化，人们发现知识很快过时，需要不断地学习新知识，不断更新的知识才可能获得预期的发展。因此，员工非常看重企业是否能提供知识增长的机会，企业不但要给员工使用知识的机会，还要给其增长知识的机会，使员工对企业永远忠诚。同时，大多数高素质的员工工作，不仅仅是为了挣钱，而是更希望得到个人成长。员工的培训与教育是使员工不断成长的动力与源泉。这种培训与教育也是企业吸引人才、留住人才的重要条件。为此，企业应将教育与培训贯穿于员工的整个职业生涯，使员工能够在工作中不断更新知识结构，随时学习到最先进的知识与技术，保持与企业同步发展，从而成为企业最稳定可靠的人才资源。为了保持知识型员工持续的知识竞争因素，必须有计划、有组织、有目的、有特色地形成知识型员工的知识能力培养机制，增强知识型员工对新知识新技术的学习吸收功能。结合员工自身的特点，适当给予其出国进修深造、职务晋升、专业技术研究等方面的机会，调动他们把握知识和技术能力的积极性和主动性。

管理哲理故事

训 练 有 素 的 狗

吉姆新买了一辆吉普车，非常兴奋，便带着自己那条训练有素的狗，驱车去湖边打野鸭。

时值冬日，湖面已经结了冰。吉姆取出预先准备好的炸药，准备在湖面上破开一个洞，以引诱野鸭降落。因为这种炸药有一定的危险性——它从点燃到爆炸只有 20 秒，所以吉姆决定在岸上点燃炸药后再把它扔向湖中央。

一切准备就绪，吉姆点燃炸药，就向湖面抛去。眼看着就要大功告成了，这时却出现了一个意外的情况。吉姆的狗是一只训练有素的狗，它知道，只要主人往远处一扔什么东西，那意思就是要它奔过去将这个东西捡回来。凭着这样的经验，它几乎是在主人抛出炸药的同时，箭一般地飞身向前。没等炸药落在冰上，就腾空一跃，用嘴接住了这个易拉罐大小的炸药。然后，摇头摆尾地朝主人奔跑过来。

吉姆赶忙冲着狗大叫起来，想让它丢下炸药。可是，狗哪里能领会他的意思。情急之下，吉姆端起猎枪对准自己的爱犬，放了一声空枪。狗被这一声枪响吓坏了，它看主人用枪对着自己，一阵惊慌，赶忙夹起尾巴找地方藏匿。在这个荒郊野外，它所能找到的最佳藏匿地就是主人的那辆新吉普车。于是，狗毫不犹豫地向吉普车下面钻去……

故事的哲理：

作为领导者，时刻需要胸怀全局，系统思考自己的决策会给组织带来的连锁反应，进而做出二次决策，而绝不能就事论事。

左 耳 微 痒 之 后

保罗在楼梯间的时候，忽然觉得左耳一阵微痒。妻子非要让他看医生不可。她说：人们往往因不够小心谨慎而酿成大患。

医生查看保罗的耳朵，花了大约半小时才抬起头来，说："您服用 6 粒青霉素药片，很快就可以清除您的症状。"

保罗吞下药片。两天后，微痒没有了，左耳像是获得了新生一般。唯一影响他愉快心情的是腹部起了一些红斑，奇痒无比简直无法忍受。

保罗马上找了一位专家。专家只瞥了一眼，就跟他说道："有些人不适合服用青霉素，因此会有过敏反应。您别担心，服用 12 粒金霉素药丸，几天后一切就会正常了。"

金霉素取得了预期的效果：斑点消失了，但也产生了意想不到的副作用，保罗的膝盖浮肿了，高烧不退。他跟跄地拖着身子去一位资深大夫那里。

大夫给了保罗一张 32 粒土霉素药片的药方。奇迹发生了，高烧不见了，膝盖上浮肿消退了。不过保罗的肾脏出现了致命的疼痛。专家被传唤至保罗床榻旁，毕竟是肾脏啊。

一名女护士为保罗打了 64 针链霉素，将他体内的细菌统统消灭干净。

在现代医院的实验室里，众多检查和测试表明：虽然保罗的整个体内连一个活着的微生物都不复存在了，但他的肌肉和神经也遭到了与微生物同样的命运。只有大剂量氯霉素才能挽救保罗的生命。

保罗服下了大量的氯霉素……结果保罗与世长辞了。

敬仰保罗的人们纷纷前来参加他的葬礼。犹太教法师在他那感人的悼词中，叙述了保罗与疾病英勇斗争的经过，可惜医治无效。

只是到了阴间保罗才想起，他左耳的微痒是由一只蚊子的叮咬引起的。

故事哲理：

任何事物都处在系统之中，在系统运作的环境中，一个领域的错误往往会沿着某一种途径蔓延到另外一个领域，并在新的领域以新的形式爆发出来。因此，每项决策不仅要考虑它所要解决的问题，更要站在整个系统的角度预见它将产生的后果。

案　例

管 理 问 题 分 析

王中是一个冷冻食品厂的厂长，该厂专门生产一种奶油特别多的冰淇淋。在过去的四年中，每年的销售量稳步递增。但是，今年的情况发生了较大的变化。到八月份，累计销售量比去年同期下降 17%，生产量比所计划的少 15%，缺勤率比去年高 20%，迟到早退现象也有所增加。王中认为这种现象的发生，很可能与管理有关，但也不能确定发生这些问题的原因，也不知道应该怎样去改变这种情境。王中决定去请教管理专家，他分别请了 4 个是不同学派管理专家，分别为科学管理学派、行为科学学派、管理科学学派、权变管理学派的专家。分别为该厂诊断，提出解决方案。

问题：这 4 位管理专家，会认为该厂的问题出在哪里，并提出怎样的解决方法？

复习思考题

一、概念题

经济人　社会人　计件工资制　蛋糕原理　标准化　统一指挥　统一领导

二、填空题

1. 法约尔提出的管理职能是 _____、_____、_____、_____ 及 _____ 等。

2. 法约尔提出的企业经营的六项活动是 _____、_____、_____、_____、_____ 和 _____ 等。

3. 巴纳德提出正式组织的三要素是 _____、_____ 和 _____ 等。

三、选择题

1. 法约尔的适当集权与分权原则认为（　　）。

A. 权力越分散越好　　　　　　　　B. 权力越集中越好

C. 掌握好集权与分权的尺度　　　　D. 让全体员工参与决策

2. 科学管理理论的创始人是（　　）。

A. 泰勒　　　　　B. 亚当·斯密　　　　C. 甘特　　　　D. 吉尔布雷斯

3. 梅奥通过霍桑试验得出，人是（　　）。

A. 经济人　　　　B. 社会人　　　　　C. 理性人　　　　D. 复杂人

4. 以法约尔的观点，劳动分工原则（　　）。

A. 仅适用于技术工作

B. 不仅适用于技术工作也适用于管理工作

C. 分工越细越好

D. 分工越粗越好

5. 法约尔的统一指挥原则认为（　　　）。

A. 一个下属可以接受多个上级的命令　　　B. 上级统一意见后再下命令

C. 整个组织只能由一个高级领导指挥　　　D. 一个下属只应接受一个上级的命令

6. 关于管理的应用范围，人们的认识不同，你认为以下说法哪一个最好？（　　　）

A. 只适用于营利性工业企业　　　　　　　B. 普遍适用于各类组织

C. 只适用于非营利性组织　　　　　　　　D. 只适用于营利性组织

7. 泰勒科学管理的研究是以什么为中心展开的？（　　　）

A. 人的因素　　　　　　　　　　　　　　B. 分配制度

C. 生产效率与工作效率　　　　　　　　　D. 组织结构

8. 法约尔一般管理理论的主要贡献为（　　　）。

A. 提出了科学管理理论

B. 研究了管理的一般性，构筑了管理理论的科学框架

C. 提出了行为科学理论

D. 提出了权变理论

9. 亚当斯密提出了劳动分工的好处，不包括（　　　）。

A. 提高工作效率　　　　　　　　　　　　B. 提高劳动熟练程度

C. 提高工作积极性　　　　　　　　　　　D. 节省工作时间

10. 霍桑试验得出的结论认为工人生产效率主要与哪个因素有关（　　　）。

A. 照明强度　　　　　　　　　　　　　　B. 环境条件

C. 人际关系　　　　　　　　　　　　　　D. 工资福利

四、判断题

1. 科学管理最明显的局限性是认为工人是"社会人"。（　　　）

2. 霍桑试验主要研究外界因素与工人劳动生产率之间的关系。（　　　）

3. 霍桑试验的试验结果大大出乎人们的意料，影响工人劳动生产率的因素并非是在工作中发展起来的人群关系，而是工作中的物质因素。（　　　）

4. 梅奥人群关系理论的内容主要为，工人是"社会人"而不是"经济人"；企业中存在着非正式组织；生产效率主要取决于职工的工作态度及其与周围人的关系。（　　　）

5. 管理程序学派是在法约尔一般管理思想的基础上发展起来的。（　　　）

6. 所谓"社会人"是指他的社会交往能力强，交往广泛。（　　　）

7. 非正式组织对正式组织产生不利的影响，管理者应该想办法取缔。（　　　）

8. 权变管理的观点是指管理者应该根据权力的大小来实施管理职能。（　　　）

9. "命令统一"和"统一领导"含义是一样的。（　　　）

10. 科学管理的核心是提高工作效率。（　　　）

五、简答题

1. 管理理论发展阶段是怎样划分的？

2. 系统管理学派的主要观点是什么？

3. 劳动化分工为什么可以提高效率？

4. 科学管理理论的主要内容是什么？

5. 法约尔的理论有哪些主要内容?

6. 韦伯的理论有哪些主要内容?

7. 什么是霍桑实验? 其主要结论是什么?

8. 权变管理学派的主要观点是什么?

六、论述题

1. 泰勒科学管理为什么可以提高管理效率?

2. 比较传统管理阶段、古典管理理论阶段、行为科学管理阶段的管理特点。

第三章 计　　划

【本章要点】

(1) 计划的内容与性质。计划的概念，计划的内容，计划的重要性，计划的性质。

(2) 计划的形式和类型。计划的形式，计划的类型。

(3) 计划工作的原理与程序。计划的原理，计划的程序。

(4) 计划方法。滚动计划法，网络计划法。

(5) 目标管理。目标，目标管理。

第一节 计 划 概 述

计划是管理工作的基础，正如哈罗德·孔茨所言，"计划工作是一座桥梁，它把我们所处的这岸和我们要去的对岸连接起来，以克服这一天堑。"计划工作为组织提供了通向目标的明确道路，计划是预先确定的行动方案，给组织、领导和控制等管理工作提供基础。计划具有普遍性，计划工作是各层次管理者都需要掌握的方法和技能。

一、计划的概念

在汉语中，"计划"一词既可以是名词，也可以是动词。从名词意义上说，计划是指用文字和指标等形式所表述的、组织及组织内不同部门和不同成员在未来一定时期内关于行动方向、内容和方式安排的管理文件。计划既是决策所确定的组织在未来一定时期内的行动目标和方式在时间和空间上的进一步展开，又是组织、领导、控制和创新等管理活动的基础。从动词意义上说，计划是指为了实现决策所确定的目标，预先进行的行动安排。这些行动安排工作包括：在时间和空间上进一步分解任务和目标，选择任务和目标实现方式，进度规定，行动结果的检查与控制等。我们有时用"计划工作"表示动词意义的计划内涵。因此，计划工作是对决策所确定任务和目标提供一种合理的实现方法。

斯蒂芬·罗宾斯对计划的定义是"计划包括定义组织的目标；制定全局战略以实现这些目标；开发一个全面的分层计划体系以综合和协调各种活动。因此，计划既涉及目标，也涉及达到目标的方法。"

计划工作的内容可概括为下述"5W1H"：

What—做什么？目标与内容：明确组织的目标和各层次的目标，即要明确计划工作的具体任务和要求，明确每一个时期的中心任务和工作重点。

Why—为什么做？原因：明确实施计划的原因。计划工作是通过对组织的内外环境进行分析，明确机遇与挑战和自身的适应性，对环境了解得越清楚，认识得越深刻，就越有助于在计划工作中发挥主动性和创造性。

When—何时做？时间：规定计划中各项工作的开始和完成的时间及进度，以便进行有效的控制和对资源进行平衡。时间安排必须和组织内外环境相适应。

Where—何地做？地点：规定计划的实施地点或场所，了解计划实施的环境条件和限制，以便合理安排计划实施的空间组织和布局。

Who—谁去做？人员：在计划中要明确规定每个阶段由哪个部门负主要责任，哪些部门协助，各阶段交接时，由哪些部门和哪些人员参加鉴定和审核等。

How—怎么做？方式、手段：制定实现计划的方法和手段及相应的政策和规则，对资源进行合理分配和集中使用，对人力、生产能力进行平衡，对各种派生计划进行综合平衡等。计划的实施有多种途径，选择好实施计划的方法和手段是非常重要的。

二、计划的重要性

计划工作为组织活动指出方向，减少变化的冲击和浪费，提高效率和效益，为控制设立了标准。一个好的计划是科学性、准确性很强的计划，对于组织的工作将起到事半功倍的作用。计划工作的重要性主要表现在以下几方面。

1. 展望未来、预见变化

计划是面向未来，而未来又是不确定的。组织的外部环境和内部环境都具有一定的变化和不确定性，通过计划使组织进行周密的预测，尽可能预见到各种变化，并对各种不确定性进行详细分析，协调各种方案，面对变化采取主动，少走弯路，减少损失。即使将来的事情是肯定的，也需根据已知事实的基本数据计算采用哪种方案能以最低的代价取得预期的结果。

2. 明确方向、实现目标

计划工作首先要根据内外环境因素确定组织总目标和各层次的分目标，并集中全部力量来实现目标，这使组织成员工作有明确的方向。由于周密细致、全面的计划工作统一了部门之间的活动，才使主管人员从日常的事务中解放出来，而将主要精力放在随时检查、修改计划上来，放在对未来不确定性的研究上来。这既能保证计划的连续性，又能保证全面地实现奋斗目标。

3. 配置资源、提高效率

计划是在一个共同的目标下，协调各项活动，减少不必要活动带来的浪费，使组织的有限资源得到合理的配置，通过各种方案的分析，选择最有效的方案用于实施，使得组织经营活动的费用降至最低限度，从而提高组织工作效率和经济效益。

4. 提供基础、管理依据

计划是管理的首要职能，为管理工作提供了基础，使管理者进行组织、协调和控制有了依据，管理者要根据计划工作的任务确定下级的权力和责任，围绕实现组织目标进行指挥、协调和控制。因此，计划工作是一个指导性、科学性和预见性很强的管理活动，同时也是一项复杂而又困难的工作。

三、计划的性质

在实际管理工作中，各项管理职能交织在一起，形成一个管理系统。计划在管理系统中具有独特地位，这主要体现在以下几个方面。

1. 计划的首位性

计划要为全部的组织活动确立必要的目标。组织结构的确定、人员的安排、活动方针的制定、管理制度、控制的实施等都离不开计划的指导。组织为了保证有效地进行领导、控制、激励等活动，需要制定它们各自的目标和行动方案，因此，为使其他工作的有效性开展，就必须先做好计划工作。计划和决策是密不可分的，计划在很大程度上是决策的载体，决策的成果体现在计划中；计划工作是控制工作的基础，为控制工作提供了标准，没有计划就不可能衡量、发现并纠正活动偏差，控制工作也就无法进行。因此，计划是有效进行其他管理活动的必要工具，是其他管理活动的基础。

2. 计划的普遍性

各类组织及组织中各层次的管理者，上至首席执行官、总经理，下至各部门经理、主管人员、组长、领班等，为了有效地实现组织目标，使本层次的组织工作得以顺利进行，都需要制定相应的分目标及分计划。组织中的管理者，由于他们的职权和管理范围不同，计划内容可能会大相径庭，但有一点是共同的，即他们都必须进行计划工作。在组织中，最高管理层制定总计划、战略计划，在总计划的原则下主要的职能部门将会制定出部门计划，这些计划和目标又被层层分解，再由下级组织或人员制定出各种子计划，因此，计划工作具有普遍性。

3. 计划的可操作性

计划的可操作性是指计划要符合实际、易于操作、目标适宜，这是衡量一个计划好坏的重要标准。计划是未来行动的蓝图，计划一旦确定，就会变成具体的行动。不切实际的计划在实际中是很难操作的，并将会给组织造成重大损失。为了使组织计划具有可操作性并获得理想的效果，在计划之前必须进行充分的调查研究，确定组织的内外环境因素和组织自身的状况，使组织的目标合理，实施方法和措施明确、具体、有效。另外，为了适应环境的变化，克服不确定因素的干扰，还要适当增加计划的弹性。

4. 计划的明确性

计划包括实施的指令、规则、程序与方法，是行动的基础。所以，它不仅要有明确的定性解释，而且应具有定量的标准和时间界限。具体来讲，计划应明确提出组织的目标与任务、实现目标所需用的资源（人力、物力、财力、信息等）及所采取行动的程序、方法和手段，明确提出各级管理人员在执行计划过程中的权力和职责。

5. 计划的效率性

计划工作的任务，不仅要确保实现目标，而且要从众多方案中选择最优的资源配置方案，以求得合理利用资源和提高资源的利用效率。计划工作的效率，是以实现组织的总目标投入和产出之间的比率来测定的，但在这个概念中，不仅包括人们通常理解的按资金、工时或成本表示的投入产出比率，如资金利润率、劳动生产率和成本利润率，还包括组织成员个人和群体的动机和程度这一类主观的评价标准。所以，只有能够实现收入大于支出，并且顾及到国家、集体和个人三者利益的计划才是一个科学的计划，才能真正体现出计划的效率。

第二节 计 划 的 类 型

一、计划的种类

组织计划具有复杂多样性，各种组织根据不同的背景和不同的需要会编制出各种各样的计划。根据不同情况下的特性和作用，按照不同的标准对计划进行分类。但这些分类方法所划分出的计划类型并非相互独立。具体计划的类型分类汇总如表 3-1 所示。

表 3 - 1 **计 划 的 类 型**

分类标准	类 型
按执行时间长短	长期计划、中期计划、短期计划
按职能领域划分	人员计划、生产计划、财务计划、市场计划等
按计划对象范围	综合性计划、专业性计划
按计划明确程度	指导性计划、具体性计划
按计划程序化程度	程序性计划、非程序性计划
按计划影响程度	战略计划、战术计划

1. 根据计划执行时间的长短划分

按计划执行时间的长短，可以将计划分为长期计划、中期计划和短期计划。

由于计划执行时间的长短不同，决定了在制订计划时所需考虑的环境因素的多少及这些因素可能会发生的变化程度都不相同。组织的管理层次不同，计划的表现形式和内容也不同。一般而言，计划的层次越高，其内容越抽象、笼统；计划的层次越低，其内容越明确、具体。一年以下可以完成的计划称为短期计划，如年度计划、季度计划都是短期计划；一年以上至五年可以完成的计划称为中期计划；五年以上可以完成的计划称为长期计划。当然，这种划分不是绝对的，随组织的规模和目标的特性不同而有所不同。

长期计划的主要任务是指明组织在较长时期内的发展方向和方针，规定组织各部门在较长时期内从事某种活动应达到的目标和要求，绘制组织长期发展的蓝图，内容相对比较笼统，也具有较大的弹性。

中期计划的内容比较具体，所涉及的内容一般也较稳定。中期计划大多只涉及目标指标数量的变化，较少结构性的变化。

短期计划其主要内容主要与组织的日常工作密切相关，一般还会将工作细分到具体的作业单位，并给出工作日程表、预算等。

2. 根据计划的职能划分

根据计划的职能，可以将计划划分为人员计划、生产计划、财务计划和市场计划等。

人员计划。组织人员计划是为了完成管理目标所进行的组织设计。它包括为完成管理目标所做的组织机构的安排和人事的聘任、选择与培养，这些是完成管理目标的基本保证。

生产计划。生产计划是为了完成生产的目标，从原材料到产品的转换所做出的程序安排。它包括原料的采购计划、库存计划、产品加工计划、产品验收计划等。如果是综合生产计划还应包括产品销售计划。产品销售计划是与市场环境紧密联系的，它推动了整个生产计划的制订与执行。

财务计划。财务计划是制定筹集资金和资金运用的计划，有效地促进组织的业务活动的计划，它是关于组织系统货币流的控制规划。财务计划的收支平衡，保证了组织系统的稳定性。若财务收支不平衡，将会带来两种结果：货币流减少，表示组织的管理功能在衰退；货币流增加，预示着组织的管理功能在扩大和发展。为了保证组织的生存和发展，起码要保持财务平衡，再进一步追求财务的良性循环和货币的增值，所以财务计划对于企业非常重要，它对组织的各种活动起到了保证和监督作用。预算是财务计划的一个基本表现形式。

市场计划。市场计划是企业为了扩大市场份额、增加销售量的计划。这种计划可以使企业有效地创造市场环境，促进企业的发展。市场计划是根据市场环境和自身功能两方面因素综合制定的。对企业的内部功能，管理者是可以控制和操纵的，但对于企业的外部环境，管理者一般难以控制和施加影响。高水平的管理者、实力雄厚的企业，往往会通过实施市场开拓计划，积极地参与市场竞争，通过自身的企业行为主动地去影响市场、改造市场，在竞争中使自己不断壮大和发展。

各种职能计划都是为实现组织目标而服务的。这些计划相互依赖、相互作用。组织在制定职能计划时必须统筹考虑，全面安排，实现组织的总体目标。

3. 根据计划的对象范围划分

根据计划的对象范围，可以将计划划分为综合性计划和专业性计划两类。

综合性计划是对业务经营过程中各方面活动所做的全面规划和安排。在较长一段时期内执行的战略计划往往是覆盖面较广泛的综合性计划，但短期计划也有的是综合性的，比如企业往往需要编制年度综合经营计划。

专业性计划则是对某一专业领域的职能工作所做的计划，它通常是综合性计划某一方面内容的细化。比如，与企业经营活动直接相关的销售计划、生产计划、产品研发计划，以及为业务活动服务的人事计划、财务计划、物资供应计划、技术改造计划、设备维修计划等，都是特定职能领域的专业性计划。这些计划只涉及企业活动的某一方面，它们与综合性计划的关系是局部与整体的关系。

4. 根据计划的明确程度划分

根据计划的明确程度，可以将计划分为指导性计划和具体性计划。

指导性计划一般只规定一些指导性的目标、方向、方针和政策等，并由高层决策部门制定，对下级部门具有指导意义与参考作用的计划，适用于战略计划、中长期计划等。具体性计划具有非常明确的目标和措施，具有很强的可操作性，一般由基层制定，适用于总计划下的专业计划或具体的项目计划，如新产品开发计划、技术改造计划等。相对于指导性计划而言，具体性计划虽然更易于执行、考核及控制，但是它缺少灵活性，而且它要求的明确性和可预见性条件往往很难得到满足。

5. 根据计划的程序化程度划分

根据计划的程序化程度，可以将计划分为程序性计划与非程序性计划。

管理活动分为两类：一类是例行活动，是经常重复出现的工作，如商店每日的盘点，决定是否补充货物；工厂车间每日生产的零配件的数量统计，确定明日的材料提取量等。有关这类活动的决策计划是经常重复的，而且具有一定的稳定结构，可以建立一定的工作程序，有些甚至可以编成计算程序。每当出现这类工作或问题时，就利用既定的程序来解决，而不需要重新研究。这类针对例行活动的计划称之为程序性计划。在企业中，有很多属于程序性计划，如专业性计划、操作计划。组织中的另一类管理活动属于非例行活动，这些活动不重复出现，如企业新产品的开发、生产规模扩大、品种结构的调整、实施企业转制、重组等。这些问题过去从未出现、其性质和结构捉摸不定或极为复杂、没有固定的解决方法和程序，与此相应的计划被称为非程序性计划。

6. 根据计划的影响程度划分

根据计划所产生的影响程度，可以将计划分为战略计划和战术计划。

战略计划是由高层次管理者制定的，是关于组织活动长远发展方向、总体目标的计划。

其内容不追求具体、明确，只规定总的发展方向、基本策略和具有指导性的政策、方针。一般大型企业都有战略计划，对于多种经营的事业部制企业，各事业部也需要制定相应的部门战略计划。企业整体层次的战略，通常称为总战略或发展战略，而事业部层次的战略则称为经营战略或竞争战略。由于战略计划涉及面广，相关因素多，且关系复杂，因此，战略性计划往往要有足够的弹性。

战略计划的基本特点是：时间跨度大，涉及的范围广；内容抽象、概括，不要求直接的可操作性；计划方案的使用往往是一次性的；计划的前提条件大多是不确定的，计划执行结果也带有很大的不确定性。因此，战略计划的制订者必须具有较高的风险意识，能在大量的不确定性因素中选定企业未来行动的目标和经营方向。

战术计划一般由组织的中低层管理者制定，是关于组织活动如何具体运作的计划。对企业来说，主要是指各项业务活动的作业计划。如果说战略计划侧重于确定企业要做什么事，以及为什么要做这些事，战术计划则是规定需要何人、在何时、通过何种办法做事，以及使用多少资源来做事。简言之，战略计划是确保企业"做正确的事"，而战术计划则是追求"正确地做事"。

战术计划的主要特点是：涉及的时间跨度较短，覆盖的范围较窄；内容具体、明确，并要求具有可操作性；计划的任务主要是规定如何在已知条件下实现企业的各项分目标。战术计划的风险程度比战略计划低。通常，战术计划又可细分为施政计划、协调发展计划、作业计划等。战略计划与战术计划关注的焦点见表3-2。

表3-2　　　　　　　　　　战略计划与战术计划的关注焦点

维度	战略计划	战术计划
设定目标	确定长期的效率和成长	实施战略计划的方法
关注议题的特征	如何存活并取胜	如何完成特定目标
时间限制	长期（通常是两年或更久）	短期（一年或更短）
实施频率	一到三年	每半年到一年
何种情况下产生决策	易变或是有风险	风险较低或中等
发展计划的主要层次	中高层管理者	中层管理者和员工
细化程度	低或中等	高

总之，依据不同的分类标准，可以给计划赋予不同的名称。不同类别的计划可能具有相同的特性，短期计划、作业计划和战术计划具有很多相同的特性，而长期计划、战略计划和指向性计划具有与高层管理者很多相同的特性。

二、计划的形式

计划工作就是要对未来的行动进行安排和部署。计划不是对过去的总结，也不是对现状的描述。计划工作的结果表现为各种具体的计划形式。人们可能对诸如一个新工厂的建设计划、一种新产品的开发计划等计划形式比较熟悉，但实际上计划还可能表现为其他各种形式，如宗旨、使命、目标、战略、政策、程序、规则、规划和预算等。

1. 宗旨

宗旨是组织的最基本目标。一家企业的宗旨可以概括为创造顾客、获得利润与回报社会，在满足社会需要的同时满足自身生存发展的需要；一所学校的宗旨是传播知识。

2. 使命

使命是实现宗旨的服务领域或事业，反映了一个组织之所以存在的理由或价值。任何组织的存在都有其目的或使命。如一所大学的使命是为了培养人才和研究学问；一家医院的使命是为了救死扶伤，法院的使命是解释和执行法律；而一个企业的使命则是向社会提供有经济价值的商品或劳务。任何一个组织或企业只有搞清楚了自己存在的目的或使命，才能够确立其奋斗目标。

3. 目标

目标是组织的活动所要达到的结果。它既是计划的终点，也是组织工作、领导工作以及控制工作的结果。组织的总目标是最基本的计划，组织的各个部门也各有其目标。无论是总目标，还是各种具体目标，它们都是计划的形式之一。各种具体目标不能单靠主观愿望和猜测来确定，而必须根据组织或企业的总目标和企业所面临的内外部环境来决定。如教书育人和科学研究是一所大学的使命，但一所大学在完成自己使命时会进一步具体化不同时期的目标和各院系的目标。

目标不应该是唯一的，在对利润追求的同时也应考虑到对社会的责任。德鲁克认为，一个成功的企业应在八个方面建立自己的多目标体系：市场方面，技术进步和发展方面，提高生产力方面，物质财务资源方面，利润方面，人力资源方面，员工积极性方面，社会责任方面。

4. 战略

军事上的战略常常取决于敌人的行动，因此，战略一词始终含有对抗的意思。在管理上，战略通常表示总的行动方案，是指为实现总目标而做的重点部署和资源安排。其目的是通过一系列的主要目标和政策来决定和传达期望成为什么样的组织。战略为企业的经营活动指明了方向，它并不是确切地说明企业应当如何去实现目标，而是对企业的经营思想和行动起指导的作用。战略实际上是一种复合性的计划形式，一项战略往往是目标、政策和各种规划的综合方案。

5. 政策

政策是指导或沟通决策思想的全面的陈述书和理解书。但不是所有政策都是陈述书，政策也常常会从主管人员的行动中含蓄地反映出来。政策是管理人员决策的指南，它规定了行动的方向和界限。政策是组织活动中必不可少的，它使各级管理人员在决策时有一个明确的思考范围，同时也有利于统一和协调组织成员之间的思想和行动。任何一个组织为了确保其目标的实现，都应当尽量保证其政策具有一贯性和完整性。政策允许对某些事情有酌情处理的自由，一方面不要把政策当做规则，同时又要把自由限制在一定的范围内。

6. 程序

程序是处理那些重复发生的例行问题的标准方法，并按时间顺序对必要的活动进行排列。通常，程序说明了进行某种活动或完成某项工作的方法、时间、承担人员及需要的资金、工具等。程序规定了如何采取行动，而不是说明如何思考问题。通过对例行活动制定程序，有利于管理人员将注意力集中于例外事情上。组织中的程序多种多样，如采购程序、请假程序、费用报销程序等。

7. 规则

规则是指导行动的是非标准，是一种最简单的计划，它规定按照一定的情况，采取或不采取某一特定的行动。从一定意义上说，程序可以看作是由一系列的规则所组成的，但规则用于指导行为，而不说明时间顺序；就其本质而言，规则和程序都在抑制思考，约束行为，所以往往用于不希望人们自由行动的场合。规则和政策不同，政策的目的在于指导人们决策，留有自由裁量的余地；而规则尽管也起着指导作用，但没有酌情处理的余地。

8. 规划（或方案）

规划是综合性计划，它包括为实施既定方针所必需的目标、政策、程序、规则、任务委派、资源安排及其他要素。规划方案也有多种多样，在实践中既有像航空公司开辟新航线那样的大型规划方案，也存在着诸如某小企业的车间主任为了提高工人士气而编制的一般规划。

一个主要的规划方案的实施可能要有许多的派生计划来支持。各种计划之间必须相互配合、彼此协调，否则会因为任何一部分的差错而导致主要规划的延误，造成时间和经济上的损失。

9. 预算

以数字表示的预期结果的一种报表，是数字化的计划。它既可以用货币来表示，也可以用诸如工时、机时、产品单位或任何其他实物数字指标来表示。制定预算属于计划工作的内容，同时也是一种有效的控制手段，预算可以迫使企业事先对预期的现金周转量、费用和收入、工时或机时的利用等进行安排和控制。预算工作的主要优点就在于它促使人们去进行计划，同时，由于预算必须要用数字来表示，所以它又有利于促使计划工作做得更切合实际。

第三节　计划的程序

计划工作制定过程通常要遵循以下八个步骤：估量机会、确定目标、确定前提条件、拟定备选方案、评价备选方案、选择方案、拟订派生计划、编制预算。如图 3-1 所示。

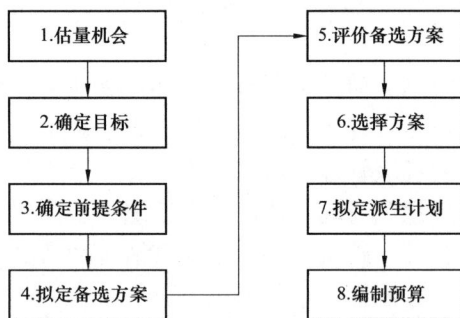

一、估量机会

估量机会是在实际编制计划之前进行，分析组织所处的外部环境及组织的内部条件，是计划工作的真正起点。管理者首先应该考虑的问题包括：组织期望的结果，存在的问题，把握这些机会所需的资源和能力，充分认识到组织自身的优势、劣势，分析将面临的机会和威胁，真正摆正自己的位置，明确组织要解决的问题，为什么要解决这些问题以及确定符合实际组织宗旨的目标。估量机会要根据现实的情况对可能存在的机会做出符合实际的判断。

图 3-1　计划工作流程图

1.估量机会 → 2.确定目标 → 3.确定前提条件 → 4.拟定备选方案 → 5.评价备选方案 → 6.选择方案 → 7.拟定派生计划 → 8.编制预算

二、确定目标

计划工作的第二步就要确定整个组织的目标，以及每个下属部门的目标。目标为组织整体、各部门和各成员指明了方向，描绘了组织未来的状况，并且作为标准可用来衡量实际的绩效。计划工作的主要任务是将确立的目标进行分解，以便落实到各个部门、各个活动环节。企业的目标指明主要计划的方向，而主要计划又根据企业目标，规定各个主要部门的目标。而主要部门的目标又依次控制下属各部门的目标，如此等等。

在制定目标时，目标的价值应与组织的总目标相一致，同时还要考虑目标的内容和优先顺序，应按各目标的重要性顺序安排行动内容和资源分配。目标应具体明确，不能含糊不清，能数量化的尽量数量化，不能量化的应尽量具体化。

三、确定前提条件

计划工作的前提条件就是计划实施时的预期环境。负责计划工作的人员只有充分细致地了解计划的前提，对此达成共识，并能够始终如一地运用它，计划工作才能做得更协调。

确定计划的前提条件是确定一些关键性的计划，即计划执行时的预期环境。这个预期环境是复杂的，影响因素很多，有的完全可以控制，如开发新产品、新市场、资源分配等；有的不能控制，如税率、政治环境、政府政策等；也有的在一定范围内可以控制，如企业内的价格政策、劳动生产率、市场占有率等。我们所说的预测环境、确定计划的前提，并不是对将来环境的每一个细节都给予预测，而仅对计划工作来说是关键性的、有战略意义的和对计划实施有重大影响的进行预测，如宏观社会经济环境、政府政策、销售预测、组织的竞争对手、资源等。

四、拟定备选方案

计划工作的第四步是拟订备选方案。完成某一项任务总会有许多不同的方法，计划工作就是要找出解决方案，但并不是所有可行方案都是显而易见的，最显眼的方案往往不一定是最好的方案，只有发掘了各种可行的方案才有可能从中抉择出最佳方案。要发掘出多种高质量的方案必须集思广益、开拓思路、大胆创新。

五、评价备选方案

计划工作的第五步就要根据目标和前提条件来权衡各种因素，比较各种备选方案的优点和缺点，对备选方案进行评价。比较和评价备选方案时，要注意发现各个方案的制约因素，只有清楚地认识到这些制约因素，才能提高选择方案的效率；同时对每个方案的预测结果和原有目标进行比较时，既要考虑到那些有形的可以定量的因素，也要考虑到无形的定性的因素，如企业的声誉、各种关系等；另外，要用全局的观点来衡量方案，对某一部门有利的方案不一定对全局有利，对某项目标有利的方案不一定对总体目标有利。在评价方法方面，由于可供选择的方案有很多，而且有很多可待考虑的可变因素和限制条件，会给评估带来困难，通常可以采用一些数学方法进行评估，如矩阵评价法、层次分析法、模糊评价法及多目标评价方法等。

六、选择方案

方案选择是计划工作的关键的一步，这一步工作是在前几步工作的基础上进行的。方案选择通常在经验、实验和研究分析的基础上进行，主管人员必须确定优先选择的方案，然后将备选方案进行细化和完善，以保持计划的灵活性。

七、拟定派生计划

选择了方案，并不意味着计划工作的结束，还必须帮助涉及计划内容的各个下属部门制定基本计划需要的若干派生计划，以支持主体计划的实现，只有在完成派生计划的基础上才可能完成基本计划。如生产计划、销售计划、财务计划、设备检修计划等。

八、编制预算

这是计划工作的最后一步，预算是数字化的计划，是企业各种计划的综合反映，它实质上是资源的分配计划。通过编制预算，对组织各类计划进行汇总和综合平衡，控制计划的完成进度，保证计划目标的实现。

第四节　计 划 的 制 订 方 法

计划工作的效率高低和质量好坏在很大程度上取决于所采用的计划方法。现代计划方法为制订切实可行的计划提供了手段。下面介绍其中的主要两种方法。

一、滚动计划法

1. 滚动计划法的基本思想

滚动计划法是一种定期修订未来计划的方法。这种方法根据计划的执行情况和环境变化定期修订未来的计划，并逐期向前推移，使短期计划、中期计划有机地结合起来。由于在计划工作中很难准确地预测影响组织未来发展的各种因素的变化，而且计划期越长，这种不确定性就越大。因此，若硬性地按几年前制订的计划实施，可能导致巨大的错误和损失。滚动计划法可以避免这种不确定性带来的不良后果。

滚动计划法的具体做法是，在制订计划时，同时制订未来若干期的计划，但计划内容采用近细远粗的办法，即近期计划尽可能详尽，远期计划的内容则较粗；在计划期的第一阶段结束时，根据该阶段计划执行情况和内外部环境变化情况，对原计划进行修订，并将整个计划向前滚动一个阶段，然后根据同样的原则逐期滚动。图 3-2 就是一个五年的滚动计划制订方法。

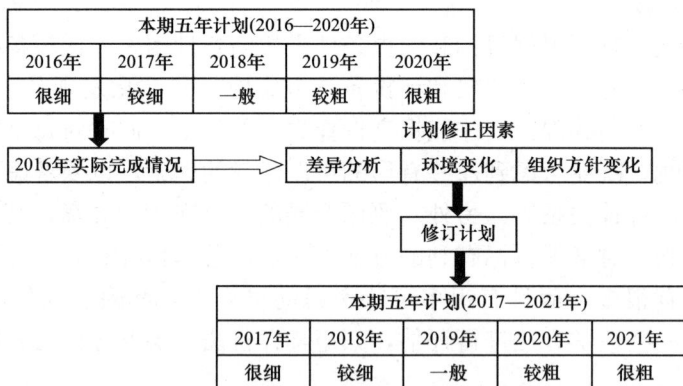

本期五年计划(2016—2020年)				
2016年	2017年	2018年	2019年	2020年
很细	较细	一般	较粗	很粗

计划修正因素

2016年实际完成情况 ⟹ | 差异分析 | 环境变化 | 组织方针变化 |

修订计划

本期五年计划(2017—2021年)				
2017年	2018年	2019年	2020年	2021年
很细	较细	一般	较粗	很粗

图 3-2　五年期的滚动计划方法

2. 滚动计划法的评价

滚动计划法适用于任何类型的计划。其优点是：

（1）使计划更加切合实际，由于滚动计划缩短了计划时期，加大了对未来估计的准确性，能更好地保证计划的指导作用，从而提高了计划的质量。

（2）使长期计划、中期计划和短期计划相互衔接，短期计划内部各阶段相互衔接。这就保证了能根据环境的变化及时进行调节，并使各期计划基本保持一致。

（3）大大增强了计划的弹性，从而提高了组织的应变能力。

滚动计划的缺点是计划编制的工作量较大。

二、网络计划技术

网络计划技术是 20 世纪 50 年代后期在美国产生和发展起来的。这种方法包括各种以网络为基础判定的方法，如关键路径法、计划评审技术、组合网络法等。

1. 网络计划技术的基本步骤

网络计划技术的原理，是把一项工作或项目分成各种作业，然后根据作业顺序进行排列，通过网络图对整个工作或项目进行统筹规划和控制。以便用最少的人力、物力、财力资源，用最快的速度完成工作。网络计划技术的基本步骤如图 3-3 所示。

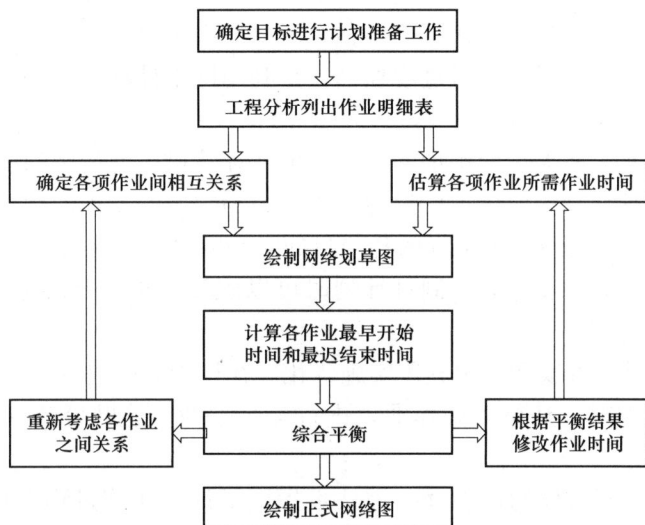

图 3-3 网络计划技术的基本步骤

2. 网络图

网络图是网络计划技术的基础。任何一项任务都可分解成许多步骤，根据这些工作在时间上的衔接关系，用箭线表示它们的先后顺序，画出一个由各项工作相互联系，并注明所需时间的箭线图，这个箭线图就称作网络图。图 3-4 便是一个简单的网络图。

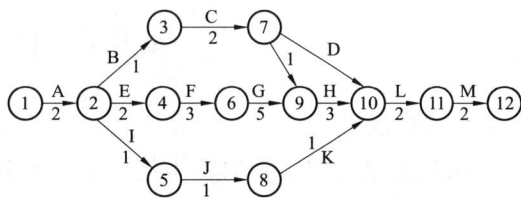

图 3-4 网络图

(1) "→"，工序。它是一项工作的过程，由人力、物力参加，经过一段时间才能完成。图中箭线下的数字便是完成该项工作所需的时间。此外，还有一些工序既不占用时间，也不消耗资源，是虚设的，叫虚工序，在图中用"--→"表示。网络图中应用虚工序的目的是为了避免工序之间关系的含混不清，以正确表明工序之间先后衔接的逻辑关系。

(2) "○"，事项。它是两个工序间的连接点。事项既不消耗资源，也不占用时间，只表示前道工序结束、后道工序开始的瞬间。一个网络图中只有一个始点事项，一个终点事项。

(3) 路线。路线是网络图中由始点事项出发，沿箭线方向前进，连续不断地到达终点事项为止的一条通道。例如图 3-4 中从始点①连续不断地走到终点▆的路线有 4 条，如图 3-5 所示。

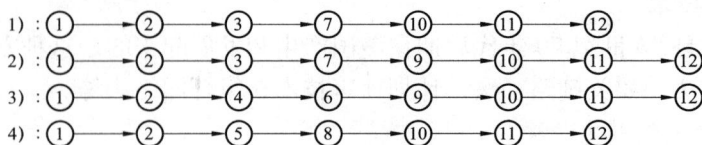

图 3-5　路线图

比较各路线的路长，可以找出一条或几条最长的路线。这种路线被称为关键路线。关键路线上的工序被称为关键工序。关键路线的路长决定了整个计划任务所需的时间。关键路线上各工序完工时间提前或推迟都直接影响着整个活动能否按时完工。确定关键路线，据此合理地安排各种资源，对工序活动进行进度控制，是利用网络计划技术的主要目的。

3. 网络计划技术的评价

网络计划技术虽然需要大量而烦琐的计算，但在计算机广泛运用的现代社会，这些计算大都已程序化了。这种技术之所以被广泛地运用是因为它有一系列的优点。

(1) 该技术能清晰地表明整个工程的各项目的时间顺序和相互关系，并指出了完成任务的关键环节和路线。因此，管理者在制订计划时可以统筹安排，全面考虑。在实施过程中，管理者可以进行重点管理。

(2) 可对工程的时间进度和资源利用实施优化。在计划实施过程中，管理者调动非关键路线上的人力、物力和财力从事关键作业，进行综合平衡。这既可节省资源又能加快工程进度。

(3) 可事先评价达到目标的可能性。该技术指出了计划实施过程中可能发生的困难点，以及这些困难点对整个任务产生的影响，准备好应急措施，从而减少完不成任务的风险。

(4) 便于组织与控制。管理者可以将复杂的工程项目分成许多分支系统分别组织实施与控制，这种既化整为零又聚零为整的管理方法，可以达到局部和整体的协调一致。

(5) 易于操作，并具有广泛的应用范围，适用于各行各业以及各种任务。

第五节　目　标　管　理

一、目标的概念

组织目标是组织宗旨的具体化，是一个组织在一定时期内通过努力争取达到的理想状态或所希望获得的成果，它包括组织的宗旨、任务、具体的目标项目和指标等。组织目标包含如下含义：①组织目标是组织整体的目标；②组织目标是相对一定组织而言，如学校的目标，医院的目标，企业的目标等；③组织目标是活动的目的和评价活动成果标准的统一，是组织内部各项管理活动的依据。组织目标既是管理活动的起点，又是管理活动的终点；④目标具有一定的期限性，没有时限的目标是没有意义的。

二、组织目标的性质

组织目标是组织的整体目标，是管理活动的依据，组织目标具有独特的属性，具体包括以下六个方面。

(1) 目标的层次性。组织的目标是分层次的一个体系。在这个层次体系中，自上而下组织目标范围越来越小，从最高层的社会经济目标、组织目标、部门目标到最底层的个人目标，组织目标也从抽象变得越来越明确、越来越具体。

组织目标的层次多少取决于组织的规模和复杂程度。通常组织目标的层次体系是与组织的层次体系相互对应的。组织中不同层次的管理者参与不同类型目标的建立。例如，董事会和最高层管理者主要参与确定组织的宗旨、整个组织的目标等，中层管理者如营销经理或生产经理主要负责分专业、分系统和部门的目标，基层管理者主要关心部门以及他们下属人员目标的制定。当然，组织目标各层次之间并不是截然分开的。例如，处于最底层的组织成员的个人目标应包括业绩和发展目标，对于较高层次的管理者来说，他们也应设立自己的业绩和个人发展目标。如图 3-6 所示。

（2）目标的多样性。对一个组织来说，目标很多，即使是主要目标，也是多种多样的。如企业的目标分为财务目标、环境目标、发展目标等，像大学这样的非盈利组织的目标同样也是多样化的，仅仅把主要目标说成是教育和研究是不够的，还应该更具体、更明确化，如规模目标、学科专业目标等。同样，在目标层次体系中，每个层次的目标可能是多种多样的。但并非目标越多越好，过多的目标会使管理者应接不暇而顾此失彼。因此，应该尽量减少目标的数量，突出主要目标，以免因过于注重小目标而有损于主要目标的实现。

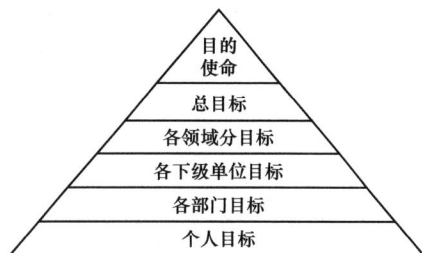

图 3-6 目标的层次结构

（3）目标的网络性。组织中各类、各级目标并不是相互孤立的，而是相互联结、相互支持的。组织的总目标分解成各部门及个人的分目标，各分目标的完成要能保证总目标的实现。因此，组织中的成员在实现目标时，不仅要考虑本部门的利益，还要考虑整个组织的利益。

一个组织的目标通常是通过各种活动的相互联系、相互促进来实现的，组织的目标很少是直线的，即并不是当一个目标实现后接着去实现另一个目标，目标和具体计划通常构成一个网络体系，目标与目标之间，左右关联、上下贯通，融合成一个整体。

（4）目标的可考核性。要想目标可以考核，目标就要具体和明确，能量化的要定量化，不能量化的要具体化。如果目标确定在下一年度市场份额增加 5%，每个管理者就可以用这个目标来考核自己一年的工作绩效。相比之下，如果目标只是要增加市场份额，就没有什么价值。因为，不同的人对这个目标会有不同的理解。但是，并不是所有的目标都适宜定量表示，在组织的经营管理活动中，定性目标是不可缺少的。大多数定性目标也是可以考核的，但不如考核定量目标那么准确，如果是不能定量的目标，就要尽量具体。

（5）目标的可接受性。目标水平应确定为经过努力能达到的水平，如果目标超过人的能力所及范围，可望而不可即，就会使人望而却步，丧失信心，打击积极性。因此，要使目标有激励作用，应使目标具有可接受性。根据美国心理学家维克多·弗鲁姆（Victor Vroom）的期望理论，人的激励强度取决于期望值和效价，效价是指对工作结果（可实现的目标）能够给自己带来满足程度的评价，期望值是指人们对自己能够完成工作实现目标的可能性估计，如果实现目标的可能性小，则激励强度减小。

（6）目标的挑战性。同样根据弗鲁姆的期望理论，如果一项工作完成所达目的对接受者没有多大意义或很容易完成的话，接受者就没有动力去完成该项工作。

三、目标管理

目标管理（Management by Objectives，MBO）是在泰勒的科学管理和行为科学理论基础上形成的一套管理制度。1954 年彼得·德鲁克在他所著的《管理的实践》一书中，首先提出了"目标管理和自我控制"的主张。他认为，通过目标管理就可以对管理者进行有效的管理。之后，他又在此基础上发展了这一主张，认为"企业的使命和任务，必须转化为目标"，企业的各级主管必须通过这些目标对下级进行领导，以此来达到企业的总目标。如果每个员工和主管人员都完成了自己的分目标，则整个企业的总目标就有可能达到。我国企业于 20 世纪 80 年代初引进目标管理，并取得较好成效。

1. 目标管理的概念

目标管理是指组织的最高领导层根据组织面临的形势和社会需要，制定出一定时期内组织经营活动所需达到的总目标，然后层层落实，要求下属各部门主管人员以至于每个员工根据上级制定的目标，分别制定各自的目标和保证措施，形成一个目标体系，并把目标的完成情况作为各部门或个人考核的依据。

概括地说，目标管理是一种以人为中心的系统管理方式。目标管理的中心思想就是使具体化展开的组织目标成为组织每个成员、每个层次、每个部门等的行为方向，并成为评价组织每个成员、每个层次、每个部门工作绩效的标准，从而使组织能够有效运作。

2. 目标管理的特点

（1）重视人的管理。目标在制定和分解的过程中，通过上下级共同协商进行。目标在实施过程中是自我管理、自我控制的管理方法，上级领导的作用是咨询指导。目标管理的主旨在于用"自我控制的管理"代替"压制性的管理"，这种自我控制可以成为更强烈的动力，推动他们尽自己最大的努力把工作做好。目标管理把个人的需求与组织目标结合起来，使人们在工作中找到兴趣和价值，享受工作的满足感和成就感。上级对下级的关系是平等尊重、信赖和支持，下级在承诺和被授权之后是自觉、自主和自治的。

（2）重视成果的管理。传统的评价员工表现的管理方法，往往容易根据印象、本人的思想和工作态度等定性的因素来评价。实行目标管理，由于有了完善的目标考核体系，从而能够按员工的实际贡献大小来评价，以达到组织目标。目标管理还力求组织目标与个人目标更密切地结合在一起，有利于调动员工的积极性，增强组织的凝聚力。

（3）建立目标体系。目标管理的过程是首先确定组织的总目标，总目标分解成各分目标，形成了一个相互联系、相互作用的目标体系，各分目标的完成要能保证组织总目标的实现。即只有每个人员完成自己的分目标，整个企业的总目标才有可能完成。

3. 目标管理的具体过程

（1）建立一套完整的目标体系。目标体系包括确定组织的总体目标和各部门的分目标。总体目标是组织在未来从事活动要达到的水平，它的实现有赖于全体成员的共同努力。为了协调这些成员的努力，各个部门的各个成员都要建立与组织目标相结合的分目标。这样就形成了一个以组织总目标为中心的目标体系。在制定每个部门和每个成员的目标时，上级要向下级提出自己的方针和目标，下级要根据上级的方针和目标制定自己的目标方案，在此基础上进行协商，最后由上级综合考虑后作出决定。

目标可以设置为任何期限，一季、一年、五年，或在已知环境下的任何适当期限。在大多数情况下，目标设置可与年度预算或主要项目的完成期限相一致。在制定目标时，主管人员也要建立衡量目标完成的标准，如果是定量、可考核的目标，时间、成本、数量、质量等指标作为衡量标准。在建立目标体系时，主管人员和下级应该一起行动，而不应强制下级制定各种目标。最终形成的目标体系应既有自上而下的目标分解体系，又有自下而上的目标保证体系，从而保证总目标的实现。

（2）实施目标。通过各级授权，使每个人都明确在实现总目标的过程中自己应承担的责任，实行职责范围内的自主管理、自我监督、自我调整，以保证全面实现预定的绩效目标。

在此过程中要把握以下要点：一是实行充分授权。根据权责一致原则，若承诺某一任务，必须拥有所需要的权力。组织的总目标落实到个人后，管理者要充分授权，创造个人自由达成目标所需要的条件。二是实行自我管理。管理者授权以后，员工按照自己所承担的目标责任，在实施目标中进行自主的管理。自我管理最大成效就是使员工感到工作是出自内心愿望，从而能够发挥最大的积极性。三是要保持定期或经常的成果反馈或检查。下级定期向上级汇报实施目标的进展情况，上级不断地将结果反馈给下级，以便他们能够调整自己的行动。

（3）评价成果。当目标管理一个周期结束时，领导必须与有关的下级或个人逐个地检查目标任务完成的情况，并与原定的目标进行比较。完成好的，要充分肯定成绩，对未能完成任务的，要分析和找出原因，并根据个人完成任务的情况给予相应报酬和各种奖励。对未能完成任务的，应分析具体情况，对非个人原因造成的问题，一般不采用惩罚措施，重点在于共同总结经验教训，以便为下一周期的目标管理提供宝贵的经验，把以后的工作做好。

4. 目标管理的优点与不足

目标管理作为一种管理方式与其他管理方式一样有其优点与不足，这是一个组织在运用目标管理之前应该认识清楚的。

（1）目标管理的优点。

1）激励作用。目标管理能调动管理人员和员工的积极性、主动性，提高士气。通过目标和奖励，将个人利益和组织利益紧密联系在一起。目标管理评价企业和个人的标准是目标的实现程度。这种评价比较公正、客观，目标完成后及时给予奖励和升迁，无形中起到了激励的作用。

2）提高管理效率。目标管理可以切实地提高组织管理的效率。目标管理是一种结果式管理，不仅仅是一种计划的活动式工作。这种管理迫使组织的每一层次、每个部门及每个成员首先考虑目标的实现，尽力达成目标。因为这些目标是组织总目标的分解，故当组织的每个层次、每个部门及每个成员的目标完成时，组织的总目标也就得以实现。

3）任务明确。目标管理的另一个优点就是使组织各级主管及成员都明确了组织的总目标、组织的结构体系、组织的分工与合作及各自的任务。主管人员知道，为了达成目标必须给予下级相应的权力，而不是大权独揽，小权也不分散。而在目标管理实施的过程中会发现组织体系存在的缺陷，从而对自己的体系进行改造。

4）有效控制。目标管理本身也是一种控制的方式，即通过目标分解后的实现，最终保证组织总目标实现的过程，就是一种结果控制的方式。目标管理并不是目标分解下去便没有事了，事实上组织高层在目标管理过程中要经常检查和对比目标，如果有偏差就及时纠正。从另一个方面来看，一个组织如果有一套明确的可考核的目标体系，那么其本身就是进行监督控制的最好依据。

（2）目标管理的不足。哈罗德·孔茨教授认为目标管理尽管有许多优点，但也有许多不足，如果认识不清楚，可能导致目标管理的不成功。下述几点可能是目标管理最主要的不足：

1）强调短期目标。大多数目标管理中的目标通常是一些短期的目标，比较具体，易于分解，而长期目标比较抽象难以分解。另一方面，短期目标迅速见效，长期目标则不然。所以，在目标管理的实施中，组织似乎常常强调短期目标的实现而对长期目标不关心。

2）目标设置困难。真正可用于考核的目标很难设定，组织的产出是联合作用的结果，不容易分出各部分的贡献大小，即目标的实现是大家共同合作的成果，因此可度量的目标确定也就十分困难。例如组织后勤部门有效服务于组织成员，虽然可以采取一些量化指标来度量，但完成了这些指标，也未必能达成"有效服务于组织成员"这一目的。

3）无法权变。目标管理执行过程中，目标的改变是不可以的，因为这样会导致组织的混乱。目标一旦确定就不能轻易改变，也正是如此使得组织运作缺乏弹性，无法通过权变来适应不断变化的外部环境。

管理哲理故事

军 训 的 故 事

某学校组织学生军训，最后一个科目是步行 10 千米，分三个组，分别到达三个不同的旅游景点。

第一组是去一个水库，路程 9 千米，但学生们不知道有多远，也不了解那个水库，路上也没有里程碑，只是跟着带队老师走。走了 3 千米左右，就有人叫苦；刚走过一半，就有一批学生抱怨，大家没精打采，4 小时才到达目的地。

第二组是去一个葡萄山庄，事先老师讲明是 10 千米路程，并详细介绍了那个山庄，同学们都很高兴。路上也没里程碑，走了一半时，有的同学有点累了，问还有多远，有经验的同学说："大概走完一半路程了。"大家说笑着继续走。走了四分之三的路程时，说笑声没有了，多数人感到累了。于是有人说："快到了，拐个弯就是了。"大家马上振作起来，加快脚步，用了 3 小时到达目的地。

第三组是去一个领袖故居纪念馆，路程是 11 千米。学生们都知道这位领袖的故事，很崇敬他，早就盼望去参加这个爱国主义教育圣地。沿途每千米都有里程碑，老师边走，边向学生讲故事，大家边走边看里程碑，每走一公里便会觉得离目标更近了，一路上大家没怎么感觉到疲劳就到了，仅仅用了 2 小时 38 分钟。

故事哲理：

目标明确，并把它细化。既受总目标的鼓舞，在实施细化目标的过程中又能看到自己的进步，不断受实现细化目标成就感的激励，实现总目标就是必然的了。

案 例

某 公 司 的 目 标 管 理

某公司刘总经理在一次职业培训中学习到很多目标管理的内容。他对这种有效的管理方法非常认同。因此，决定在公司内部实施这种管理方法。

首先，刘总需要为公司的各部门制定工作目标。他认为，由于各部门的目标决定了整个公司的业绩，因此应该由他本人为各部门确定较高目标。确定目标之后，刘总把目标下发给各个部门经理，要求他们如期完成，并口头说明在计划完成后要按照目标的要求进行考核和奖惩。但是，他没有想到的是，各部门经理在收到任务书的第二天，就集体上书表示无法接受这些目标，致使目标管理无法顺利实施。刘总感到很困惑。

问题：

根据目标管理的基本思想和目标管理实施的过程，分析刘总的做法存在哪些问题，他应该如何更好地实施目标管理？

复习思考题

一、概念题

计划　战略　预算　目标　目标管理

二、填空题

1. 计划工作的内容是_____、_____、_____、_____、_____、_____。

2. 计划的形式有_____、_____、_____、_____、_____、_____。

3. 目标的性质包括：_____、_____、_____、_____、_____。

4. 目标管理的四个环节是_____、_____、_____、_____。

三、选择题

1. 管理的首要职能是（　　）。

A. 计划　　　　B. 组织　　　　C. 领导　　　　D. 控制

2. 年度计划一般属于（　　）计划。

A. 生产　　　　B. 长期　　　　C. 中期　　　　D. 短期

3. 新产品开发计划等属于（　　）计划。

A. 指导性计划　　B. 程序性计划　　C. 非程序性计划　　D. 综合性计划

4. （　　）也被称为数字化的计划。

A. 政策　　　　B. 目标　　　　C. 规则　　　　D. 预算

5. 战略计划一般由（　　）负责制定。

A. 董事会　　　B. 高层管理人员　　C. 中层管理人员　　D. 基层管理人员

6. 根据计划的明确程度，可以把计划分为（　　）。

A. 长期计划和短期计划　　　　B. 战略计划和战术计划

C. 指导性计划和具体性计划　　D. 程序性计划和非程序性计划

7. 下列哪些计划不是按照职能划分的（　　）。

A. 人员计划　　B. 生产计划　　C. 战略计划　　D. 市场计划

8. 用来描述组织的根本性质与存在理由、组织整体活动的宗旨的是（　　）。

A. 战略　　　　　B. 使命　　　　　C. 规划　　　　　D. 目标

9. 下面哪一项不是目标管理的特点（　　　）。

A. 目标制定快捷　　B. 注重成果　　　C. 促使权力下放　　D. 强调自我控制

10. 下列哪一项不是目标的性质（　　　）。

A. 层次性　　　　　B. 多样性　　　　C. 可考核性　　　　D. 长远性

四、判断题

1. 计划是进行组织、人员配备、指导与领导、控制等工作的基础。（　　　）

2. "计划工作要追求效率"意思是指做计划要节省时间。（　　　）

3. 政策在执行时有酌情处理的余地。（　　　）

4. 规则是一种简单的计划，是对所要进行的活动规定的时间顺序。（　　　）

5. 目标管理是由上级制定目标，下级执行目标的管理方法。（　　　）

6. 计划一经制定就成为该时期或该方面工作的指导和依据，不能做任何调整和改动。（　　　）

7. 一般来说，规划是带有全局性的、长远性的和方向性的计划。（　　　）

8. 目标管理强调短期目标，且目标设置困难。（　　　）

9. 目标设置应具有挑战性，所以越难越好。（　　　）

10. 滚动计划法增强了计划的弹性，从而提高了组织的应变能力。（　　　）

五、简答题

1. 计划工作的内容包括哪些？

2. 计划工作的重要性主要表现在哪几个方面？

3. 计划的种类有哪些？

4. 战略计划的特点是什么？

5. 战术计划的特点是什么？

6. 组织目标的性质有哪些？

7. 目标管理的特点是什么？

8. 如何客观评价目标管理？

六、论述题

1. 试述计划工作的程序。

2. 试述目标管理的过程。

第四章 决　　策

【本章要点】

(1) 决策的含义。决策概念，决策与管理职能的关系，决策与计划的关系。

(2) 决策理论与原则。古典决策理论，行为决策理论，决策原则。

(3) 决策的类型与过程。决策的类型，决策的过程。

(4) 决策方法。定性决策方法，定量决策方法。

第一节　决　策　概　述

一、决策的概念

决策对于任何组织的管理者或个人都是最重要、最常见、最普遍、也最为困难的事情。从个人的角度看，生活中充满了形形色色的决策，尤其对于组织中的管理者来说每天都要做出大量的决策。决策是管理成功的关键所在，不同层级的管理者需要做出许多或大或小的决策，这些决策的整体质量水平决定着组织的成败。因此无论哪一级管理者都必须具备决策能力，职位越高，决策能力越重要。什么是决策？许多管理学家都以个人的理解对决策的定义进行过探讨，如最简单的定义："从两个以上的备选方案中选择一个的过程就是决策"（杨洪兰，1996）。具体定义有："所谓决策，是指组织或个人为了实现某种目标而对未来一定时期内的有关活动的方向、内容及方式的选择或调整过程"（周三多，1999）。相类似的表述还有"人们为了达到一定的目标，在掌握充分的信息和对有关情况进行深刻分析的基础上，用科学的方法拟定并评估各种方案，从中选出合理方案的过程"（张石森、欧阳云，2003）。国外其他学者，也有相类似定义，如"管理者识别并解决问题的过程，或者管理者利用机会的过程"（Lewis，Goodman and Fandt，1998）。尽管众说纷纭，基本内涵大致相同。本教材将决策定义为：人们为了达到一定目标，在掌握充分的信息和对有关情况进行分析的基础上，在两个及以上的备选方案中，选择出合理方案的过程。该决策概念包含了以下四点含义：

(1) 明确决策目标。决策无论大小，每一个决策在决策前必须明确此决策所要达到的目标，如果目标不清楚，合理决策就无从谈起。实践证明，失败的决策，往往是由于决策目标不正确或不明确所造成的。而管理中常见的犹豫不决，通常也是由于决策目标很模糊或设立不合理而造成的。

(2) 制定两个及以上备选方案。决策过程强调要准备两个或两个以上可能的行动方案，决策的基本含义是抉择，而如果只有一种方案，根本无选择余地，也就无所谓决策。没有比较就没有鉴别，更谈不到所谓"最满意"。而要求拟定多个可行方案的过程，通常也是一个创新的过程。在提供方案时，要求每个可行方案都要具有下列条件：①能够实现预期目标；②各种影响因素都能被定性与定量地分析；③不可控的因素也能估计出其发生的概率。

(3) 对方案进行评价。一个正确的决策重在选择方案，每个备选方案都有其优缺点，必须进行综合分析，才能在多个备选方案中选择一个较为理想的合理方案。每个实现决策目标的可行方案，都会对目标的实现发挥某种积极作用和影响，也会产生消极作用和影响。因此必须对每个可行方案进行综合的分析和评价，即进行可行性研究。可行性研究是决策的重要环节。决策方案不但必须在技术上和经济上可行，而且应当考虑社会、政治、文化等方面的因素，还要使决策结果的副作用（如环境污染）减小到可以允许的范围内。通过可行性分析，确定出每个方案的经济效益和社会效益及可能带来的潜在问题，以便比较各个方案的优劣，从中选择最佳方案。

在方案选择方面，主要的困难往往是由于存在多个目标，且各目标间可能存在冲突，从而给决策者带来决策困难。为了解决目标决策的困难，通常的方法是根据目标的相对重要性排出先后次序，然后通过加权求和的方式将其综合为一个目标；或者将一些次要目标看做决策的限制条件，依照将某个主要目标达到最大（或最小）来选择方案。多目标决策问题，至今仍是一个非常活跃的研究领域。

（4）决策本质是一个过程，而非瞬间活动。尽管个人对决策过程的理解不尽相同，但决策的这一过程包括从确定目标，到设计方案、选择方案，再到执行方案，最后到方案的评价的整个活动的全过程，决策过程非常复杂，决策过程相关内容将在本章第四节再做进一步论述。

二、决策与管理职能的关系

美国的经济学家、管理学家、诺贝尔经济学奖获得者赫伯特·A·西蒙（Herbert A Simon）给管理的定义是"管理就是决策"，形成了著名的管理决策学派。西蒙在这种认识的基础上开始从决策的全新角度重建管理理论。他认为以往的管理理论只重视管理结果和管理过程，但忽视了选择管理行为的有效判断标准和决策过程。事实上管理过程中每一阶段的每一个管理行为，如计划、组织、领导和控制等各职能都离不开决策这一过程。

（1）计划职能要决定组织的长远目标是什么，采用什么战略能够有效地实现这些目标，组织的短期目标是什么和每个目标的困难有多大等。

（2）组织职能要决定组织应采用什么形式的组织结构，管理幅度多大合适，组织的集权程度应该有多大，职务应如何设计和组织应何时实行改组等。

（3）领导职能需要决定领导者应该如何调动缺乏积极性的员工，目前哪种领导方式最有效，何时才是激发冲突的最好时机，及如何调整工资才能有效提高工人的生产力等。

（4）控制职能要决定组织中的哪些活动需要控制，如何控制这些活动，业绩偏差达到什么程度才算严重，以及组织应建立何种管理信息系统等。

每个管理职能中都存在多种决策，即每一种职能中都渗透着多种决策。我们甚至可以将管理职能看做是对某一类决策的一种归类方法。如进行计划类的决策叫计划，进行组织类的决策叫组织，进行控制类的决策叫控制等。管理者每完成一种职能都要做出很多具体的决策。

每一个决策的过程中都包含着各个管理职能。决策是一个过程，包括确定目标、制订方案、评价方案、选择方案等。更具体地说包括分析问题、确定决策标准、拟订方案、分析方案、选择方案、实施方案、评价效果等。这样理解，管理职能就又包含在整个决策过程之中。所以，决策理论和管理职能是你中有我，我中有你的关系。

三、决策与计划的区别与联系

决策存在于各管理职能之中，各管理职能中又都包含着决策。但决策理论绝对重视计划这一职能，因为决策过程的绝大部分时间和内容都是在做计划。决策理论中可能隐含着这样的意思，即合理性的决策或计划过程在管理中是最为重要的。决策与计划既有区别又有联系。

计划与决策的区别：两项工作需要解决的问题不同。决策是关于组织活动方向、内容及方式的选择；计划是对组织内部不同部门和不同成员在一定时期内行动任务的具体安排，它详细地规定了不同部门和成员在该时期内从事活动的具体内容和要求。

计划与决策的联系：决策是计划的前提，计划是决策的逻辑延续。决策为计划任务安排提供了依据，计划则为决策所选择的目标活动的实施提供了组织保证。

在实际工作中，决策与计划是相互渗透的，有时甚至是不可分割地交织在一起的。决策制定过程中，不论是对企业内部优势或劣势的分析，还是在方案选择时关于各方案执行效果或要求的评价，实际上都已经开始孕育着决策的实施计划。反过来，计划的编制过程，既是决策的组织落实过程，也是决策的更为详细的检查和修订过程。无法落实的决策，或决策选择的某些任务无法安排，必然导致决策一定程度的调整。

第二节　决策理论与原则

一、古典决策理论

古典决策理论又称规范决策理论，是基于"经济人"假设提出来的，主要盛行于20世纪50年代以前。这一理论是科学管理的创始人泰勒提出"最优"决策标准。在泰勒看来，任何一项管理工作，都存在一种最佳的工作方式。他认为："管理这门学问注定会具有更富于技术的性质。那些现在还被认为是在精密知识领域以外的基本因素，很快都会像其他工程的基本因素那样标准化，制成表格，被接受和利用。"泰勒对管理技术所下的定义是："确切知道要别人干什么，并注意他们用最好最经济的方法去干。"古典决策理论认为，应该从经济的角度来看待决策，即决策的目的在于为组织获取最大的经济利益。

古典决策理论的主要内容是：

（1）决策者必须全面掌握有关决策环境的信息情报；

（2）决策者要充分了解有关备选方案的情况；

（3）决策者应建立一个合理的自上而下的执行命令的组织体系；

（4）决策没有时间和成本的约束；

（5）决策者进行决策的目的始终都是在于使本组织获取最大的经济利益。

古典决策理论假设，作为决策者是完全理性的，决策环境条件的稳定与否是可以被改变的，在决策者充分了解有关信息情报的情况下，是完全可以做出完成组织目标最佳决策的。古典决策理论忽视了非经济因素（除经济因素之外，包括人文教育、社会保障、行政职能及法律法规等因素）在决策中的作用，这种理论不一定能指导实际的决策活动，从而逐渐被更为全面的行为决策理论代替。

对决策而言，追求最佳是一种优良的心理品质。但必须指出的是，并非所有的管理问题和管理工作都能够数学模型化，从而求解出最优解。管理既是科学，又是艺术。对决策来说，也是如此。所谓"最优"，只能是有条件的，并且是在有限、极为严格的条件下才能达到的。

二、行为决策理论

行为决策理论的发展始于 20 世纪 50 年代，赫伯特·A·西蒙提出"满意"的决策标准。他在《管理行为》一书中指出，理性的和经济的标准都无法确切说明管理的决策过程，进而提出"有限理性"标准和"满意"原则。其他学者对决策者行为做了进一步的研究，他们在研究中也发现，影响决策者进行决策的不仅有经济因素，还有决策者心理和行为表现，如态度、情感、经验和动机等。

行为决策理论的主要内容是：

（1）人的理性介于完全理性和非理性之间，即人是有限理性的。这是因为在高度不确定和极其复杂的现实决策环境中，人的知识、想象力和计算力是有限的。

（2）决策者在识别和发现问题中容易受知觉上的偏差的影响，而在对未来的状况做出判断时，直觉的运用往往多于逻辑分析方法的运用。所谓知觉上的偏差，是指由于认知能力的有限，决策者仅把问题的部分信息当做认知对象。

（3）由于受决策时间和可利用资源的限制，决策者即使充分了解和掌握有关决策环境的信息情报，也只能做到尽量了解各种备选方案的情况，而不可能做到全部了解，所以决策者选择的理性是相对的。

（4）在风险型决策中，决策者对待风险的态度起着更为重要的作用。决策者往往厌恶风险，如保守型决策者倾向于接受风险较小的方案，尽管风险较大的方案可能带来较为可观的收益。

（5）决策者在决策中往往只求满意的结果，而不愿费力寻求最佳方案。导致这一现象的原因有多种，决策者不注意发挥自己和别人继续进行研究的积极性，只满足于在现有的可行方案中进行选择；决策者本身缺乏有关能力，在有些情况下，决策者出于某些个人因素的考虑而做出自己的选择；评估所有的方案并选择其中的最佳方案，需要花费大量的时间和金钱，限于时间及成本考虑，这可能得不偿失。

行为决策理论抨击了把决策视为定量方法和固定步骤的片面性，进而主张把决策视为一种文化现象。例如日裔美籍学者威廉·大内（William Ouchi）在其对美日两国企业在决策方面的差异所进行的比较研究中发现，东西方文化的差异是导致决策差异的一种不容忽视的原因，从而开创了决策的跨文化比较研究。

除了西蒙的"有限理性"模式，林德布洛姆的"渐进决策"模式也对"完全理性"模式提出了挑战。林德布洛姆认为决策过程应是一个渐进过程，而不应大起大落（当然，这种渐进过程积累到一定程度也会形成一次变革），否则会危及社会稳定，给组织带来组织结构、心理倾向和习惯等的不良影响和资金困难，也使决策者不可能了解和思考全部方案并弄清每种方案的结果（这是由于时间的紧迫和资源的匮乏）。因此，按部就班、修修补补的渐进主义决策者或安于现状的人，似乎不是一位叱咤风云的英雄人物，而实际上是足智多谋的解决问题的决策者。这说明，决策不能只遵循一种固定的程序，而应根据组织内外环境的变化进行适时的调整和补充。

三、决策的原则

决策遵循的原则是"满意"的原则，而不是"最优"的原则。因为要想使决策达到"最优"，必须具备以下条件，缺一不可：①获得与决策有关的全部信息；②了解全部信息的价值所在，并据此拟定出所有可能的方案；③预测每个方案在未来的执行结果。

但在现实中，上述条件往往得不到满足。具体来说原因有：①组织内外的很多因素都会对组织的运行产生不同程度的影响，但决策者很难收集到反映这些因素的一切信息；②对于收集到的有限信息，决策者的利用能力也是有限的，所以决策者只能拟定数量有限的方案；③任何方案都要在未来实施，而未来是不确定的。人们对未来的认识和影响非常有限，所以当决策时所预测的未来状况可能与实际的未来状况差距较大。现实中的上述状况决定了决策者难以做出最优决策，只能做出相对满意的决策。

第三节　决　策　类　型

一、确定型决策、风险型决策和非确定型决策

按决策问题所处的条件分类，可以分为确定型决策、风险型决策和非确定型决策。

决策所面临的条件是各不相同的。有时，决策者对决策问题相关的事实和环境条件具有相当清楚的了解，有时仅是支离破碎的印象，有时却是根本一无所知。一般可以把决策者所面临的条件归纳为三种情况，即确定的状况（certainty）、不确定的状况（uncertainty）和存在风险的状况，决策也相应地划分为三种情况。

（1）确定型决策。如果决策者确切地知道存在着哪些可能的备选方案及与各种方案相关的各种事实和条件，则认为此时的决策所面临的是一种确定的状况。在确定型决策中，决策者确切地知道自然状态的发生，每个方案只有一个确定的结果，最终选择哪个方案取决于对各个方案结果的直接比较。例如，某企业决定向国外银行借贷一笔长期资金，利息自然越低越好。假定现有五家银行愿意提供此种款项，其利率分别为 8%、7.5%、7%、6.9%、6.5%。这是一个简单的确定型决策的例子，这家企业应该向利率最低的 6.5% 的那家银行贷款。不过，并非所有的确定型决策都能凭经验和直觉做出选择。例如，"货郎担"问题就是这样的。有一个"货郎担"要到 10 个村庄去巡回售货，那么选取哪条线路会使所走路程最短？这里有 3678800（即 10!）条路线可供选择。要从 300 多万个方案中进行抉择是不太容易的，但线性规划法可以很方便地解决此类问题。

（2）风险型决策，也称随机决策。这种情况下，存在着的是各种不完整的信息，自然状态也不止一种，决策者不能知道哪种自然状态会发生，但各种方案实现的可能性、可能的收益和费用都可以用概率来估计。例如，某企业关于新产品的决策有三种可能的方案：建设一座大厂；建设一座小厂；先建小厂，如果销路不错再扩建。新产品的销路不能完全确定，有畅销、一般和滞销三种情况，三种情况出现的概率可以根据经验或统计资料大致确定。每种方案盈利和亏损的可能性也可以用概率来估计。显然，选择任何一种方案，其结果都存在可能亏损的风险。这种状况下的决策就称为风险型决策。决策树方法是这种状况下的一种常用分析工具。

（3）非确定型决策。现代组织中相当多的决策是在不确定状况下进行的。决策者既不知道所有可能的被选方案，也不清楚各种方案可能具有的风险，对各种方案可能产生的后果也不甚了解。当今组织所面临环境的复杂性和动态性是造成这种不确定的主要原因。为了在不确定状态下进行有效的决策，决策者必须尽可能多地收集各种相关的信息，并尽量采用一种逻辑的、理性的方式去面对问题。决策者的经验、直觉和判断力在很大程度上影响着决策的效果。

二、战略决策与战术决策

按决策的范围和影响程度分类，可以分为战略决策、战术决策。

（1）战略决策。是事关企业未来的生存与发展的大政方针方面的决策。战略决策多是复杂的、不确定性的决策，常常依赖于决策者的直觉、经验和判断能力。战略决策的例子，如企业使命目标的确定、企业发展战略与竞争战略、收购与兼并、产品转向、技术引进和改造技术，厂长经理人选确定、组织机构改革等。

（2）战术决策。通常包括管理决策和业务决策，均属于执行战略决策过程中的具体决策。其中，管理决策是对企业的人、财、物等有限资源进行调动或改变其结构的决策，例如营销计划与营销策略组合、产品开发方案、职工招聘与工资水平、机器设备的更新等；业务决策则主要是解决企业日常生产作业或业务活动问题的一种决策，是日常工作中为提高生产效率、工作效率而做出的决策，牵涉范围较窄，如工作任务的日常分配和检查、安排、库存控制等。战略决策是战术决策的依据，战术决策是在战略决策的指导工作下制定的，是战略决策的落实。

三、程序化决策和非程序化决策

按问题的重复程度和有无先例可循进行分类，可以将决策分为程序化决策和非程序化决策。

（1）程序化决策。是指那些例行的、按照一定的频率或间隔重复进行的决策。程序化决策处理的主要是常规性、重复性的问题，所以又称重复性决策、定型化决策。处理这些问题的特点，就是要预先建立相应的制度、规则、程序等，当问题再次发生时，只需根据已有的规定加以处理即可。现实中有许多问题都是经常重复出现的，如员工请假、日常任务安排、常用物资的采购、"三包"产品质量问题的处理等，这些问题因为反复多次出现，人们就可以制定出一套例行的程序来，每当这些问题出现时就可以依例处理。这类决策一般在基层管理工作中较为常见，而高层管理人员较少进行此类决策。

（2）非程序化决策。是指那些非例行的、很少重复出现的决策。这类决策主要处理的是那些非常规性的问题。例如，重大的投资问题、组织变革问题、开发新产品或打入新市场的问题等。决策时往往缺乏信息资料，无先例可循，无固定模式，常常需要管理人员倾注全部精力，进行创造性思维。一般说来，由组织的最高层所做的决策大多是非程序性的。这类决策问题无先例可循，只能依靠决策者的经验、直觉、判断及将问题分解为若干具体小问题，使之成为可以逐一解决的通用问题进行处理。

四、个体决策与群体决策

从决策的主体看，可以把决策分为个体决策与群体决策。

（1）个体决策。其决策者是单个人，所以也称为个人决策。如企业的"总经理负责制"，决策主要是由总经理一个人做出，即使其决策过程有其他人参与，但仍属于个人决策。

（2）群体决策。有两个或两个以上的决策者参与了决策的全过程。如"董事会制"下的决策则是一种群体决策。与个人决策相比，群体决策比个人决策的质量高，由于群体比任何单个成员具有更广泛的知识和经验，有利于提供更完整的信息，产生更多的备选方案，从更广泛的角度对方案进行评价和论证，从而做出更准确、更富有创造性的决策；决策更容易被有关人员接受，增加了决策的执行效率。

群体决策的缺点，由于参与决策的人员较多，不同的意见也比较多，因此，群体达到相对一致的意见，需要更多的时间协调，所以相对来说效率较低；在群体决策中会产生妥协，有的成员主导着整个小组，以致最后的结果只是某个人的主张；群体中有时会产生所谓的"群体思维"的现象，即要求在群体成员中取得一致的欲望战胜取得最好结果的欲望，所以在这种情况下，群体思维虽然可以避免群体成员之间的冲突，但可能得到不理想结果。

五、长期决策与短期决策

按时间的长短决策划分为长期决策与短期决策。

（1）长期决策。是指有关组织今后发展方向的长远性、全局性的重大决策，又称长期战略决策，如投资方向的选择、组织规模的确定等。

（2）短期决策。是为了实现长期战略目标而采取的短期策略手段，又称短期战术决策，如企业日常营销、物资储备及生产中资源配置等问题的决策都属于短期决策。

第四节 决 策 过 程

一、识别机会或诊断问题

决策者必须知道哪里需要行动，所以决策者在决策过程的第一步是识别机会或诊断问题。管理者通常密切关注与其责任范围有关的数据，这些数据包括外部的信息和报告及组织内的信息。实际状况和所想要状况的偏差提醒管理者潜在机会或存在的问题。识别机会和问题并不总是简单的，因为要考虑组织中人的行为。有些时候，问题可能植根于个人的过去经验、组织的复杂结构或个人和组织因素的某种混合。因此，管理者必须特别注意要尽可能精确地评估问题和机会。另一些时候，问题可能简单明了，只要稍加观察就能识别出来。

评估机会和问题的精确程度有赖于信息的精确程度，所以管理者要尽力获取精确的、可信赖的信息。低质量的或不精确的信息导致时间的浪费，并使管理者无从发现导致某种情况出现的潜在原因。

即使收集到的信息是高质量的，在解释的过程中，也可能发生扭曲。有时，随着信息持续地被误解或有问题的事件一直未被发现，信息的扭曲程度会加重。大多数重大灾难或事故都有一个较长的潜伏期，在这一时期，有关征兆被错误地理解或不被重视，从而未能及时采取行动，导致灾难或事故的发生。

即使管理者拥有精确的信息并正确地解释它，处在他们控制之外的因素也会对机会和问题的识别产生影响。但是，管理者只要坚持获取高质量的信息并仔细地解释它，就会提高做出正确决策的可能性。

二、确定目标

目标体现的是组织想要获得的结果。决策者首先要将想要结果的数量和质量都要明确下来，因为目标的这两个方面最终指导决策者选择合适的行动路线。目标的衡量方法有很多种，如我们通常用货币单位来衡量利润或成本目标，用每人每小时的产出数量来衡量生产率目标，用次品率或废品率来衡量质量目标。

明确决策目标，要注意以下几个方面：首先，要明确组织改变活动方向和内容至少应该达到的状况和水平，以及希望实现的理想目标。决策不仅要保证实现最低限度的要求，还要力争达到既定的约束条件下所能达到的最好状态；其次，明确多元目标间的关系。任何组织在任何时候都不会只有一种目标，需要解决多元目标之间既相互关联又相互排斥的复杂关系，抓住主要目标，尽可能兼顾其他的目标；再次，要限定目标的负面效果；最后，要保持目标的可操作性，即所制定的目标可以作为决策和行动的依据。

三、拟订备选方案

决策的正确性和有效性要通过提出、评价和选择多种备选方案的方式来加以保证。一旦机会或问题被正确地识别出来，管理者就要提出达到目标和解决问题的各种方案。这一步骤需要创造力和想象力，在提出备选方案时，管理者必须把目标牢记在心，而且要提出尽可能多的方案。

管理者常常借助个人经验、经历和对有关情况的把握来提出方案。为了提出更多、更好的方案，需要从多种角度审视问题，这意味着管理者要善于征询他人的意见。

备选方案可以是标准的和明显的，也可以是独特的和富有创造性的。标准方案通常是指组织以前采用过的方案。通过头脑风暴法、名义小组技术和特尔菲技术等，可以提出富有创造性的方案。可供选择的替代方案数量越多，被选方案的相对满意程度就越高，决策质量就越有保障。

四、评估筛选方案

决策过程的第四步是确定所拟订的各种方案的价值或恰当性，即确定最优的方案。为此，管理者起码要具备评价每种方案的价值或相对优势或劣势的能力。在评估过程中，要使用预定的决策标准，以及每种方案的预期成本、收益、不确定性和风险，最后对各种方案进行排序。例如，管理者会提出以下的问题：该方案会有助于我们实现质量目标吗？该方案的预期成本是多少？与该方案有关的不确定性和风险有多大？由于最好的决定通常建立在仔细判断的基础上，所以管理者要想做出一个好的决定，必须仔细考察全部事实，确定是否可以获取足够的信息并最终选择最好方案。

五、执行方案

方案的实施是决策过程中至关重要的一步。在方案选定以后，管理者就要制订实施方案的具体措施和步骤。实施过程中通常要注意做好以下工作。

（1）制订相应的具体措施，保证方案的正确实施。

（2）确保与方案有关的各种指令能被所有有关人员充分接受和彻底了解。

（3）应用目标管理把决策目标层层分解，落实到每一个执行单位和个人。

（4）建立重要工作的报告制度，及时了解方案进展情况，及时进行调整。

六、监督和评估

一个方案的实施可能涉及较长的时间，在这段时间内，形势可能发生变化，而决策建立在对问题或机会的预测估计上，因此，管理者要不断对方案进行修改和完善，以适应不断变化的形势。同时，连续性活动因涉及多阶段控制而需要定期的分析。

由于组织内部条件和外部环境的不断变化，管理者要不断修正方案来减少或消除不确定性，定义新的情况，建立新的分析程序。具体来说，职能部门应对各层次、各岗位履行职责情况进行检查和监督，及时掌握执行进度，检查有无偏离目标，及时将信息反馈给决策者。决策者则根据职能部门反馈的信息，及时追踪方案实施情况，与既定目标有偏离时，应采取有效措施，以确保既定目标的顺利实现；当客观情况发生重大变化时，原目标无法实现，则需要重新寻找问题或机会，确定新的目标，重新拟订可行的方案，并进行评估、选择和实施。决策过程如图4-1所示。

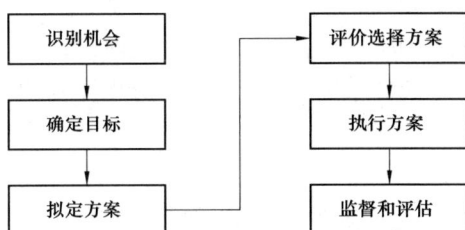

图 4-1　决策过程

第五节　决　策　方　法

决策使用的方法不仅依赖于客观条件，也依赖于决策者的能力。决策方法基本上可分为两大类：定量分析法和定性分析法。但是，作为决策方案的评价和决定，都是同时运用定量与定性方法，将其结合起来做出判断，而不是单纯用一种方法就简单地做出决策。

一、定性方法

定性方法是建立在人们经验的基础上，对决策方案进行分析评价与判断的一种方法。当人们面对信息不完全的决策问题时，比如面对新的环境里出现的新问题，难以使用对数据依赖程度很高的定量方法；当决策问题与人们的主观愿意关系密切时，如定量分析的目标函数应如何确定，尤其当多个决策者意见有分歧时，需要采用定性方法或以定性为主的决策方法；当决策问题十分复杂，现在的定量分析方法和计算工具难以胜任时，决策者也只能选择定性分析方法。常用的定性方法有以下几种。

1. 头脑风暴法

头脑风暴法创始人是美国人奥斯本（A. F. Osborn），原意是神经病人的胡思乱想，转意为针对解决的问题，相关专家或人员聚在一起，在宽松的范围中，要自由奔放、打破常规、创造性地思考问题，构思方案。头脑风暴法主要用于收集新设想，它鼓励提出任何种类的方案设计思想，但禁止提出任何批评。它把人类的思维和观点的产生比喻为像狂风暴雨样的迅猛。典型的头脑风暴法会议中，一些人围桌而坐，群体领导者以一种明确的方式向所有参与者阐明问题，然后成员在一定的时间内提出尽可能多的方案。在没有讲完所有的意见和建议之前，不允许提出批评。另外还欢迎对别人的建议做出改进，特别是一些新思想，并把所有的方案都当场记录下来，留待以后讨论或分析。

头脑风暴法的特点是倡导创新思维。时间一般在 1～2 小时，参加者以 5～6 人为宜。头脑风暴法较适用于解决产品名称的创新，广告口号的改进、销售方法的完善、产品多样化等问题，以及需要大量的构思、创意的行业，如广告业。

头脑风暴法成功要点，一次成功的头脑风暴除了在程序上的要求之外，更为关键是探讨方式，心态上的转变。概言之，即充分、非评价性的、无偏见的交流。具体而言，则可归纳以下几点：

（1）自由畅谈。参加者不应该受任何条条框框限制，放松思想，让思维自由驰骋。从不同角度，不同层次，不同方位，大胆地展开想象，尽可能地标新立异，与众不同，提出独创性的想法。

（2）延迟评判。头脑风暴，必须坚持当场不对任何设想做出评价的原则。既不能肯定某个设想，又不能否定某个设想，也不能对某个设想发表评论性的意见。一切评价和判断都要延迟到会议结束以后才能进行。这样做一方面是为了防止评判约束与会者的积极思维；另一方面是为了集中精力先开发设想，避免把应该在后阶段做的工作提前进行，影响创造性设想的大量产生。

（3）禁止批评。绝对禁止批评是头脑风暴法应该遵循的一个重要原则。参加头脑风暴会议的每个人都不得对别人的设想提出批评意见，因为批评对创造性思维无疑会产生抑制作用。有些人习惯于用一些自谦之词，这些自我批评性质的说法同样会破坏会场气氛，影响自由畅想。

（4）追求数量。头脑风暴会议的目标是获得尽可能多的设想，追求数量是它的首要任务。参加会议的每个人都要抓紧时间多思考，多提设想。至于设想的质量问题，自可留到会后的设想处理阶段去解决。在某种意义上，设想的质量和数量密切相关，产生的设想越多，其中的创造性设想就可能越多。

2. 名义小组技术

名义小组技术（Nominal Group Technique，NGT），又称名义群体法、NGT 法、名义团体技术、名目团体技术、名义群体技术、名义小组法等。名义小组技术是指在决策过程中对群体成员的讨论或人际沟通加以限制，但群体成员是独立思考的。像召开传统会议一样，群体成员都出席会议，但群体成员首先进行个体决策。

在集体决策中，如果大家对问题性质的了解程度有很大差异，或彼此的意见有较大分歧，直接开会讨论效果并不好，可能争执不下，也可能出现权威人士发言后，大家随声附和现象。采用"名义小组技术"，管理者先选择一些对要解决的问题有研究或有经验的人作为小组成员，并向他们提供与决策问题相关的信息。小组成员各自先不通气，独立思考，提出决策建议，并尽可能详细地将自己提出的备选方案写成文字资料，然后召集会议，让小组成员一一陈述自己的方案，小组成员对全部备选方案投票，产生大家最赞同的方案，同时形成对其他方案的意见，提交管理者作为决策参考。

3. 个人判断法

个人判断法（Individual judgement）又称为专家个人判断法，是指依靠专家个人的智能结构对政策问题及其所处环境的现状和发展趋势、政策方案及其可能结果等做出自己判断的方法。这种方法一般先征求专家个人的意见、看法和建议，然后对这些意见、看法和建议加以归纳、整理而得出一般结论。

这种方法的最大优点是能够最大限度地发挥出专家个人的智能结构效应，充分利用个人的创造力；简单易行，节省时间和费用；同时，这种方法能够保证专家在不受外界影响、没有心理压力的条件下，充分发挥个人的判断和创造力。但是，个人判断法受专家个人的智能结构、专家的知识面和知识深度、占有资料的多少、信息来源及其可靠性、对预测对象兴趣的大小乃至偏见等因素影响，缺乏相互启发的氛围，此种方法带有一定程度的主观片面性。

4. 专家会议法

专家会议法是采用开讨论会的形式，将一些见识广博、学有专长的专家召集起来，向他们提出要决策的问题，让这些专家提出各种方案，并进行讨论，最终决定最佳方案。这种方法有一定的效果，是较常用的决策方法。专家小组会议可以集思广益，广泛地听取各方面的意见，避免了个人判断的片面性缺点。专家之间可互相启发借鉴，使决策问题较全面分析和论证。

专家会议法也有一些弊端：①由于参加会议的人数有限，因此代表性不充分；②受权威的影响较大，容易压制不同意见的发表；③易受表达能力的影响，而使一些有价值的意见未得到重视；④由于自尊心等因素的影响，使会议出现僵局；⑤易受潮流思想的影响等。

5. 特尔菲法

特尔菲是希腊历史遗址阿波罗神庙所在地地名，美国兰德公司在 20 世纪 50 年代发展了一种匿名征询专家意见的好方法，称为特尔菲法（Delphi Technique）。此种方法的特点是参加决策的专家互不见面，意见的发表和交流采取匿名方式进行。其一般过程为：由主持人先向有关专家提出相关的情况或问题，发送给参加决策的相关专家；请专家分别写出书面意见后反馈给主持人；主持人把各人的意见进行汇总、统计，再将结果反馈给每位专家；专家在此基础上做出进一步的分析，或修改原来的观点，或坚持原来的观点；专家将修改后的结果再寄给主持人，主持人再对专家的意见进行综合、整理，再将统计的结果反馈给每个专家，如此反复多次，直到各专家的意见大体趋于一致为止。每一次反复我们称为"一轮"，一般需要三到四轮，才能得出一个较为一致的意见。

特尔菲法的特点是循环反馈。由于专家之间互相不见面克服了心理因素的影响，专家可根据自己的知识和经验充分发表自己的意见，不受其他人的影响。但专家之间互不见面不能互相启发和借鉴，特尔菲法又采用了反馈的方式，使专家能了解到其他人的意见。这种方法还无需参与者到场，不受地理位置影响。运用特尔菲法的关键是选择好专家，并决定适当的专家人数，一般 10～50 人较好。另外，拟定好意见征询表，因为它的质量直接关系到决策的有效性。例如，一个跨国公司可以用此法询问世界各地的销售经理，有关公司的一项新产品在世界范围内的合理的价格水平。这样做既避免了召集主管人的花费，又可获得各地市场的信息。这种方法是征求专家意见的好方法，但它的缺点是耗费时间较长，对需要做出快速决策的情况不适合。

二、定量方法

1. 确定型决策方法

（1）盈亏平衡分析法。盈亏平衡分析又称量本利分析。通过考察产量（或销售量）、成本和利润的关系及盈亏变化的规律来为决策提供依据的方法，被广泛应用于利润预测、目标成本的控制、生产方案的选择、制定价格等多种决策问题。盈亏平衡分析已成为决策分析的有力工具，越来越受到管理者青睐。

盈亏平衡分析是在一定的市场、生产能力的条件下，研究成本与收益的平衡关系的方法。盈利与亏损的临界点称盈亏平衡点。通过盈亏分析找出盈亏平衡点，一般来说，盈亏平衡点越低，盈利的可能性越大，风险越小；盈亏平衡点越高，盈利的可能性越小，风险越大。

盈亏平衡分析可分为线性盈亏分析和非线性盈亏分析。这里主要介绍线性盈亏平衡分析。在线性盈亏分析中首先做几点假设：①产量等于销售量；②单位产品的可变成本不变；③单位产品的销售价格不变；④生产的产品可换算为单一产品计算。

成本与产量之间的特性关系称为成本特性。成本按其性质可将总成本分成固定成本和变动成本。固定成本是指随着产量的变化，成本总额保持不变，这部分成本称为固定成本。如折旧费、管理费、大修理费、员工福利基金等。变动成本是指随着产量的增加而近似线性增加的成本，这部分成本称为变动成本。如燃料费、材料费等。但单位变动成本为一个常数。

成本特性函数为

$$C = C_F + C_V = C_F + C_q \times Q \tag{4-1}$$

式中　C——总成本；

　　　C_F——总固定成本；

　　　C_V——总变动成本；

　　　C_q——单位变动成本；

　　　Q——产量。

收入与销售量之间的关系特性称为收入特性。总收入等于销售量乘以产品的价格。注意在这里为方便起见，不考虑税金。公式为

$$S = P \times Q \tag{4-2}$$

式中　S——总收入；

　　　P——单位产品的价格；

　　　Q——产品的销售量。

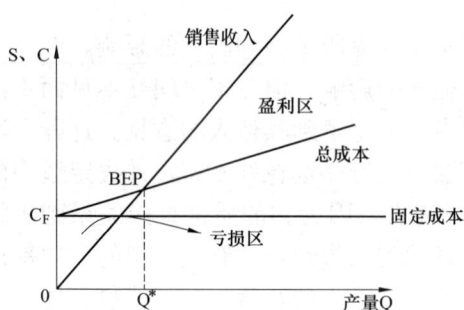

图 4-2　盈亏平衡图

盈亏平衡图是将成本特性线和收入特性线画在同一坐标系中，用横坐标表示产量（销售量），纵坐标表示收入和成本。图 4-2 为盈亏平衡图。

在盈亏平衡图中，当 $Q > Q^*$ 时为盈利区，当 $Q < Q^*$ 时为亏损区，在 BEP 点，为盈利与亏损的临界点，称为盈亏平衡点，也叫保本点。BEP（Break-Even-Point）点的产量 Q^* 为盈亏平衡时的产量。还可以用其他指标表示盈亏平衡点。

1）用产量表示的盈亏平衡点：$Q^* = C_F / (P - C_q)$。

2）用生产能力利用率表示的盈亏平衡点：$BEP = Q^* / Q_0 \times 100\%$。

3）用单位价格表示的盈亏平衡点：$P^* = C / Q_0$。

4）用单位变动成本表示的盈亏平衡点：$C_q^* = P - C_F / Q_0$。

5）用固定成本表示的盈亏平衡点：$C_F^* = PQ_0 - C_q Q_0$。

6）经营安全率：$\eta = (Q - Q^*) / Q$。

其中，Q 为实际产销量。经营安全率反映企业经营状况的一个重要指标。当它接近于零时，经营状况不佳。增加产量而保本点不变，可增大经营安全率；采取措施，降低保本点产量，也可增加经营安全率。一般可根据表 4-1 以下数值进行判断经营安全率状态。

表 4-1　　　　　　　经营安全状态

经营安全率 η	30%	25%～30%	15%～25%	10%～15%	10%以下
经营安全状态	安全	较安全	不太好	较差	危险

【例 4-1】　某企业生产某产品的总固定成本为 60 000 元，单位变动成本为每件 1.8 元，产品价格为每件 3 元，假设某方案带来的产量为 100 000 件，问该方案是否可取？

解：用产量表示的盈亏平衡点：

$$Q^* = C_F/(P-C_q) = 60\ 000/(3-1.8) = 50\ 000\ （件）$$

由于方案带来的产量为 100 000 万件，大于保本产量 50 000 件，所以方案可取。

降低保本点产量的措施。可采取的以下措施有提高销售价格；降低单位变动成本；降低固定成本。

（2）线性规划法。线性规划法是在线性的约束条件下，求解线性目标函数最大值或最小值的方法。运用线性规划建立数学模型的步骤是：第一步是确定影响目标大小的变量，第二步是列出目标函数方程，第三步是找出实现目标的约束条件，第四步是求目标函数的最优解。

【例 4-2】　某企业生产两种产品，A 和 B，生产 A 和 B 所需的机器、人工、原材料的数量、每天可用资源的总量和各种资源的价格，见表 4-2，已知产品 A 的售价为 600 元，B 的售价为 400 元，市场需求旺盛，问如何安排生产可使企业的利润最大？

表 4-2　　　　　　　　　　企业产品生产与资源使用情况一览表

项目	产品 A	产品 B	资源总量（天）	资源单价（元）
机器（小时）	6	8	1200	5
人工（小时）	10	5	1000	20
原材料（千克）	11	8	1300	1

求解此线性规划的步骤为：

第一步，设生产 A 的数量为 X，生产 B 的数量为 Y，利润为 Z。

第二步，列出目标函数方程：

$$MaxZ = 600X + 400Y - [5 \times (6X + 8Y) + 20 \times (10X + 5Y) + 1 \times (11X + 8Y)]$$

第三步，列出约束条件：

ST：$6X + 8Y \leqslant 1200$

$10X + 5Y \leqslant 1000$

$11X + 8Y \leqslant 1300$

$X \geqslant 0$

$Y \geqslant 0$

其中 Max 指目标函数最大化；ST 是 Subject to 的缩写，是受下面式子约束的意思。

第四步，求线性规划最优解。可用 Excel 或 WPS 软件解线性规划，此线性规划的最优解为 X=60，Y=80，每天的总利润是 41 700 元。

求解线性规划模型有多种方法，包括单纯正形法、改进单纯形法、对偶单纯形法等，简单的可在纸上计算，复杂一些的问题可借助于计算机进行求解；计算机软件如商用版的 Lindo，可解上万个变量和上万个约束的线性规划问题。在较简单的线性规划中，可用 Excel 软件或 WPS 软件求解线性规划问题。

2. 风险型决策方法

对于风险型决策，由于决策问题涉及的条件有些是随机因素，所以各方案最终出现的结果不能确定，无论选择哪个方案，都有一定的风险性。决策没有唯一的最好的方法，不同的人在不同的环境会考虑多方面因素进行决策。常采用以下几种风险决策原则。

（1）优势原则。若有 A 和 B 两个方案，如果不论在什么状态下 A 总是优于 B 方案，则可以认定 A 相对于 B 是优势方案，或者说 B 相对于 A 是劣势方案。剔除劣势方案，留下优势方案，这就是优势的原则。应用优势原则可减少备选方案的数目，缩小决策范围。

（2）期望值原则。期望值原则是指根据各备选方案期望损益值大小进行决策，如果是费用或成本的损益值，则应选期望值最小的方案，如果是收益的期望值，相反，应选期望值大的方案。

（3）最小方差原则。方差表示随机变量的离散程度，方差越大，表明方案的损益值偏离期望值的可能性越大，从而方案的风险也越大，所以人们倾向于选择方案损益值方差小的方案，这就是最小方差原则。在备选方案期望值相同或收益期望值大（或费用期望值小）的方案损益值方差小的情况下，期望值原则与最小方差原则没有矛盾，最小方差原则无疑是一种有效的原则。但在许多情况下，期望值原则与最小方差原则并不具有一致性。对于这种情况目前还没有找到广泛接受的解决办法，因为不同的投资者对于风险大小的判断是不一样的。投资者对风险的判断及态度取决于决策者对待风险的态度和风险承受能力。一般来说，风险承受能力强的决策者倾向于按期望值原则进行决策，而风险承受能力弱的决策者宁可按最小方差原则选择期望收益不一定高但风险小的方案。

（4）最大可能原则。在各方案中如果一种状态的概率显著大于其他状态，那么就把这种状态视作肯定状态，然后根据这种状态下各方案损益值的大小进行决策，而置于其他状态而不顾，这就是最大可能原则。这种方法实际是将风险型决策转化为确定型决策的问题来决策。

（5）满意原则。对于比较复杂的风险决策问题，人们往往难以发现最佳方案，因而采用一种比较现实的决策原则——满意原则。即定出一个足够满意的目标值，将各备选方案在不同状态下的损益值与此目标值相比较，损益值优于或等于此目标值的概率最大的方案即为当选方案。

（6）决策树法。对于多层次、多方案的风险型决策，为了决策方便，借助一种直观、明确的树形图对方案进行决策，称为决策树法。决策树法也是期望值决策法，按期望值的大小选择方案。

决策树的画法为：用方框"□"表示决策点，从决策点引出直线分支叫方案分枝，每一方案分枝代表一个可行方案；用圆圈"○"表示状态点，从状态点引出的分支称为概率分枝，每一个概率分支代表一种自然状态，概率分枝就反映了自然状态；概率分支的末端标明各方案在相应状态下的损益值。我们称决策点为树根，结果为树叶，这样就构成了一个决策树。如图 4-3 所示。

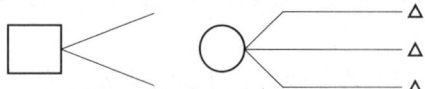

图 4-3 决策树的基本表示

第一步，由决策点出发，到树叶为止，画出决策树。

第二步，由树叶向树根方向，逐步计算各个状态点和决策点的期望值，并将其数值标在状态点上方。

第三步，从树叶向树根的方向上，在每一层次的决策点上对各种可行方案进行优选，保留这一层次的最优方案，对其他方案用两条平行的短线"∥"或"×"进行剪枝，这样就留下最优方案。最终每一个决策点后的方案分支，有且只有一个。

【例 4 - 3】　某电力修造企业为满足电网对某一产品的需求设计了三个方案：方案 A 是新建一个大工厂，需投资 320 万元。方案 B 是建一个小工厂，需投资 140 万元。这两个方案的使用年限均为 10 年。根据市场预测，前三年销路好的概率为 0.7，销路差的概率为 0.3。如果前三年销路好，则后七年销路好的概率为 0.9；如前三年销路差，则后七年销路必定差。方案 C 是先建一个小工厂，如果销路好，则三年以后再扩建，其扩建需追加投资 200 万元，扩建后收益情况与建大工厂相同，扩建后可使用七年。如果不考虑资金的时间价值，试用决策树法选择方案。

解： 首先，画出决策树，如图 4 - 4 所示。

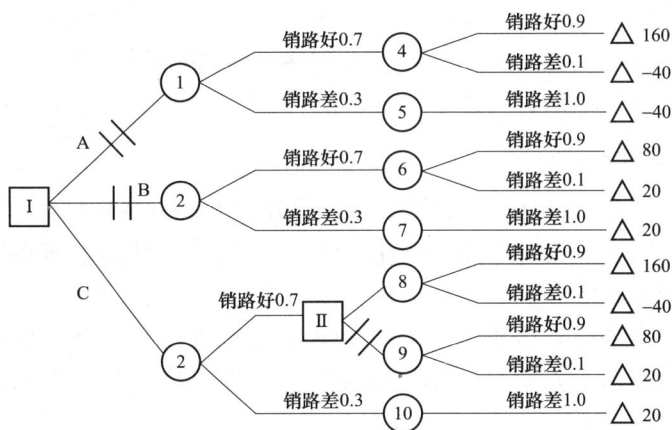

图 4 - 4　决策树

其次，求各状态点的期望值。先对决策点 Ⅱ 进行决策。

$E_4 = [160 \times 0.9 + (-40) \times 0.1] \times 7 = 980$（万元）

$E_5 = (-40) \times 1.0 \times 7 = -280$（万元）

$E_6 = (80 \times 0.9 + 20 \times 0.1) \times 7 = 518$（万元）

$E_7 = 20 \times 1.0 \times 7 = 140$（万元）

$E_8 = [160 \times 0.9 + (-40) \times 0.1] \times 7 - 200 = 780$（万元）

$E_9 = (80 \times 0.9 + 20 \times 0.1) \times 7 = 518$（万元）

$E_{10} = 20 \times 1.0 \times 7 = 140$（万元）

决策点 Ⅱ 的决策结果是选择扩建方案。再进行决策点 Ⅰ 的决策。

$E_1 = [160 \times 0.7 + (-40) \times 0.3] \times 3 + [980 \times 0.7 + (-280) \times 0.3] - 320 = 582$（万元）

$E_2 = (0.7 \times 80 + 0.3 \times 20) \times 3 + (0.7 \times 518 + 0.3 \times 140) - 140 = 450.6$（万元）

$E_3 = (0.7 \times 80 + 0.3 \times 20) \times 3 + (0.7 \times 780 + 0.3 \times 140) - 140 = 634$（万元）

最后决策结果是选择方案 C，其他方案进行剪枝。

对于风险型决策，不同的人采用不同的方法，每个人按自己的效用理论进行决策，不存在最好的方法。为保证决策的科学性和正确性，对风险决策方案不仅要比较损益期望值大小，还需要运用多种技术经济分析方法进行评价。

【例 4 - 4】　某电力机械厂拟生产一种产品，有两种方案，一种是建大车间，需投资 300 万元；另一种是建小车间，需投资 120 万元。两种方案的使用年限均为 10 年，每年的损益及自然状态的概率如表 4-3，试做出决策。

表 4-3 方 案 损 益 值

自然状态	自然状态概率	建大车间	建小车间
销路好	0.7	100	40
销路差	0.3	—20	30

计算期望值：

$$大车间 E_1 = [0.7 \times 100 + 0.3 \times (-20)] \times 10 - 300 = 340 （万元）$$

$$小车间 E_2 = (0.7 \times 40 + 0.3 \times 30) \times 10 - 300 = 250 （万元）$$

1）相对收益期望值的比较。用相对期望收益率指标进行评价。

$$大车间年投资期望收益率 = [0.7 \times 100 + 0.3 \times (-20)]/300 = 21.33\%$$

$$小车间年投资期望收益率 = (0.7 \times 40 + 0.3 \times 30)/120 = 30.83\%$$

若考虑资金的时间价值，从投资效果评价应是建小车间方案较好。

2）风险决策的灵敏度分析。所谓灵敏度分析，就是自然状态下概率值变动时，分析它们对选择最优方案的影响。

以上题为例，给定的概率估计是 0.7∶0.3，如果概率估计为 0.6∶0.4 或 0.8∶0.2 又会如何？所以可以找出两个方案综合期望值相等的概率计算。设 P 表示销路好的概率，则（1－P）为销路差的概率。则

$$[100P + (-20) \times (1-P)] = 40P + 30 \times (1-P)$$

整理后，$P \approx 0.45$。即当销路好的自然状态概率为 0.45 时，两方案的期望值相等，此概率就是转折概率。当 $P > 0.45$ 时，选择建大车间方案。当 $P < 0.45$ 时，应选择建小车间方案。

决策的风险程度取决于敏感性系数的大小。敏感性系数越小，决策越稳定，风险越小；敏感性系数越大，决策越不稳定，风险越大。敏感性系数公式如下：

$$敏感性系数 = 转折概率/预测概率$$

此例中销路好的概率为 0.70，则有

$$敏感性系数 = 0.45/0.70 = 0.65$$

因敏感性较大，决策方案不够稳定。风险型决策是一个复杂的问题，除了进行定量分析与评价外，还需结合企业的具体情况，充分发挥决策者的主观能动作用，如敏锐的洞察力、机智的判断力、敢于承担风险的胆识等，把定量决策与定性决策结合起来，以提高决策的科学水平。

3. 非确定型决策方法

非确定型决策与风险型决策相比，方案的各自然状态概率不能确定，这样的决策就非常难以确定。可以确定出方案在未来可能出现的各种自然状态及相应收益，但对各种自然状态在未来发生的概率却无法做出判断。所以只能由决策者根据主观选择的一些原则来比较不同方案的经济效果并选择相对收益最好的方案。此时最重要的是决策者的个性偏好和采用的决策原则。下面的方法在决策中供参考。

（1）悲观准则。这种方法也称为最大最小（max，min）准则，又叫小中取大准则。悲

观决策是一种保守型决策，决策者采取最安全、保守的政策，从最坏的结局考虑，从最坏的结果中选择一个最好的方案。

【例4-5】　为生产某种产品，现有A和B两个方案供选择，方案在各状态下的总收益如表4-4所示。

悲观准则决策的过程是：首先，找出A和B方案在各状态下的最小值，A方案的最小值是-10，B方案的最小值是30。然后，比较两个方案的最小值，从最小值中选择最大值为30，所对应的方案为B，即B方案即为要选择的方案。

表4-4　　　　　　　　　　悲观准则决策表　　　　　　　　　　（单位：万元）

状态\方案	销路好	销路差	最小值
A方案	200	-10	-10
B方案	120	30	30
决策	最小值中取最大值		30

（2）乐观准则。乐观准则又称最大最大准则，也叫大中取大准则。这种方法是冒险型决策，决策者敢于冒风险，希望收益越大越好，从乐观的角度考虑结局。

【例4-6】　用乐观准则对［例4-5］进行决策。决策表如表4-5所示。

决策过程如下：首先从方案的各状态中找出最大值，A和B两个方案的最大值分别为200和120，然后从最大值中选出最大值为200，其所对应的方案A方案为选择的方案。

表4-5　　　　　　　　　　乐观准则决策表　　　　　　　　　　（单位：万元）

状态\方案	销路好	销路差	最大值
A方案	200	-10	200
B方案	120	30	120
决策	最大值中取最大值		200

（3）遗憾准则。遗憾准则也称为后悔值准则、沙万奇（Savage）法、最小机会损失准则，又称"大中取小"法。决策的原则是决策之后尽量不后悔，或使后悔程度达到最小。我们把方案在各状态下的最大可能收益与现实收益的差叫遗憾值或后悔值，又叫机会损失值。决策过程是找出方案各状态下的最大后悔值，然后从最大后悔值中选最小后悔值。

【例4-7】　对［例4-5］采用遗憾准则进行决策，决策表如表4-6所示。

决策过程为：首先，找出各种状态下的最大收益为理想的收益，在销路好状态下最大值为200，用200分别减各方案的实际值得出A和B方案在销路好状态下后悔值为200-200=0，200-120=80。在销路差状态下最大值为30，用30分别减各方案的实际值得出A和B方案在销路差状态下的后悔值为30-（-10）=40，30-30=0。然后找出各方案的最大后悔值分别为40和80。再从最大后悔值中找出最小后悔值40，其对应方案A为选择方案。

表 4-6　　　　　　　　　　　　遗 憾 准 则 决 策 表　　　　　　　　　　（单位：万元）

方案＼状态	销路好（后悔值）	销路差（后悔值）	最大后悔值
A 方案	200（0）	－10（40）	40
B 方案	120（80）	30（0）	80
决　策	最大后悔值中取最小值		40

（4）同等概率准则。同等概率准则也叫等可能性决策或平均主义决策。该准则假设各自然状态发生的概率相同，计算出各方案的期望收益值，然后选取最大值所在方案为决策方案。

【例 4-8】　对［例 4-5］采用同等概率准则进行决策，决策表如表 4-7 所示。同等概率准则决策过程为：首先，认为各方案的自然状态概率相等，即销路好和销路差的概率分别为 0.5。其次，计算各方案的期望值，A 方案的期望值为 E(A)＝200×0.5＋(－10)×0.5＝95，B 方案的期望值为 E(A)＝120×0.5＋30×0.5＝75。然后，从 A 和 B 方案中选最大期望值 95，所对应的方案 A 为决策方案。

表 4-7　　　　　　　　　　　　同等概率准则决策表　　　　　　　　　　（单位：万元）

方案＼状态	销路好	销路差	期望值
A 方案	200	－10	95
B 方案	120	30	75
决　策	最大期望值		95

（5）折中准则。对于非确定型决策不能确定各状态概率，采用折中决策准则是先根据历史数据或经验估计一个乐观系数 α，0≤α≤1。方案的折中收益值＝α×方案的最大收益＋(1－α)×方案的最小收益值，然后选取折中收益值最大的方案为决策方案。在前面例题的基础上，如 α＝0.7，计算结果如表 4-8 所示，选择 A 方案。

表 4-8　　　　　　　　　　　折中准则决策表 α＝0.7　　　　　　　　　（单位：万元）

方案＼状态	销路好	销路差	期望值
A 方案	200	－10	137
B 方案	120	30	93
决　策	最大期望值		137

管理哲理故事

决 策 的 三 思 而 行

《梦溪笔谈》记载：海州知府孙冕很有经济头脑，他听说发运司准备在海州设置三个盐场，便坚决反对，并提出了许多理由。后来发运使亲自来海州谈盐场设置之事，还是被孙冕顶了回去。当地百姓拦住孙冕的轿子，向他诉说设置盐场的好处，孙冕解释道："你们不懂得做长远打算。官家买盐虽然能获得眼前的利益，但如果盐太多卖不出去，三十年后就会自食恶果了。"然而，孙冕的警告并没有引起人们的重视。

他离任后，海州很快就建起了三个盐场。几十年后，当地刑事案件上升，流寇盗贼、徭役赋税等都比过去大大增多。由于运输、销售不通畅，囤积的盐日益增加，盐场亏损负债很多，许多人都破了产。这时，百姓才开始明白，在这里建盐场确实是个祸患。

故事哲理：

一时的利益显而易见，人们往往趋利而不考虑后果。这种现象，古今皆然。看到什么行当赚钱，就一窝蜂而上，结果捷足先登者也许能获利，步人后尘者往往自食恶果。这样的例子可以说是数不胜数。

作为一个企业的经营者，在制定一个经营决策的时候，一定要综合考虑各方面的因素，而不能被一时的利益蒙蔽了眼睛。

一个团队的领导一定要学会发挥集体的力量，特别是做事关企业命运的决策的时候。万万不可因头脑一时发热，拍拍脑袋就制定个错误决策而毁掉自己经营一生的成果。

决策时拍脑袋，指挥时拍胸脯，失误时拍大腿，追查时拍屁股。这种"四拍"型领导需要反思了。

案 例

蔬 菜 管 理

彼得·莫斯是一名生产和经营蔬菜的企业家，他现有占地面积5万平方米的蔬菜大棚，并且聘请了一批农业专家顾问。追溯莫斯经营蔬菜业务的历史，其实当时是从一个非常偶然的事件开始的。有一天，他在一家杂货店偶然看到一种硬花球花椰菜与花椰菜的杂交品种，发生了极大的兴趣，他突发奇想，最终决定自己建立温室培育杂交蔬菜，并将生产与经营杂交蔬菜作为他奋斗的事业。

莫斯用从他祖父那里继承下来的一部分钱，雇用了一班专门搞蔬菜杂交品种的农艺专家，这个专家小组负责开发类似于他在杂货店中看到的那些杂交品种蔬菜，并不断向莫斯提出新建议。如建议他开发菠生菜（菠菜与生菜杂交品种），橡子萝卜瓜、橡子南瓜及萝卜的杂交品种。特别是一种拧橡辣椒，是一种略带甜味和拧橡味的辣椒，他们的开发很受顾客欢迎。

同时，莫斯也尝试采用水栽法生产传统的蔬菜，销路很好。生意发展得顺风顺水，以致前一个时期，莫斯根本无暇考虑公司的长远规划与发展。最近，他觉得需要对一些问题着手进行决策，包括职工的职责范围，生活质量，市场与定价策略，公司的形象等。

莫斯热衷于使他的员工感到自身工作的价值。他希望通过让每个员工"参与管理"了解公司的现状，调动职工的积极性。他相信：这是维持员工兴趣和激励他们的最好办法。他决定在本年度12月1号9时召开一次由每一个农艺学家参加的会议，其议程是：

（1）周末，公司需要有一个农艺师在蔬菜种植现场值班，能够随叫随到，并为他们配备一台步话机，目的是一旦蔬菜突然脱水或者枯萎。可以找到这些专家处理紧急情况。要做的决策是：应该由谁来值班，他的责任是什么？

（2）蔬菜公司的颜色是绿色的，要做的决策是：新地毯、墙纸及工作服等应该采取什么样绿色色调？

（3）公司有一些独特的产品，还没有竞争对手，而另外一些产品，在市场上竞争十分激烈。要做的决策是：对不同的蔬菜产品应当如何定价。

彼得·莫斯要求大家务必准时到会，积极参与并发表意见，并期望得到最有效的决策结果。

根据案例回答下列问题：

（1）一个决策的有效性应取决于（　　　）。

A. 决策的质量高低　　　　　　　　B. 是否符合决策的程序

C. 决策的质量与参与决策的人数　　D. 以上提法均不全面

（2）12 月 1 日所召开的会议是必要的吗？（　　　）

A. 很必要，体现了民主决策

B. 不必要，会议议题与参与者不相匹配

C. 有必要，但开会的时间选择为时过晚

D. 对一部分议题是必要的，对另一部分议题是不必要的

（3）公司的装潢问题是否需要进行群体决策？（　　　）

A. 完全需要，因为绿色是企业的标志

B. 需要，但参加决策的人应当更广泛一些

C. 不需要，此项决策可以由颜色与装潢专家决定或者运用民意测验方法征询意见

D. 需要与不需要，只是形式问题，关键在于决策的质量

（4）定价问题是否需要列入彼得·莫斯 12 月 1 日的决策议事日程？（　　　）

A. 需要，因为它是企业中重大的问题

B. 不需要，因为该项决策的关键是质量问题，而不是让所有的员工参与和接受

C. 在稳定的市场环境下，不需要，在变化的市场环境下，则需要集思广益，群体决策

D. 定价应当由经济学家来解决

复习思考题

一、概念题

决策　量本利分析法　头脑风暴法　风险型决策　名义小组技术

二、选择题题

1. 喜好风险的人往往会选择风险程度（　　　）而收益（　　　）的行动方案。

A. 较高，较高　　　B. 较高，较低　　　C. 较低，较低　　　D. 不确定

2. 非程序化决策的决策者主要是（　　　）。

A. 高层管理者　　　B. 中层管理者　　　C. 基层管理者　　　D. 技术专家

3. 下列属于企业短期决策的是（　　　）

A. 投资方向选择　　B. 人力资源开发　　C. 组织规模确定　　D. 企业日常营销

4. 关于头脑风暴法的说法，不正确的是（　　）。

A. 相关专家或人员各自发表自己的意见，对别人的建议不作评论

B. 所发表的建议必须要深思熟虑

C. 鼓励独立思考、奇思妙想

D. 可以补充完善已有的建议

5. 针对解决的问题，相关专家或人员聚在一起，在宽松的氛围中，敞开思路，畅所欲言寻求多种决策思路，这种方法是（　　）。

A. 名义小组技术　　B. 头脑风暴法　　C. 特尔菲技术　　D. 专家小组会议

6. 下列哪种方法是用来解决不确定型决策问题（　　）。

A. 大中取大法　　B. 数学规划　　C. 网络优化　　D. 盈亏平衡分析法

7. 下列不属于例外问题的有（　　）。

A. 组织结构变化　　B. 日常采购　　C. 重要人事任免　　D. 重大政策制定

8. 集体决策的缺点是（　　）。

A. 能够最大范围地汇总信息　　　　B. 拟定更多的备选方案

C. 能得到更多的认同　　　　　　　D. 花费较多时间

9. 下列（　　）是由波士顿咨询公司提出来的？

A. 经营单位组合分析法　　　　　　B. 头脑风暴法

C. 政策指导矩阵法　　　　　　　　D. 特尔菲法

10. "金牛"经营单位的特征是（　　）。

A. 市场占有率较低、业务增长率较低　　B. 市场占有率较高、业务增长率较低

C. 市场占有率较低、业务增长率较高　　D. 市场占有率较高、业务增长率较高

三、判断题

1. 喜好风险的人通常会选取风险程度较高但收益较低的行动方案。（　　）

2. 决策的原则是"满意"，而不是"最优"。（　　）

3. 例外问题则是指那些偶然而发生的、新颖的、性质和结构不明的问题，如产品质量。（　　）

4. 企业投资方向的选择属于短期决策。（　　）

5. 库存控制属于战略决策。（　　）

6. 对于"瘦狗"型经营单位，企业应采取收缩或放弃的战略。（　　）

7. 线性规划属于不确定型决策。（　　）

8. 特尔菲技术是由美国波士顿咨询公司提出的。（　　）

9. 头脑风暴法中参加的人数越多越好，如二十几人的规模。（　　）

10. 知识敏感型决策是指那些对时间要求不高，对质量要求也不高的决策。（　　）

四、简答题

1. 决策的过程

2. 集体决策有哪些优点

3. 古典决策理论的主要内容

4. 特尔菲法技术

5. 头脑风暴法的特点及原则

6. "金牛"经营单位的特征

7. 行为决策理论的主要内容

8. "幼童"经营单位的特征

五、计算题

1. 某开发公司拟为一企业承包新产品的研制与开发任务，但为得到合同必须参加投标，已知投标的准备费用为 40 000 元，中标的可能性为 40%，如果不中标，准备费用得不到补偿。如果中标，可采用两种方法进行研制开发。

方法 1：成功的可能性为 80%，费用为 260 000 元。

方法 2：成功的可能性为 50%，费用为 160 000 元。

如果研制开发成功，该开发公司可得到 600 000 元，如果合同中标，但未研制开发成功，则开发公司需赔偿 100 000 元。试用绘制决策树并回答：①是否参加投标；②若中标了，采用哪种方法进行研制开发。

2. 某企业有如下问题的需要决策，各方案的决策收益表如表 4-9 所示，试分别用悲观准则、乐观准则、折中准则（乐观系数为 0.8）、等可能原则、遗憾准则来确定最优方案。

表 4-9   决 策 收 益 表   （万元）

方案	状 态			
	S_1	S_2	S_3	S_4
A_1	4	5	6	7
A_2	2	4	6	9
A_3	5	7	3	5
A_4	3	5	6	8
A_5	3	5	5	5

第五章 组　　织

【本章要点】

（1）组织概述。组织的概念、组织结构、组织的分类。

（2）组织设计。组织结构设计的原则、组织结构设计的影响因素、组织结构设计流程。

（3）组织结构部门化与组织结构的类型。组织部门化的分类、组织结构的基本形式。

（4）管理层次与幅度。管理层次与管理幅度概念、管理层次与管理幅度的关系、典型组织结构特点。

（5）组织整合。集权与分权、直线职权、职能职权和参谋职权、部门制与委员会制。

（6）组织变革。组织变革概述、组织变革过程、组织变革发展趋势。

第一节　组　织　概　述

一、组织的含义

"组织"一词包含两层含义，名词含义和动词含义。组织的名词含义表示组织是一个实体，动词的含义表示组织过程的意思。

1. 组织作为实体

从名词意义上来说，组织作为实体，是为了达到自身的目标而结合在一起的，将其彼此协调与联合起来形成具有正式关系的团体。如学校、医院、政府、企业、银行等。对于正式组织有三个特征：①组织是由两个以上的人所构成的系统；②组织有明确的目标；③组织是一个系统性结构。组织作为实体具有三层含义：

首先，组织必须具有目标，组织就是为了达到自身的目标而产生和存在的。任何一个组织都是为实现某种目标而创造出来的，组织也常常因为无法实现目标而难以生存。人们加入组织，目的是为了实现自身的目标，只要组织的报酬大于成员的贡献，组织成员就会留在组织内部，组织便可生存。

第二，组织成员必须有分工与协作。组织是有意形成的职务和职位结构。为了有效地实现组织的目标，要对组织任务进行分解，对组织承担的职务进行刻意的设计，将组织划分成不同的层次和部门，对岗位职务进行设计，要使各项活动有人去完成并且确保各项活动协调一致。每个部门从事一种或几种特定的工作，每个人从事组织工作的很小一部分，在组织中工作的人们要有分工和协作，每个员工有一定的工作职务，各个工作之间又要相互配合，从而提高组织的效率。

第三，组织要有不同层次的权力和责任制度。组织经过分工后，要赋予各部门及个人相应的权力，以便实现目标。在赋予权力的同时，必须明确各部门及个人的责任，权力和责任是实现组织目标的保证。

2. 组织的动词含义

组织的动词含义是指作为管理职能之一的组织职能。为了使人们能有效地工作，从而实现组织目标而进行的明确责任、授予权力和建立关系的过程。具体地说，组织活动是根据已经确定的组织目标，对必须进行的各项业务活动加以分类和组合，据此设计出管理机构和部门，划分不同的管理层次，明确规定各个部门、机构、层次和人员的管理职责及它们之间的相互协作关系，并加以授权的过程。组织作为过程包含以下三个含义：

首先，管理者要根据工作的需要，为了达到目标而创造组织结构，对组织结构进行精心设计，明确每个岗位的任务、权力、责任和相互关系及信息沟通的渠道，是人们在实现目标的过程中，能发挥出比个人总和更大的力量，更高的效率。

第二，随着竞争的日益加剧，组织所处的环境发生不断变化，为适应环境的变化而维持和变革组织结构，管理者对组织结构进行改革和创新或再构造。

第三，合理的组织结构只是为达到目标提供了一个前提，要有效地完成组织的任务，还需要各层管理者能动地、合理地协调人力、物力、财力和信息，使组织得以高效地运行。

组织工作是实现组织目标和战略的需要，目标和战略确定了"做什么"，组织则回答"如何做"，即如何设计合理和高效的组织结构与体系，将目标和战略变成现实。

二、组织结构的概念

1. 组织结构的含义

组织结构（Organization structure）是指一个组织内构成要素之间确定的关系形式。或者说，一个组织内的各要素的排列组合方式。组织结构是组织的基本构架，是对完成组织目标的人员、工作、技术和权力所做的制度性安排。它反映了关于个人和部门的一系列的正式的任务安排，即组织中的各项工作在各个部门之间和组织成员之间是如何分配的；组织中正式的报告关系，即组织中谁向谁负责，包括权力链、决策责任、权力分层的数量、管理人员的控制范围及组织内部协调机制。

2. 组织结构的特征

组织结构描述了组织的框架体系，可以从三个方面来描述组织结构的基本特征：即组织结构的复杂性、规范性和集权性。

（1）复杂性（Complexity）是指组织机构内各要素之间的分化程度，它包括组织内的专业分工程度、纵向的组织等级层次和组织各分部门的地区分布情况等，即横向差异性、纵向差异性和空间分布差异性。组织要素之间差异越大，组织机构部门化设置越复杂，组织成员之间的交流和沟通越困难，管理者也就越难对他们的活动和行为进行协调和管理，组织结构的复杂程度就越大。

（2）规范性（Formalization）是指一个组织中各项工作的标准化程度。如组织的方针政策、规章制度、工作程序、工作过程的标准化程度等。在一个高度规范化的组织中，有具体清楚的方针政策，严格的规章制度，每项工作的程序严格而详细，使每个人在工作中一切按规章办事。一个组织使用的规章条例越多越详细，其组织的规范化程度越高。组织的规范化程度与组织的技术、专业、管理层次、职能分工、组织成员等差异而有所不同。提高组织的规范化程度，可以减少不确定性，工作自由发挥少，这意味着成本低，可以提高经济效益。

（3）集权性（Centralization）是指组织内的决策权的集中程度。高度集权是指决策权高度集中在组织的最高层中，集权性低的组织决策权分散在组织的各管理层，直至每个员工。无论管理者在组织的指挥命令链中处于哪种位置，都要进行一定的决策。管理决策的过程是从环境中搜集信息、确定目标、制订方案、评价方案、选择方案的过程。但高层管理者控制着决策过程中的所有步骤时，决策是最集权的。当其他人对这个过程进行控制，就意味着分权。

复杂性、规范性和集权性这三性揭示了组织结构的真正内涵，它们是组织结构外在表现形式的决定因素，直接决定组织协调机制框架的设计、调整和变革。

三、组织的分类

1. 按组织的营利性分类

按组织的营利性分类可将组织分为营利性组织和非营利性组织。

（1）营利性组织。所有的企业组织都属于营利性组织，企业成立和发展目标是追求利润最大化，否则企业将无法确定活动的目标和方向。企业组织的诞生就是追求成本最小化、收益最大化的结果。一个企业如果不能盈利，它就不能改善员工的收入，也不能为社会提供更有价值的新产品和服务，政府也无法获得税收。所以企业追求利润的同时也会带来整个社会福利的增加。

（2）非营利性组织。非营利性组织是向社会提供各种公共服务的组织，组织的存在不是以盈利为目标。如政治组织、文化组织、群众组织和宗教组织等。非营利性组织一般无须向政府纳税，有时还会受到政府的财政补贴。

2. 按组织的社会功能分类

（1）以经济生产为导向的组织。以经济生产为导向的组织是社会经济生产的核心，这类组织运用一切资源扩大组织的经济生产能力。这类组织的任务除了生产物质产品，还包括提供劳务等。

（2）以政治为导向的组织。以政治为导向的组织的社会功能在于实现某种政治目的，因此其重点是权力的产生和分配，如政府部门。

（3）整合组织。整合组织的社会功能在于整合社会秩序，协调各种冲突，引导人们向某种固定的目标发展，如法院、政党等。

（4）模型维持组织。模型维持组织的功能在于维持固定的社会形式，来确保社会的平衡发展，如学校、社团、教会等。

3. 按组织的方式分类

（1）正式组织。是为了实现组织目标、规范组织成员活动中的关系所特意建立的组织结构。正式组织具有严密的组织结构，主要表现在指挥链、职权与责任的关系及功能、作用等方面。正式组织是经过精心设计的、为达到某个目标而按一定程序建立的、具有明确的职责关系和协作关系的群体。

（2）非正式组织。是人们因相互关系而自发形成的，而不是正式组织建立或要求的人际关系和社会关系的网络。非正式组织是根据人们的感情、兴趣、爱好、关系等形成的非正式的群体，是为了满足某种社会需求而形成的，这些组织可以存在于正式组织之中，也可以独立存在和运行，如各种俱乐部、团体、协会和相类似的其他群体都是非正式组织。

4. 按组织的设计原则分类

按组织的设计原则分类，可以将组织设计成机械式组织与有机式组织两种不同形式。

机械式组织（Mechanistic organization）也称官僚行政组织，是综合使用传统设计原则的产物，它具有严格的结构层次、坚持命令统一原则、有固定的职责、较窄的管理幅度、高耸型和非人格化的结构形式。高度的劳动分工，导致工作简单化、正规化、规范化和高度集权化，按正式沟通的渠道进行沟通。机械式组织像高效率的机器一样，以规则、条例和正规化保证工作行为标准化。机械式组织结构适用于环境相对稳定和确定，任务明确且持久，决策可以程序化，技术相对统一而稳定，按常规活动，以效率为主要目标，企业规模相对较大。

有机式组织（Organic organization）也称适应性组织，是现代组织设计原则的产物，职责根据需要进行不断调整，更多依靠非正式渠道进行沟通。是一种松散、低复杂性、低正规化、分权化、灵活的具有高度适应性的组织形式。有机式组织设计方案如简单型、矩阵型、网络型和任务小组及委员会型结构等。

对于大多数小型组织，需要一种简单结构，降低其复杂性。矩阵型结构是在动态环境中普遍采用的一种有机的组织结构；网络型组织结构是灵活性组织，管理者可以迅速采取行动；任务小组和委员会结构，可以使机械式组织增加一些灵活性。有机式组织结构适用于环境相对不稳定和不确定，任务多样化且不断变化，非程序化决策过程，技术复杂而多变，非常规活动，企业规模相对较小。

机械式组织和有机式组织代表着一个连续统一体的两个极端，它们之间有无数种中间过渡状态，表现出多种具体不同的组织形式，在组织设计中应视不同情况而有所侧重。机械式和有机式组织结构特点比较如表 5 - 1 所示。

表 5 - 1　　　　　　　　　　机械式和有机式组织特点比较

特点＼组织形式	机械式组织	有机式组织
关系	严格的层级关系	合作关系
职责	固定的职责	不断调整职责
正规化	高度正规化	低度正规化
沟通	正式的沟通渠道	非正式的沟通渠道
决策	集权决策	分权决策

第二节　组　织　设　计

一、组织结构设计的原则

组织结构设计是如何建立或改变一个组织的组织结构，使之能更有效地实现组织的既定目标。设计适宜的组织结构，有助于清楚地界定每个部门及组织成员的权责关系，进行恰当的协调和控制，有助于提高部门和个人的工作效率，提高组织的整体水平。为了使组织的设计更合理、更有效，在进行组织结构设计时应遵循以下基本原则：

（1）分工协作原则。组织设计时，按照不同专业和性质进行合理的分工，并规定各个部门之间或部门内部的协调关系和配合方法，这是提高组织效率的有效方法。分工可以提高效率和明确责任，协作则是实现组织总目标的必要条件。分工通常按照组织的任务、职能、过程、产品、顾客和地区等方式来进行的，然后分工落实到个人，使每项工作有人负责。

（2）统一指挥原则。统一指挥是指每一个下级应该只对一个上级主管负责，而不应该使组织成员向两个或两个以上的上司汇报工作。否则，组织成员可能面对来自多个主管的冲突要求或优先处理的要求，使他们无所适从，无法确定自己的行动。统一指挥的原则不至于发生领导指挥混乱的局面。

但是，严格执行统一指挥的原则，有时由于种种原因，会在某种程度上的不适应，妨碍了组织活动。当组织规模相对简单时，统一指挥原则容易做到；对于大型组织，专业知识不断增加，组织的专家也日益增多，相互矛盾的指令会增多，因此主管领导应注意保证各部门协调。

（3）管理跨度原则。管理跨度也称管理幅度。管理幅度是指管理者直接而有效指挥下属的数目。与管理幅度密切相关的另一个概念是管理层次，它是指组织中管理等级数。当组织规模一定时，管理幅度减小，使管理层次增加，而管理层次的增加，使管理人员数量增加，从而增加管理费用，信息沟通的渠道增加，容易使信息失真等许多不利的结果出现。而管理幅度增大，使关系复杂，控制困难。管理幅度的选择应考虑多种因素的影响，如管理者的精力、体力、能力、知识、经验、时间及管理对象的能力、素质和环境及工作的性质内容等因素的影响。

（4）责权对等原则。责权对等原则是指在赋予每个职位责任时，必须赋予这个职务自主完成任务所需的权力，权力的大小与其承担的责任一致。责权对等是员工发挥能力的重要条件。有责无权无法保证任务的完成，有权无责将会导致权力滥用。组织赋予每一个职务的权力不能太大，也不能太小，应与责任相适应。

（5）精简与效率原则。在保证组织目标能够实现的前提下，组织结构设计要尽可能简单，减少管理层次、简化部门机构和职务类别，并配备少而精的管理人员，使组织高效地利用资源。机构的精简还有利于增强组织内部的协调，加快信息传递的速度，减少人员费用和管理费用，使组织灵活高效率地运转。

（6）弹性结构原则。弹性结构原则是指组织的部门结构、人员的职位和职责是可以随着实际需要而变动的，以便使组织能适应环境的变化。在组织设计和机构维护过程中，应定期对已有的部门机构进行功能审核，看其是否发挥应有的作用，是否是实现组织目标所必需的机构，是否需要对这些部门机构进行改组，撤销或成立新的部门机构，建立一套能够对组织机构进行动态调整的保证机制，使组织结构随时可以根据需要进行调整，保持弹性。在传统组织中，结构一旦设立，便会长久存在。不但这些结构上的职位很难撤销，就连职位上的人也认为这一结构属于他自己。当一个员工被指定担任某一职位，他会认为那一职位是永远属于他的。目前许多组织也都还存在这样的问题，工作人员除非犯了重大错误，否则管理人员很少受到降职的处分。由于组织所面临的外在环境瞬息万变，任何组织结构都只能是暂时的，随着环境的变化，原有设计的结构就随之失去存在的价值。弹性的组织结构也存在着一定的不足。如组织成员缺乏安全感和归属感，组织成员的流动性较高，这些都不利于组织长期发展。

（7）集权与分权原则。任何组织没有绝对的集权和分权，只是程度不同而已。集权和分权没有哪一个是永远正确的和错误的，集权程度应视组织的特性、所处的环境、不同时期和管理人员的才能来决定的，每一个组织应根据自己的状况选择适当的集权程度。一般来说，当组织的外部环境比较稳定时采用集权，当组织外部环境变化激烈时采用适当程度的分权。同时组织的决策者要处理好直线职权、参谋职权和职能职权的关系，各类职权大小根据不同的环境下完成组织目标的需要而决定。

二、组织结构设计的影响因素

组织结构的设计与外部环境密切相关，各种变化因素都会对组织结构设计产生影响。影响组织设计的因素主要有战略、技术、规模、环境等。

1. 组织战略

组织结构是实现组织目标的途径和手段。目标产生于组织的总战略，战略与结构紧密配合，从而结构应服从于战略。如果战略做出重大调整，就需要修改组织结构，以适应和支持战略的调整。组织战略的变化先于组织结构的变化，简单的战略只要求一种简单、松散的结构形式来执行这一战略。

随着组织竞争战略的不同，组织的结构形式也必然会有所区别。波特曾在《竞争战略》一书中指出，大多数组织有三种竞争战略可供选择。①成本领先战略，是指企业凭借各种高效率运营、低劳动成本、经济规模等，加之对生产过程的紧密控制，而形成比较竞争对手更低的成本优势；②差异战略，是指通过产品的创新设计等将产品或服务的独特性呈现于消费者眼前；③聚焦战略，是指企业将焦点放在一个较窄而独立的市场，从不同方面去满足这个市场的顾客需要。企业选择不同的战略，便会随之选择不同的组织结构形式。如果企业采用成本领先战略，即要严格控制成本，限制不必要的发明创新和营销费用，压低产品价格从而增强竞争实力，这就要求企业采取一种高效，稳定的组织结构形式；而采用差异化战略的企业，由于它强调的是产品的创新和标新立异，这就要求企业采取一种有机、灵活的组织结构形式。

美国管理学家亨利·明兹伯格（Henry Mintzberg）在 1979 年出版的《组织的结构》一书明确指出，一个单位的战略决定其任务、技术和环境，而这些方面的因素又决定着组织本身的结构设计。一个组织的战略还决定着它的权力分配形式和生产增长率，而权力的分配形式和生产率的增长也影响着组织结构。

2. 组织规模

组织规模通常用员工数量的多少来衡量。研究发现组织规模的不同，组织结构有很大不同。管理学家伍德沃德（J. Woodward）在 20 世纪 60 年代初对英国南部的 100 多家公司进行了深入的调查研究。研究发现，一个组织的组织结构设计与其本身规模关系大体是：①组织规模越大，工作就越专业化；②组织规模越大，标准化程度和制度就越健全；③组织规模越大，分权程度就越高。

组织规模是影响组织结构的最重要的因素，即大规模会提高组织复杂性程度，并连带提高专业化和规范化的程度。当组织规模扩大时、组织员工增加、管理层次增多、组织专业化程度不断提高，组织复杂化程度会不断提高，这必然给组织的协调管理带来更大的困难。而随着内外环境不确定因素的增加，管理层也越难把握实际变化的情况并迅速做出正确决策，组织进行分权式的变革成为必要。组织规模的扩大，增加管理人员和减小管理幅度，导致管理成本的增加，或者采用正规化的、规范化的方法，用严密的规章制度来规范员工的行为，使组织结构规范化程度提高。

组织的规模通常是由小到大的过程，在这过程中经历了若干阶段。在不同的发展阶段组织结构会有不同的特征。

（1）诞生阶段。组织开始设立，组织规模较小，组织非常不正规，任务重叠，没有专业人员，没有规章制度，也没有横向系统来进行计划、考核和协调，决策权集中在业主手中。

（2）成长阶段。人员增加，产品增加，并获得成功。因此，组织持续增长，业主不再控制一切，适当放权，劳动分工出现，并日益细密，横向系统出现，但仍是非正式的。这时有了规则和制度，有少量的专业人员和管理人员。

（3）成熟阶段。组织繁荣昌盛，规模庞大，组织开始像一个正规化的官僚组织，劳动分工几近完善，权责明确，政策配套。大量的规则、制度、工作说明书被用来指导员工的活动。组织雇用较多专业人员和办公人员，组织建立健全了业绩评估、预算、会计控制系统。高层管理者将许多职权下放到职能部门，但是组织的灵活性开始下降。

（4）衰退阶段。组织极为庞大，而且是机械式的，组织的垂直结构过于强大，决策集权化。组织面临停滞不前的危险，对组织环境做出的反应慢。管理者预见到危险，所以鼓励创新，开始对组织业务流程进行重组。组织的流程再造可能导致缩减一些职位、工作、职能、管理层次或业务单元等。

3. 技术条件

任何组织都需要采用技术，如使用设备、材料、知识和拥有技术的员工等，将投入技术转换成产出。不列颠大学琼·伍德沃德（J. Woodward）提出组织结构因技术而变化。按照组织的"工艺技术"的程度，她把组织分为三种类型：第一类，单件生产是由制定产品（如定制服装和水力发电用涡轮机等）生产单件或小批量生产单位所组成。第二类，大量生产是由大批和大量生产的制造商组成，他们提供诸如家电和汽车之类的产品，这些产品一般可以通过专业化流水线技术生产实现规模经济。第三类，连续生产是技术中最复杂的一类，如炼油厂、发电厂和化工厂等这类连续流程的生产者。

伍德沃德发现：技术类型和组织结构之间存在着明显的相关性，组织的绩效与技术和结构之间的适应度密切相关。随着技术复杂程度的提高，组织结构复杂程度也相应提高，管理层次数、管理人员与一般人员的比例，高层管理人员的控制幅度也随之增加。对于单件小批量生产的企业不太适合过分集权和规范化。大批量生产企业可提高规范化管理程度，从而提高生产效率。每一类企业都有其相关的特定结构形式，成功的企业是那些能根据技术的要求而采取适合的组织结构的企业。她发现，制造业企业的组织并不存在一种最好的方式。单件生产和连续生产企业采用有机结构最为有效，大量生产企业采用机械式结构有效。

伍德沃德的研究仅限于制造业，查尔斯·佩罗（Carles Perrow）提供了适用于所有组织的一种更一般化的研究。佩罗认为：技术受两方面因素影响，第一类是任务多变性（Task variability），指成员在工作中遇到意外的数目；第二类是问题分析性（Problem analyzability），即寻找解决问题的办法的过程中可被分析的难易程度。佩罗使用这两维变量，组成四种不同的技术类型：常规技术、工程技术、工艺技术、非常规技术。

常规技术，是指工作的多变性小和可分析性大，工作标准化和规范化程度都较高的部门技术。

工艺技术，是指工作的多变性和可分析性都小，工作必须依靠直觉、经验判断灵活处理的部门技术。

工程技术，是指工作多变性和可分析性都大，工作要靠知识和能力并按照公式化、程序化方式操作的部门技术。

非常规技术，是指工作的多变性大和可分析性小，工作需要靠丰富的知识和经验，运用综合性、创造性的方法来解决问题的部门技术。

佩罗认为组织控制和协调方法必须因技术类型不同加以区分。越是常规的技术，越需要高度结构化的组织，组织的标准化、规范化、集权化程度高；反之，非常规技术要求组织结构的灵活性较大，组织的标准化、规范化、集权化程度低。即技术越常规，越应采用机械结构形式；技术非常规采用有机式结构。

4. 外部环境

环境是对组织结构的影响的一个主要因素。环境因素可分为一般环境因素和任务环境因素。一般环境因素对组织产生间接影响的宏观影响因素，如政治、经济、技术、文化等因素。任务环境因素是对组织产生直接影响的具体环境因素，如竞争对手、供应商、顾客、政府等因素。这两类因素对组织结构的设计和变革都产生着直接或间接的影响。一般来说，在稳定的环境下，制定明确的规章制度、工作程序和权力层级，组织的规范化、集权化程度高，采用机械式的组织形式运作最为有效；在动态环境下，组织内部比较松散，决策权力下放，权力层次不明确，采用有机式的组织结构形式有效，机械式组织不适于对迅速变化的环境做出反应。

达夫特（Richard Daft）教授关于环境影响企业组织形态的分析框架如下。

（1）低不确定性的组织形态，采用机械、正规、集权结构，较少的部门，没有整合角色，关注现在。

（2）低中不确定性，机械结构、正规、集权，部门多，有些跨边界，较少整合角色，有一些计划。

（3）高中不确定性，有机结构、团队工作、参与、分权，较少部门、较多跨边界，较少整合角色，计划型的。

（4）高不确定性，有机结构、团队、参与、分权，许多部门、差异化、广泛地跨边界，许多整合角色，广泛的计划、预测。

三、组织结构设计流程

每个组织的目标不同，组织结构形式也不同，但组织设计的基本过程相同。一般包括以下步骤：

1. 岗位设计

将实现组织目标所必须进行的各项业务活动进行分类和组合，这是组织中的职位或岗位的设计的基础。

2. 部门化

将实现组织目标所必需的活动进行组合以形成可以管理的部门和单位。由于对组织活动的分类和组合方式不同，因此形成了各种不同的组织结构类型。

3. 确定管理幅度和管理层次

确立组织中每个部门的职位等级的数量，也就是组织层次问题。组织层次的多少与管理幅度大小有直接关系。在确定管理幅度的情况下，可以根据成员数量的多少，计算出所需管理人员数和相应的组织层次。

4. 配置人员

根据各单位和部门分管的业务工作岗位和对人员素质的要求，挑选和配置称职的人员。

5. 规定职责与权力

根据组织目标的要求，明确规定各单位、部门及工作岗位应负的责任及评价其工作业绩的标准，同时授予相应权力。

6. 整合成一体

从纵横两个方面对组织结构进行协调和整合。明确和协调组织结构中上下左右的相互配合关系，通过对各部门、各层次和各种要素的协调与整合，使组织成为一个精干高效的有机整体。

第三节　组织结构部门化与组织结构的类型

一、部门化分类

随着组织规模的扩大，组织活动的复杂化和多样化，为提高工作效率，对整个组织工作进行分类，把性质相同或相近的工作归并到一起集中处理。这个集中处理这些工作的单位就是一个专业化部门，即组织的部门划分称为部门化。按照专业分工的要求，为完成某一类特定任务而有权管辖的一个特定工作领域和权力领域的组织单位为部门，如部、处、科、室、组或股等称为部门。部门的划分有多种形式，从而形成不同的组织结构。部门化可以依据多种不同的标准进行选择安排，如人数、时间、职能、产品、顾客、地区、流程等。划分的原则是以组织目标容易实现为基准。

1. 按人数划分部门

按简单的人数划分部门，其原则为部门内的人员要在同一个领导人领导下做同样的工作，曾是种族、部落和军队的一种重要划分方法，这是最原始、最简单的划分方法。随着劳动分工的细化，完全按人数划分部门的方法用得越来越少，一般在某些组织结构的最底层按人数划分部门的较多。

2. 按时间划分部门

对于连续生产需要不间断工作的组织，在正常的工作日不能满足工作需要时所采用的一种划分方法。如发电、炼钢、化工、医疗等组织中，常采用按时间划分部门，采用轮班作业的方式，按早、中、晚划分部门。通常这种划分适用于最基层的组织。

3. 按职能划分部门

主要是根据活动的性质划分部门，把相似的工作任务编在一起形成一个部门，如企业的最基本的职能有人事、财务、营销、生产等。

职能部门化的优点：使各部门的职能目标明确，部门主管易于规划和控制，同专业的员工一起共事，有利于不断提高专业技能，同类人员集中安排，有利于避免重复浪费，突出业务活动的重点，符合专业分工的特点，人员培训简化，部门内的活动易于协调，强化控制。

职能部门化的缺点：分工过细，可能导致员工观点狭隘，加大各部门之间协作的难度，部门员工可能出现本位主义，容易出现各自为政的情况，使得组织对外部环境的反应较慢。

4. 按产品划分部门

是以业务活动的结果为标准，按照产品和服务的活动来划分部门。在产品部门化的方式下，每个主要产品领域都划归到一位主管人员的管辖之下，该主管人员不仅是所分管产品线的专家，而且对该产品所开展的一切活动都负责。

产品部门化的优点：促进特定产品或服务专门化的经营，提高专业化经营的效率和水平，有利于促进不同产品间的合理竞争，使企业的产品结构更加合理，提高生产效率，降低劳动成本，加强对外部环境的适应性，有利于各职能之间的协调，有利于培养全能的管理人员。

产品部门化的缺点：需要较多的有全面管理能力的人员，管理费用增加，影响统一指挥。产品部门化适用大型多元化经营的大公司，不适合产品单一、规模小的企业。

5. 按顾客划分部门

按顾客划分部门是以用户为对象，根据不同用户的需要或顾客群设立相应的部门。这种方法划分部门的优点：有利于集中用户的需要和有效地满足不同用户的需要，用户感觉相对良好，易于发挥特定用户领域专家的专长。

按顾客部门化的缺点是：有时顾客需求存在的差异可能难以协调，难以清晰明确地界定顾客群，职能重复配置，造成管理成本上涨，只有当顾客群达到一定规模时，才比较经济。

6. 按地区划分部门

按经营范围的地区来划分部门，即将一个特定地区的经营活动集中在一起，委托给一个管理者去管理。对于空间分布很广甚至跨国经营的企业，由于交通和信息沟通的困难，各地有不同的文化环境、风俗习惯，造成文化管理困难，按地区划分部门就显得尤为重要。

地区部门化的优点：有效地处理特定区域所产生的问题，更好地满足区域市场的独特需要，对本地区的市场和问题反应迅速灵敏，调动其参与决策的积极性，并加强各地区各种活动的协调，减少运费和时间，降低成本，增加当地的就业机会，培养全面的管理人员。

地区部门化缺点：职能的重复配置造成管理成本上升，需要较多的具有全面管理能力的人才，使高层的控制工作造成困难。

7. 按工艺过程划分部门

按工艺过程划分部门是很多制造厂商及连续生产型企业常用的方法。把完成任务的过程分成若干阶段来划分部门。优点：符合专业化的原则，集中技术优势，简化培训，对需求的变动反应迅速。缺点：一旦衔接出现问题，将直接影响总体目标，各部门之间沟通协作困难，要求高层领导严格控制，同时不利于全面管理人才的培养。

二、组织结构的基本形式

组织结构的类型根据组织目标和组织环境等因素而设定，组织结构随着社会的发展和环境的不断变化而变化。常见的组织结构类型有：直线型、职能型、直线职能型、矩阵型、事业部型、多维立体、网络、委员会组织结构等。

1. 直线型组织结构

直线型组织结构是一种最简单的集权式组织结构形式，又称军队式结构。即组织在最高层管理者之下设若干中层管理部门，而每一个中层管理部门之下又设若干基层管理部门。组织的最高层管理者是决策者，最低层是执行者，从上到下执行单一的命令，形成一个单线系统，没有职能机构。直线是指组织中纵向的直接的权力线，从最高领导逐级至基层一线管理者。这种结构形式如图 5-1 所示。

直线型组织结构的优点：结构简单，权力集中，责任权力明确，上下级关系清楚，命令统一，联系简捷，信息沟通方便。

直线型组织结构的缺点：组织结构缺乏弹性，权力高度集中于最高负责人，缺乏专业化的管理分工，部门间横向协调较难，当组织规模较大、管理工作复杂时，管理者难以进行有效管理。

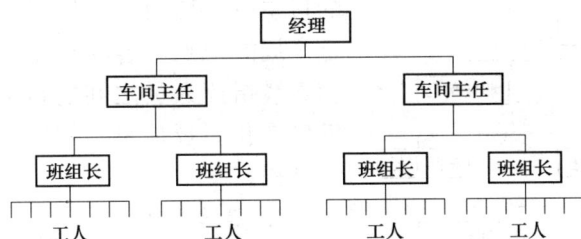

图 5-1 直线型组织结构

这种组织结构形式适用于组织规模小、业务简单、稳定的组织。

2. 职能型组织结构

职能型组织结构是在各级直线指挥人员或行政领导人员之下，按专业分工设置相应的职能机构，这些职能机构受上一级直线指挥人员的领导，并在各自的业务范围内有权向下级直线指挥人员下达命令。可以更有效地开发和使用技能，提高工作效率。这种组织结构中，下级除了受直线管理者指挥外，还要服从上级职能机构的指挥。这种结构如图 5-2 所示。

职能型组织结构的优点：各部门的职能目标明确，部门主管易于规划和控制，减轻各级领导的负担，同专业的员工一起共事，有利于不断提高专业技能，有利于发挥职能专长，同类人员集中安排，避免人力和物力资源的重复浪费，可以降低管理费用，组织的稳定性好。

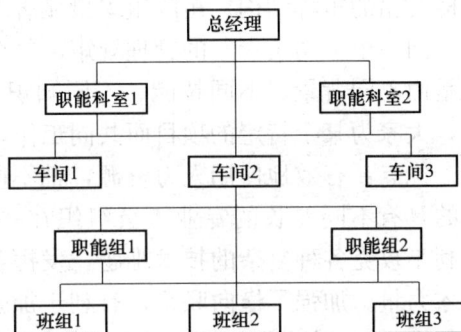

图 5-2 职能型组织结构

职能型组织结构的缺点：容易出现各自为政的情况，一个部门难以理解另一个部门的目标和要求，部门间协调常常有困难，使得组织对外部环境的反应较慢，不利于培养全面管理人才，不利于企业满足迅速变化的顾客需要，违背了命令统一原则，多头领导造成管理的混乱，不利于划分直线领导和职能领导的责任权限。

这种组织结构适合于外部环境比较稳定、采用常规技术、规模不大的组织。

3. 直线职能型组织结构

直线职能型组织是直线制和职能制相结合而形成的。这种组织结构是以直线为基础，在各级行政负责人之下按专业分工设置相应的职能部门，这种职能部门是行政领导的业务助手和参谋，他们不能直接向下级部门下达命令，除非上级直线人员授予他们某种权力，职能部门只能进行业务指导，职能部门的计划和方案等统一由直线人员执行，下级只接受直线人员的指挥，是主管统一领导指挥与职能部门参谋相结合的组织结构形式，这种结构上下级关系简单、明确、清晰。这种结构是当前我国各类组织中最常见的一种组织结构形式，如图 5-3所示。

直线职能型组织结构的优点：这种组织结构形式保持了直线结构的统一指挥的优点，又吸收了职能结构的专业分工管理的长处，提高了管理效率，具有较高的稳定性。

直线职能型组织结构的缺点：这种组织结构形式权力集中于高层管理层，下级缺乏必要

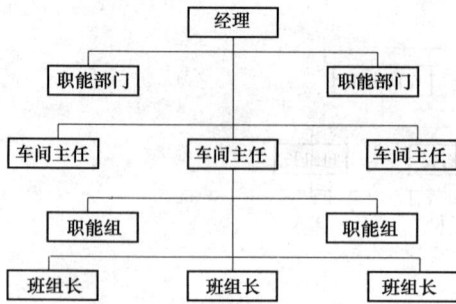

图 5-3　直线职能型组织结构

的自主权，部门之间缺乏横向的联系，各部门缺乏全局的观点，容易产生矛盾和脱节，职能人员和直线指挥人员之间的目标不容易统一，当环境发生变化时反应慢，实际上是典型"集权式"组织结构。

4. 矩阵型组织结构

矩阵型组织结构是把按职能和按部门结合起来，由两套管理系统组成的组织结构，一套是纵向的职能领导系统，另一套是横向项目系统。它一般有三种形式：工程矩阵结构、产品矩阵结构和项目矩阵结构。从纵向单位来的人力、物力被分派到横向单位以满足各单位需要，形成了纵横交错的矩阵结构。矩阵组织最显著的特征是它突破了传统的行政式组织结构的"一个员工只向一个上司负责"的管理规矩，每个员工同时隶属于两个性质有别的部门。项目小组一般是由不同背景、不同技能、不同知识、分别选自不同部门的人员组成的。组成项目小组后，大家为某个特定的项目而共同工作，如图 5-4 所示。

优点：有效地使用人力资源，把不同部门的具有不同专长的专业人员组织在一起，有利于攻克各种复杂的技术难题，发挥各方人才力量。加强了横向联系，有利于加强职能部门之间的协调和配合，便于组织成员之间的信息交流。可集中各方优势来解决同一问题，有较大的机动性，能根据特定需要和环境的变化，保持高度民主的适应性，增强了组织对外的适应性。

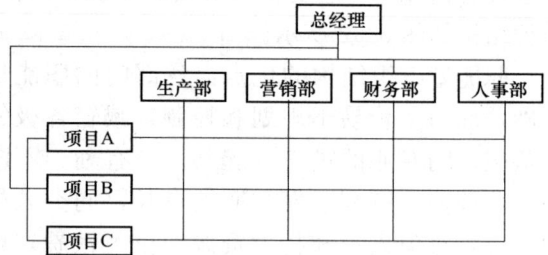

图 5-4　矩阵型组织结构

缺点：容易出现责任与权力不平衡；管理复杂，职能经理与项目经理之间容易产生矛盾，因为他们要争夺有限的资源；容易造成双重领导，使员工无所适从；稳定性较差，一般项目小组临时组成，项目完成后，回到原部门工作，使人员容易产生临时性的观点，不安心工作。

矩阵型组织结构比较适用于某些需要集中各类专业人才共同完成的项目，尤其是设计或研究等创新性质的组织，如新技术的研究开发、新产品的研制、重大科研项目研究的组织，企业、大学、科研所、影视摄制部门等组织。

5. 事业部型组织结构

事业部型组织结构在企业规模大型化、经营的多样化、竞争的激烈化的条件下，出现的一种分权式的组织结构形式。把企业的生产经营活动按产品的类型、地区、经营部门或顾客类别等分成若干自主经营的单位或事业部。其特点是各事业部市场独立、利润独立、经营自主权独立，体现集中决策，分散经营的管理原则。企业的最高层是决策机构，制定公司的总目标、计划和方针政策，保持发展战略、人事安排和资金分配的决策权，由事业部组织产品或地区的生产、销售、采购等全部活动，如图 5-5 所示。

事业部型组织结构的优点：有利于高层管理人员摆脱日常行政事务，集中精力做好战略决策，便于组织专业化生产、采用先进的生产组织形式和技术，有利于提高生产效率，保证产品质量，降低产品成本，提高了企业管理的灵活性和适应性，每个事业部都是独立的中心，可以独立决策，能够有效地适应激烈环境变化的需要，有利于大公司开展多元化经营，从而大大地提高了企业的竞争力；有利于调动各事业部的积极性和主动性，通过事业部的管理和经营的实践和锻炼，有利于培养和训练高级管理人才，有利于总公司考核评定各部门的生产经营成果，促进各事业部的利益与公司整体利益的协调一致。

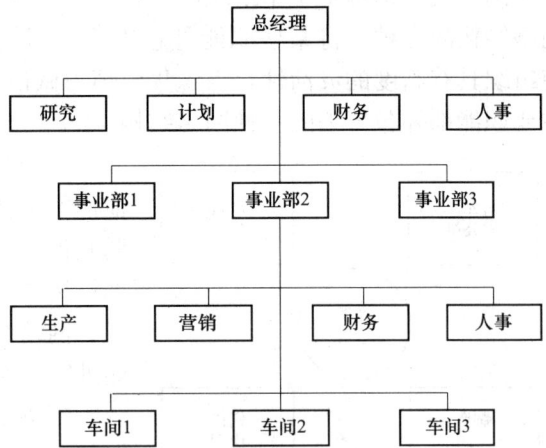

图 5-5 事业部型组织结构

事业部型组织结构的缺点：增加了管理层次，机构重叠，使管理人员和管理费用大大增加，对事业部级的管理人员业务和管理水平要求较高，必须熟悉全面的业务和管理知识才能胜任工作，各事业部之间的相互交流和支援困难，事业部独立核算，容易产生本位主义，职权下放过大，总体协调困难，各事业部之间竞争激烈，造成人才和技术的相互封锁等现象。

事业部型组织结构比较适用于规模较大、产品种类多、各类产品之间的工艺差别较大、市场条件变化较快的大型企业。

6. 多维立体组织结构

多维立体组织结构是直线职能、矩阵、事业部等多种组织结构形式结合为一体的复杂机构形态。通过多维立方体可使多方面的机构协调一致，紧密配合，为实现组织的总目标服务。如，一个组织拥有三个方面部门，一个是按专业分工的职能部门，二是按产品划分的事业部门，三是按地区划分的地区管理机构，将三方面结合在一起，组成由不同职能、不同事业部和不同地区管理机构的人员参加的委员会，共同进行某种产品开发、生产和销售任务等，如图 5-6 所示。

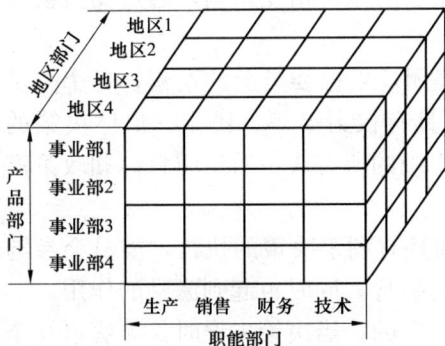

图 5-6 多维立体组织结构

这种组织结构形式比较适用于多种产品开发、跨地区经营的跨国公司和大型企业，可以为这些企业在不同产品、不同地区增强市场竞争力提供组织保证，也适用于举行大型的体育活动或公关活动的组织。

7. 网络组织结构

网络组织结构是目前较流行的一种新型组织形式。依靠合同将组织的各项工作交予其他组织去承担，总公司只是一种很小的中心组织，它的主要工作是制定政策及协调各合同公司的关系，依靠其他公司从事经营活动。如进行制造、分销、营销或其他关键业务的经营由其他组织来做。这种组织结构可以减少行政开支，具有较强的应变能力等优点；其不足是总公司对其他合同公司控制能力有限，产品质量也难以预料。

网络组织结构是小型组织的一种选择，也可以为大型组织采用。也有些大型组织发展了网络结构的变种，将某些职能外包出去。网络组织结构中大部分职能是从组织外"购买"，使组织具有高度的灵活性，组织集中精力做最擅长的事。如图 5-7 所示是组织将其经营的主要职能都外包出去的一种网络结构。

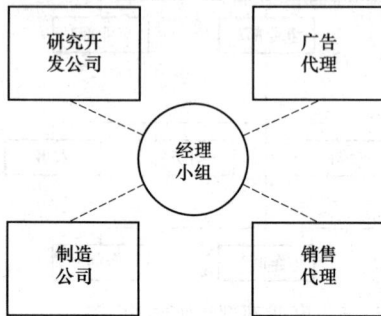

图 5-7 网络组织结构

该网络组织结构的核心是一个小规模的经理小组，他们的工作是直接监管公司内部开展的各项活动，并协调其他制造、分销和执行网络组织的其他重要职能的外部机构之间的关系。图中虚线代表合同关系，从本质上说，网络结构的管理者将大部分时间花在协调和控制这些外部关系上。

网络结构并不是对所有组织都适用的，它比较适用于玩具和服装制造企业，它们需要相当大的灵活性以便对变化做出迅速反应。网络组织也适用于那些制造活动需要低廉劳动力的公司。

8. 委员会组织结构

委员会是执行某方面管理职能并实行集体行动的一组人，这组人员来自不同的部门，具有不同的经验、知识和背景，跨越了专业和职能的界限。它的作用是完善了个人管理的不足，并预防过分集权和过分分权，使各方的利益得到协调和均衡。委员会组织结构在各类组织中随处可见，几乎各类组织都存在着各种委员会。大到国家，小到企业委员会组织。如国家的人大常务委员会、国家发展计划委员会、国家经济贸易委员会、计划生育委员会、学位委员会、公司的董事会和监事会等。委员会可以是临时组成的，完成特定任务后就解散；委员会也可以是常设的，发挥制定和执行重大决策的职能。利用委员会的方式进行管理有以下好处：

（1）集思广益。一般委员会都是各方面优秀的代表，整个委员会所具有的知识、经验、判断等均优于个人，可以综合各种专门知识进行分析，可以使决策方案更合理、有效避免领导的决策错误，提高决策质量，充分体现集体的智慧。

（2）便于协调。组织中各部门的工作相互联系、相互依存、相互影响，通过委员会可以沟通信息和协调各部门的工作。

（3）代表各方利益。委员会成员代表着各个利益集团，根据委员会的章程，各个委员有权提出议案，有权就相关问题平等地发表意见，委员具有权力平等、民主、集体决策的特点。运用委员会，可以协调各集团的利益和要求，使组织的所有成员对组织目标和政策产生认同感和责任感，为完成组织目标做贡献。

（4）鼓励参与。委员会不仅有利于政策的制定，而且有利于决策的执行，委员会参与决策的制定，因此，对决策的信息比较了解，便于决策的执行，同时也起到激励的作用。

委员会组织结构的缺点是责任不清，决议是集体制定的，当决策失误时，无法追究个人责任，决议折中的成分大，有时实质性的内容难以在决议中保留。

一般认为，委员会在处理法律、政策、裁决等方面具有较好的效果，而处理组织、执行和领导等方面问题效果较差。

第四节　管理层次与管理幅度

一、管理层次与管理幅度关系

1. 管理层次与管理幅度的含义

管理层次是指纵向的组织环节，指的是各级行政指挥机构分级管理的各个层次。管理幅度（也称管理跨度）是指一个管理人员能有效地直接管理的下属人员数。

2. 管理层次与管理幅度的关系

管理层次与管理幅度密切相关，在组织规模一定的情况下，管理幅度增加意味着管理层次减小，缩小管理幅度意味着增加管理层次。管理层次与管理幅度的关系如图5-8所示。

例如，有甲、乙两家公司，作业人员都是4096人，其中甲公司管理幅度为4，则管理层次为6层，组织结构为高耸型，管理人员的人数为1365人；乙公司采用较大的管理幅度为8，则管理层次为4层，管理人员人数为585人，组织结构为扁平型。甲公司管理幅度加大，管理层次减少，可以减少管理人员780人，但并非管理幅度越大越好。

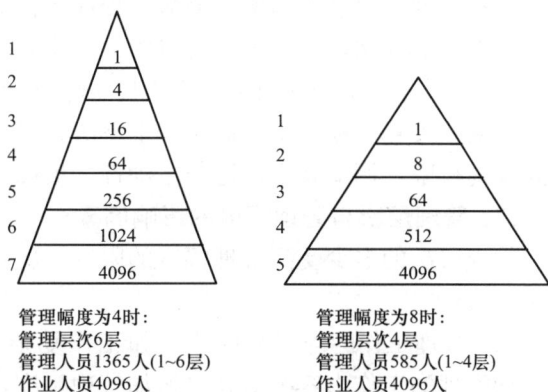

管理幅度为4时：
管理层次6层
管理人员1365人（1~6层）
作业人员4096人

管理幅度为8时：
管理层次4层
管理人员585人（1~4层）
作业人员4096人

图5-8　管理层次与管理幅度的关系

由于管理者受知识、经验、时间、精力、条件等多方面因素的限制，能够有效地直接领导下属的人数是有限的，数量过多就会降低管理的效率，管理幅度的加大必然要管理者协调关系的数量增加，因此并非管理幅度越大越好，有一位法国的管理学家格拉丘纳斯（V. A. Graicunas）指出当直接指挥的下级数目呈数学级数增长时，主管领导需要协调的关系呈几何级数增长。厄威克发明了一个公式来计算主管领导需协调的关系与管理幅度的关系，公式为

$$I=N（2^{N-1}+N-1）$$

其中，I为可能存在的各种关系的总数，N为管理幅度。

根据以上公式，可得到如表5-2所示的关系。管理者每增加一个下属，复杂关系将会增加很多。如果一个管理人员管理9个人的话，那么相互间的潜在关系数达到2376种，如果下属增加到10人，相互关系增加到5210种，增加了2834种。格拉丘纳斯所想象的这许多种关系，在现实中并不存在，或者由于某种原因不可能在同一天同时出现，但是即使出现一小部分，也是很难处理的。

表5-2　　　　　　　　　主管领导需协调的关系与管理幅度的关系

N	1	2	3	4	5	6	7	8	9	10
I	1	6	18	44	100	222	490	1080	2376	5210

一个管理人员究竟能有效管理几个下属人员，美国曾有人花了几十年的时间来研究。就一个基层管理人员管理幅度为多少合适和高层管理人员直接领导几人为好，进行了广泛的调

查研究，但没能得出一个确切的数据。英国的汉密尔登将军根据他在军队生涯的经验总结认为，一般的领导在管理 3～6 人时，能使自己处于最佳工作状态。林德尔·厄威克认为"没有一个管理者能直接管理超过 5 个或至多 6 个工作相互连锁的下属的工作。"拉尔夫·戴维斯认为作业性的控制幅度可达 30 名下属之多，而经理人员的跨度则限制在 3～9 名下属，这由工作性质所决定。

3. 管理层次和管理幅度变化对组织的影响

（1）减小管理幅度对组织的影响：管理层次增多，管理人员增加，协调的难度加大，协调成本增加；不同管理层次之间信息传递会发生遗漏和失真；办事效率低，容易滋生官僚主义。

（2）扩大管理幅度对组织的影响：减少管理层次，精简管理机构和管理人员，降低协调的成本和难度；信息传递渠道缩短，提高工作效率；管理幅度超过一定限度，主管人员容易失去对下属的控制，导致下属各自为政；主管人员对下属的具体指导和监督相应减少。

（3）减少管理层次对组织的影响：减少管理人员，降低管理成本；沟通信息快，减少信息的遗漏和失真，提高工作效率；上下级直接接触，互动反馈，提高领导工作有效性；扩大下属管理权限，调动其积极性与主动性，提高其管理能力；减低机构庞杂，减少官僚主义。

二、管理层次与管理幅度的影响因素

管理层次的多少受到管理幅度的限制，决定管理人员管理幅度的大小，一般应考虑以下几个因素：

（1）管理工作的内容和性质。如工作复杂，幅度减小，工作简单、重复可增加管理幅度，如管理的工作内容类似，可增加管理幅度，工作需协调的少，可增加管理幅度，若协调工作量大，应减小管理幅度。

（2）管理人员的工作能力。管理人员如果具有较强的工作能力，就能够准确而迅速地把握问题的关键，及时提出指导性的建议和方法，而下属也同样能迅速准确领会上级的命令和意图，从而减少协调和沟通的频率，有效扩大管理幅度。

（3）组织机构的空间分布情况。如果下属人员在空间分布上较分散，上下左右沟通困难，就需要减小管理幅度。

（4）组织变革的速度。环境变化越快，组织遇到的问题越多，组织变革的速度也就越快，管理人员对下属指导的时间和精力也就多，为有效管理组织也要缩小管理幅度。

（5）信息沟通情况。组织上下级之间信息沟通迅速而有效，可扩大管理幅度。

（6）计划的明确性。如果计划明确具体，管理幅度可增加。

（7）授权程度。如果领导者充分授权，下级有充分的自主权，管理幅度可扩大，授权的程度越小，管理幅度也相应越小。

导致管理幅度增大，管理层次减少的因素：全面培训下属；工作职责清晰，明确下放权力；重复性操作较多，其计划详尽清晰；使用可以考核的目标作为评估的标准；内外环境较为稳定；成员之间沟通顺畅；上下级之间具备有效的互动与反馈；管理人员具有较高的素质与较强的能力；下级愿意承担适当的风险与责任。

三、典型组织结构特点

管理层次与管理幅度是呈反向的关系，有两种典型的组织结构，高耸型和扁平型。管理层次多，幅度小，其组织结构为高耸型；幅度宽，层次少，其组织结构为扁平型。

1. 高耸型组织

高耸型组织是在组织中每个层次的管理幅度都较小，而且有较多管理层次的组织形态。对于高耸型组织结构，主管人员所指挥下属的人数少，使主管人员有较充足的时间和精力进行深入具体的指导、监督和控制，主管人员同直接管理的下属人员的联系沟通多，工作单位规模小，可以促使简单的问题在短时间内得到准确的解决，各级主管职务设置较多，能够为下属提供较多的晋升机会。

优点：管理人员对下属可以严格监督和控制；上下级之间沟通迅速；组织的稳定性高，纪律严明，有利于统一指挥；组织成员责任明确。

缺点：管理层次多，层次间和部门间的协调困难，计划和控制工作复杂，管理层次多，管理人员多，管理费用高，信息沟通的环节增多，信息交流慢、容易失真，组织决策的民主化程度低，不利于发挥下级管理人员的主动性和积极性，管理工作的效率低。

2. 扁平型组织

扁平型组织结构管理幅度大，层次少，其结构特征是扁而平的，正好与高耸型组织结构相反，从发展趋势看，组织结构向着扁平化，管理幅度增大的趋势发展。

优点：管理人员少，管理费用少；有利于调动下级积极性，促进下级成长；高层领导容易了解基层情况；有利于培养管理人员；信息沟通速度快失真少；民主化程度高。

缺点：管理人员工作任务重，对管理人员要求高，同级沟通困难。

第五节　组织结构的整合

一、职权

权力为组织中人与人之间的一种关系，是指处在某一管理岗位上的人对组织或对所管辖的单位与人的一种影响力，即管理者影响别人的能力。职权是指管理职位所固有的组织内部授予的指导下属行动的一种权力。职权也称制度权力，职权跟职务有关，与个人无关。职权可以分为三种形式：直线职权、参谋职权和职能职权。

1. 直线职权

直线职权是直线人员所拥有的发布命令，做出决策及执行决策的权力，通常称为决策指挥权。直线职权是组织中最基本、最重要的职权，缺少直线职权的有效行使，会使组织运转混乱。直线组织是被赋予基本的职权是对于实现目标负直接责任的那些职能。直线职权从组织的最高层管理者开始逐级向下，直至最低层形成等级链。在直线职权等级链上，管理者有权指挥下属工作。从公司的总经理到生产副总经理到车间主任再到基层的班组长，形成了一条直线指挥系统。他们都拥有各自相应的直线职权，这是由于他们所处的管理层次不同，因而其职权大小及职权范围有所不同。一级管理一级形成一个直线职权指挥系统。直线职权具有下列特点：

（1）层次节制。即下级直线层次必须受上级直线层次的节制、领导和监督。保证指挥和命令的统一性。

（2）职权等级原则。即强调分层管理，一个直线层次只管理一个下级直线层次，一般不越级进行管理，也就是坚持指挥链原则。

2. 参谋职权

参谋职权是参谋人员所拥有的提出咨询、建议或提供服务的权力，协助直线结构和人员进行工作的权力。参谋人员为直线管理者提供参谋建议或服务，它是一种辅助性权力。参谋人员没有直接指挥直线人员工作的权力，只有建议权，没有指挥权。就其性质来说是一种顾问、服务、辅助性的职权。参谋职权的产生是由于社会的发展，组织规模不断扩大，管理问题日益复杂，仅凭直线管理者个人的经验和学识难以应付复杂的问题，做出决策。遇事在组织中需要设立专职的出谋划策的机构和人员。参谋人员是直线人员的助手，如助理、顾问等。参谋的主要职权为：

(1) 为直线管理者提供个人性质的服务。包括专门服务、咨询服务，按直线管理者的要求、时间、方式提供服务。

(2) 提供全方位的服务。包括为自己的直线主管提供意见、建议和咨询，代拟政策或计划，为下级直线主管提供咨询建议，并对下级参谋人员提供业务指导和帮助。

(3) 提供特定的专门技术服务。如财务专家检查下级的财务工作，为直线主管提供财务方面的信息，技术专家为下属各单位解决技术上的难题等。提供专业性很强的专门领域里的技术服务。

(4) 行使职能权力。职能权力是从直线权力中分离出来的，由参谋人员或下级主管人员行使的权力。组织内部本该由直线人员行使的权力，由于某种原因，直线人员将其授予参谋人员行使，这时参谋人员行使的权力就是职能权力。

(5) 监督直线人员和组织所有机构。大型组织为了保证组织的健康发展，需要建立独立的监督机制，如监事会、审计科等，它们负责对包括各级直线人员在内的所有机构和人员进行独立的监督、审计和检查，这时的参谋人员与直线人员的关系为监督与被监督的关系。

因此，参谋职权的特点：参谋职权从属于直线职权；参谋职权包括咨询、建议、指导、服务和顾问等；参谋职权只对自己的主管负责，不对下级直线主管负责；参谋职权只能在自己的职权范围内行使，不能超越其职责范围。

3. 职能职权

职能职权是指参谋人员或某部门的主管人员被授予的原属于直线主管的那部分权力。在一般情况下，参谋人员所具有的仅仅是向他们的直线上司提出建议或意见的辅助性职权，并无指挥和命令权。但随着组织规模的逐渐扩大和专业化程度的提高，管理活动日益复杂，因此，主管人员将本属于自己的直线权力向自己所管辖的直线以外的个人或职能部门授权，允许他们按照一定的程度和制度，在一定的职能范围内行使的某种权力。职能职权的发挥可以减轻直线领导的负担，发挥专业特长，提高管理效率。职能职权具有下列特点。

(1) 职能职权是直线职权的一部分，是直线职权的特定内容的一部分。

(2) 职能职权必须在特定的范围内行使。根据业务分工和授权范围，按一定的程序和规定来行使。

(3) 职能职权的行使是以职能专家的专业知识为基础，由具有较丰富专业知识的职能专家行使。

4. 直线职权、职能职权与参谋职权的关系

(1) 直线职权意味着做出决策，发布命令并付诸实施，是协调组织的人、财、物，保证组织目标实现的基本权力。

（2）参谋职权仅仅意味着协助和建议的权力，它的行使是保证直线主管人员做出决策更加科学与合理的重要条件。

（3）职能职权由于是直线职权的一部分，因此也具有直线职权的特点，但职能职权的范围小于直线职权，它主要解决的是关于怎么做和何时做的问题。

二、集权与分权

1. 集权和分权的含义

集权和分权是用来描述决策权在组织中或在指挥链上的分布情况的一对概念。分权指的是系统地将决策权授予中下层管理者的过程。这实际上也就是给下级授权的过程。相应地，集权则是系统地将决策权集中于高层主管手中的过程。集权和分权反映了职权在指挥链上分布的两种趋势。

在现实中，既不存在绝对的分权，也不存在绝对的集权。集权和分权是相对的，没有绝对的集权和绝对的分权，如果高层管理者把权力全部委派给下属，那他的管理者的身份也就不存在了，组织就不存在了；如果高层管理者把权力都集中在自己手里，就意味着没有下属，组织也就不存在，因此，某种程度的集权和分权是组织所必需的。

2. 决定集权与分权程度的因素

决定集权与分权程度受多方面因素的影响，如组织的规模、历史、文化、政策、环境、管理者、下属等因素。具体影响因素有：

（1）决策的代价。决策付出代价的大小，是决定集权和分权程度的主要因素。决策的代价可以直接用金钱来衡量，或用企业的信誉、竞争地位及员工的士气等来衡量。越是对于组织发展重要的、影响重大的决策越不适宜交给下级决策，高层主管要亲自负责重要的决策，因为高层管理者可能少犯错误，由于他们可能有更多实际情况，有更多的经验、知识和更强的能力；另一个更主要的原因是高层管理者责任重大，而授权不是授责任，因此，重大决策权一般不愿意授给下级。

（2）政策一致性的愿望。如果高层主管希望组织保持一个统一的政策，就会趋向于集权化，因为集权是达到政策一致性的最方便的途径。政策的一致性可以保证其顾客受到质量、价格、信用成本、交货期、服务等方面的平等待遇，便于比较各部门的相对效益和降低成本，也便于同供应商、客户、政府等部门打交道。采用一致性的政策，便于比较各部门的绩效，以保证步调一致。如果高层管理者不希望政策一致，允许各部门根据客观情况制定各自的政策，则可趋于分权化。

（3）组织的规模。组织规模越大，要做的决策也越多，各项决策的协调也就越困难。组织规模越大，管理层次和部门数量就会增多，信息传递的速度和准确性就会降低。为加快决策速度、减少失误，使高层管理者集中精力做重大决策，分权管理更有效。把规模大的企业分成若干个产品部门或地区部门，使单位小到最高层管理者能直接做决策的程度，这样就可以提高效率，降低费用，提高决策质量。

（4）组织的成长阶段。集权和分权程度，还常取决于企业的创建过程。通常在组织成立的初期采用高度集权的管理方式，随着组织规模的扩大，管理复杂性的增加，由集权逐步转向分权的管理方式。

从组织发展方式看，企业是在自身较小的规模发展起来的，集权化的倾向更明显，因为企业较小时，大部分决策都是由高层管理者直接制定和组织实施的，决策权集中已成习惯，即使企业发展扩大管理者也不愿意下放权力，因为，一旦失去权力，管理者便可能有失去控制的感觉。如果组织是由合并的方式发展起来的，很可能倾向于保持分权的，处于政策的统一和快速行动的需要，合并公司必然要求加速集权化过程。

（5）管理哲学。管理者的个性及他们信奉的管理哲学对管理集权和分权程度的影响很大。对于专制和独裁的管理者，不能容忍别人触犯他们的权力，下属要完全按照自己的意愿行动，以集中控制权力来显示工作业绩，提高自己在组织中的地位，采用集权式的管理方式。对于开明的管理者认为分权可以满足人们的创造欲、自由欲和地位欲的需要，这时管理者往往喜欢采用分权管理。

（6）下属人员的素质。如果下级管理人员能力强，有良好的素质，能够有效地运用权力，可更多地采用分权管理。当下属的素质较低时，授权可能会产生错误结果，这时应更多地趋向于集权。

（7）组织的可控制性。高层管理者授权时，必须同时保持对下属工作和绩效的控制。在没有某种方法可以知道这项权限是否会得到恰当的运用的情况下，就不能授权。因为有些管理人员不知道如何去控制，所以不愿意授权。他们认为与其花更多的时间去纠正错误，不如花时间自己去完成这些工作。因此控制技术的发展是影响分权程度的一个因素。组织各部门的工作性质大多不同，有些关键部门需相对集权，有些部门需相对分权。

（8）职能的影响。组织的分权程度因职能领域不同而异，有些职能集权有效，而有些职能可以相对分权更好。比如企业的财务职能中的某些活动应具有较高的集权，才能更好地对财务工作进行有效控制。一般在销售职能中分权程度都很高，更有利于销售工作的开展。

（9）管理人员的可用性。高层管理者向下级授权就必须有合格的，能接受权力的下级管理人员，如果下级缺乏合格的管理人员，使组织不得不采用集权，但过分集权又使下级管理者没有机会锻炼提高，从而形成恶性循环。所以组织实行分权也是培训下属的需要，授权是培训下属的最有效的手段。当然，可能会出现下属犯错误的情况，权力下放要适度。

（10）环境影响。当组织的环境发生变化，新的机会来临、竞争对手的出现、经济形式的变化、政治局势的变动等对企业集权和分权程度都会产生影响。面对变化的环境，高层管理者要做很大一部分决策，需要相对集权，但是，过分集权又会限制下属的积极性发挥，不能及时灵活地应对环境变化。一般来说，对于较稳定的环境，可适当采用集权，对于复杂多变的环境，为灵活及时处理问题，适当分权合适。但要谨慎处理好哪些决策可集权，哪些决策应分权更恰当。

3. 过度集权的弊端

集权与分权程度应适当，过分集权会造成诸多弊端：权力过于集中，任何事情都要向上级请示，使下级成了纯粹的执行者，只能按上级的指示办事，下级没有任何决策权、自主权，严重地影响成员的积极性和主动性，降低成员的工作热情。高层领导疲于应付日常管理，随着组织规模的扩大，组织最高层领导很难把握全部具体情况，会力不从心，往往因层次过多造成信息失真，影响决策质量，延误了时机，降低组织的适应能力。过度集权，导致官僚作风助长，使组织机关化、办事公式化，使组织缺乏活力。

4. 分权的实现途径

权力的分散可以通过两个途径来实现：组织设计中的权力分配（称为制度分权）与主管人员在工作中的授权。

制度分权与授权的结果虽然相同，都是使较低层次的管理人员行使较多的决策权，即权力的分散化，但实际上，这两者是有重要区别的。

制度分权，是在组织设计时，考虑到组织规模和组织活动的特征，在工作分析、职务和部门设计的基础上，根据各管理岗位工作任务的要求，规定必要的职责和权限。而授权则是担任一定管理职务的领导者在实际工作中，为充分利用专门人才的知识和技能，或出现新增业务的情况下，将部分解决问题、处理新增业务的权力委任给某个或某些下属。

授权表示对下属的信任和尊重，让下属有机会去发挥聪明才智，可充分调动积极性和主动性，下属有一定程度的自主权，能够根据各单位的具体情况和所面临的形势与任务做出决策，增强组织决策的灵活性和及时性，使决策科学化、明确化。授权可以改善上下级的关系，减轻上级领导负担，摆脱日常事务，使高层管理者有充分的时间和精力去考虑管理中的重大问题，发挥高层管理者的专长，使管理者有时间和精力做重大决策，提高工作的效率。授权可能会出现的缺点：授权容易出现协调困难，各自为政，本位主义，统一指挥不灵等现象。

授权有重要意义，适当授权是必要的，但许多管理者对授权常常会出现一些心理障碍。如害怕失去对下属的控制，害怕对地位构成威胁，害怕失去权力和权威，害怕自己无事可做，害怕下属的成绩超过自己等原因，造成一些管理者不愿意授权。授权并不是放弃权力，授权者也不会丧失所授权力，授出权力可由授权者收回和重新授出。

制度分权与授权的含义不同，决定了它们具有下述区别。

（1）制度分权是在详细分析、认真论证的基础上进行的，因此具有一定的必然性；而工作中的授权则往往与管理者个人的能力和精力、下属的特长和业务发展情况相联系，因此具有很大的随机性。

（2）制度分权是将权力分配给某个职位，因此，权力的性质、应用范围和程度的确定，需根据整个组织结构的要求；而授权是将权力委任给某个下属，因此，委任何种权力、委任后应作何种控制，不仅要考虑工作的要求，而且要依据下属的工作能力。

（3）分配给某个管理职位的权力，如果调整的话，不仅影响该职位或部门，而且会影响与组织其他部门的关系。因此，制度分权是相对稳定的。除非整个组织结构重新调整，否则制度分权不会收回。相反，授权是某个主管将自己担任的职务所拥有的权限因某项具体工作的需要而委任给某个下属，这种委任可以是长期的，也可以是临时的。

（4）制度分权主要是在组织设计中的纵向分工，而授权则是领导者在管理工作中的一种领导艺术，一种调动下属积极性、充分发挥下属作用的方法。

作为分权的两种途径，制度分权与授权是互相补充的：组织设计中难以详细规定每项职权的运用，难以预料每个管理岗位上工作人员的能力，同时也难以预测每个管理部门可能出现的新问题，因此，需要各层次领导者在工作中的授权来补充。

5. 有效授权的原则

（1）重要性原则。授权不能只是一些无关紧要的小事处理权，应把一些能解决实际问题的权力进行下放，使下级认识到上级的信任，有利于调动积极性，也便于解决实际问题。

（2）责权对等原则。授权的同时要明确责任和权力范围，责任和权力要对等，权力不能大于责任，否则会出现滥用权力，失去控制；权力也不能小于责任，权力小于责任，下属积极性受挫，能力发挥不足，无法完成工作任务。授权应使权力刚好能使下属完成任务。

（3）责任不能委任原则。职责和职权是可以加以委托，但责任却永远不可以委任，职责和权力委任给下级，但自己向上级报告的责任和对最终结果负的责任是不能委任的。

（4）等级链原则。授权不可越级，应从最高层开始逐级向下授权。无论哪个层次的领导者，均不可将属于自己权力范围内的事情授予下属，否则，容易导致机构混乱和争权夺力的严重后果。

第六节　组 织 变 革

一、组织变革概述

1. 组织变革的含义

组织变革（Qrganizationl Change）是指组织依据外部环境和内部条件的变化，及时对组织中的要素进行结构性的调整和完善，以适应未来组织发展的需要。任何一个组织，无论过去多么成功，都必须随着环境的变化而不断地调整并与之相适应。组织变革的根本任务就是解决好组织的发展与外部环境变化之间的动态平衡。组织变革的内容涉及很多方面，如组织结构、组织活动、组织成员和组织文化等。

2. 组织变革的动因

（1）外部动因。

1）市场变化。市场的变化非常复杂，如顾客的收入、价值观念、偏好发生变化，或竞争者推出新产品、降低价格、改进了服务等，这些市场因素都会使本企业的产品失去吸引力。因此，面对变化的市场与客户要求，组织变革势在必行。

2）资源变化。资源的变化主要是指人力资源、资金、原材料供应的质量、数量及价格的变化，这些因素的变化将会对组织管理水平和效率、运营成本、生产规模与产品质量产生直接的影响，因此，资源的变化也是组织变革的外部动因之一。

3）技术变化。技术的变化主要是指新技术、新工艺、新材料、新设备的出现，对组织的产品开发、设计、制造、质量、工艺、流程、生产方式与效率等产生重大的影响。如信息技术的迅速发展，对组织结构、管理幅度和管理层次、信息传递方式、沟通方式等都带来巨大的变化。

4）社会环境变化。社会环境的变化主要指政治形势、经济形势的变化，投资、贸易、税收、产业政策与企业政策的变化等，这些因素的变化有时会给组织带来良好的机遇，有时会给企业带来极大的风险，因此，社会环境的变化要求组织重新考虑自身的产业领域和发展战略。

（2）内部动因。

1）组织目标的改变。随着组织的发展，组织目标必然会做出相应的改变和调整。当组织的既定目标已经实现，需要寻找新的发展目标；当组织既定目标无法实现，需要及时转轨变形；当组织目标在实施过程中与环境不相适应，出现偏差，需要进行及时修正与调整。这些原因都可能引起组织目标的改变，进而促进组织调整结构、重新组织人员和财力，做出变革。

2）管理条件的变化。当企业管理的条件发生变化时，如运用计算机辅助管理、转化企业经营机制、深化企业改革、改革用工制度、优化劳动组合等，都会要求企业组织机构做出相应的改革，以适应企业管理条件的变化。

3）组织发展的阶段变化。组织处在不同的生命周期阶段，组织的运行模式也不同。每个阶段的最后都面临某种危机和管理问题，这就要求组织适时做出变革，采用一定的管理策略解决危机问题。

4）组织成员的动机和需求的变化。组织成员的动机、态度、行为、需求等发生改变时，对组织的变革具有重要的影响。组织的成长会带来员工需求层次的提高，参与意识、自主意识的增强，以及个性化趋势增强，这就要求组织改变激励手段、改善工作环境和工作条件，改变工作设计，以适应组织成员变化了的社会心理需求。

5）组织内部矛盾与冲突。组织内部的矛盾与冲突也是组织变革的重要动力。部门扩大、人员增多、业务量增加、目标不一致等，引起组织内部矛盾增加、人际管理复杂、不满情绪增加、积极性下降、决策迟缓、指挥不灵、信息沟通不畅、产品质量下降等，这一切都促使组织调整结构，改革运行方式，实现有效运行。

3．组织变革的类型

组织变革可以是渐变性变革、革命性的变革和计划性的变革。渐变性的变革是在原有组织结构的基础上修修补补，变动较小。革命性的变革往往涉及组织结构重大的调整，且变革期限较短。计划性的变革是通过对企业组织结构的系统研究，制定出理想的改革方案，然后结合各个时期的工作重点、有步骤、有计划地加以实施。

组织变革的类型可以划分为四种类型，即技术变革、产品与服务变革、战略与结构变革、人员与文化变革。

（1）技术变革。技术变革是通过引进新设备、新材料、新技术、新工艺、改变运营流程和标准等途径实现组织变革。采用这种变革方式，要求组织必须具有现代的经营理念和雄厚的资金基础，否则难以实行。在这种变革中，对人员素质、态度和行为方式等方面都会产生巨大的影响，主要表现在岗位的重新调配、新岗位对技术和技能的要求、工作程序和工作时间的改变等方面，以技术为中心的变革也是采用比较多的变革方式。可以在较短的时间内快速改变现有的产品结构和运营状态，在产品系列、产品质量、市场竞争力等方面出现跳跃式的发展。

（2）产品与服务变革。产品与服务变革是指一个组织输出的产品和服务的变化。新产品包括对现有产品的小调整或全新的产品线。开发新产品的目标通常是提高市场份额或开发新市场、新顾客。由于产品和服务是提供给组织外部的消费者使用，所以一项创新是否能适应外部需求并取得成功，其不确定性很高。因此，在进行此方面的变革时，应针对顾客需求，有效利用现有技术，并需要得到高层管理者的大力支持。

（3）组织结构变革。通过改变组织结构形态、信息沟通渠道和方式、规章制度、职工的工作环境、薪酬系统、控制系统、会计预算系统等途径实现组织变革。在这种变革中，人员的态度和想能够为方式是随着改变并加以调整的，这种调整通常是渐进的，这类变革一般由高层管理者负责，自上而下进行。

（4）人员与文化变革。指员工价值观、态度、期望、信念、能力、行为的改变。这种变革要求管理者针对员工的不同特点和所处的不同状态，有目标、有计划、有步骤地进行深入细致的教育、引导、示范和培训，改变他们思维方式和态度，提高岗位技能，提高工作效率。这种变革需要较长的时间，并对组织管理者素质有极高的要求。

组织是由相互联系、相互影响的要素组成的组织系统，某个部分的改变必然会引起其他部分的变革。所以每一种变革都不是孤立的，一种变革往往会引起另一种变革。如新产品的变革可能引起新技术变革，新技术的变革可能引起结构或人员的变革。

二、组织变革的阻力及克服

组织变革的阻力是指人们反对变革、阻挠变革甚至对抗变革的制约力。组织变革所遇到的阻力可能是个人因素和组织因素。

1. 个人因素

（1）个人习惯。习惯可能是合适、安全、满意的源泉，习惯使个体适应世界和处理问题变得流程化、简单化。组织的变革可能会打破原有的习惯，成员们担心组织变革后会不习惯、不适应，因此，阻止组织的变革。

（2）员工对未来的担忧。员工最普遍的阻力就是害怕由于变革带来的对未来的不确定性。对未知的事物感到焦虑，可能对变革感到非常焦虑和体验到强烈的威胁感，以至于他们抵触到新的地方工作或工作职责发生巨大变化。

（3）利益冲突。组织变革会使一些人的利益受到影响，成员更加关注的是自己的利益而不是组织的利益，个人利益受到损害的人会反对变革。

（4）员工学习的焦虑。人们通常希望保持已经习惯的方式，而组织变革必然伴随着对新知识的学习，人们往往会通过否认变革的必要性来抵制学习。

2. 组织因素

（1）管理层的抵制。组织要变革，首先应该由领导者发起，如果管理层不积极促进组织变革是不可能成功的。当管理者不重视组织变革，认为组织不需要变革，或者本身观念陈旧，不愿意变革，或者对组织变革的前景没有信心时，会阻碍组织的变革。

（2）资源限制。变革需要资本、时间和胜任的个体。在任何特定的时间里，组织管理者和员工可能确定了应做的变革，但由于资源限制，变革伴随着新的业务流程、新技术、新工作方法的导入，而现有的员工能力不足，企业缺少对员工提供足够的资源支持，造成了组织变革的阻力。

（3）组织惰性。组织惰性是形成组织变革阻力的主要因素。组织在面临变革形势时，表现地比较刻板、缺乏灵活性，难以适应环境或内部的变革要求。造成组织惰性的因素较多，如组织内部体制不顺、决策程序不良、职能焦点狭窄和组织结构集权化等，都会使组织产生惰性。此外，组织文化和奖励制度等组织因素及变革的时机也会影响组织变革的进程。

（4）权力的威胁。组织变革造成决策权力的再分配，会威胁到组织长期以来形成的权力关系，一旦组织中的某些人认为变革可能对其权力产生影响，个人或团体便会抵抗组织的变革。

3. 克服组织变革阻力的方法

（1）教育与沟通。在实施改革之前，对员工进行宣传教育，让员工充分了解改革的目的、重要性、内容、执行方式与可能的结果，尽可能地消除不必要的误解，使员工认识到改革之举势在必行，从而减少关于改革的各种不实传言，降低员工对变革的抵触。

（2）参与与融合。无论什么时候，管理层都应积极要求员工参与到改革中来，广泛征求意见，员工由此会产生主人翁感，当员工融入到变革活动中时，他们就会更积极地投身到改革中去，而不是抵制变革。

（3）引导与支持。组织提供一系列的支持措施，提供专门的培训和服务工作。帮助员工心理咨询和治疗、新技能的培训等，帮助员工改善态度、知识和技能。能有效防止潜在的阻力。

（4）谈判与协商。以某种有价值的东西来换取阻力的减少。管理人员可以通过提高各种形式的激励，使员工放弃抵制。如可以给员工一定的权力，或给员工一些特殊的政策，以此来避免改革的风险，这一方法用在那些阻力较多的员工身上比较合适。

（5）控制与合作。争取反对力量的支持，把抵制变革的人员引入到变革的领导团队，并非指望他们对变革做出什么贡献，给予他们象征性的决策角色。

（6）施压与强制。直接使用强制的手段。管理人员可以明确或含蓄地向员工施压，告诉他们必须接受变革，否则会导致严重后果，如失业、下岗、流动或失去晋升机会等。

三、组织变革模式

1. 勒温的三阶段变革模型

库尔特·勒温（Lewin）的变革模型，提出了一个包含解冻、变革和再冻结三个步骤的有计划的组织变革模型，用以解释和指导如何发动、管理和稳定组织变革过程。

（1）解冻。变革前的心理准备和思想发动阶段。该阶段是要刺激组织成员去改变他们原有的态度，改变旧的习惯和传统，并鼓励人们接受新的观念，了解变革的动机。

（2）变革。向组织成员指明变革的方向和方法，使他们形成新的态度和接受新的行为方式，实行行为转化，以及通过认同和内在化加速变革的进程。

（3）再冻结。这是变革后的行为强化阶段。通过连续强化和断续强化，使已经实现的变革趋于稳定化、持久化、形成模式行为。

2. 卡斯特的组织变革模型

美国管理科学家卡斯特（Kast）把组织变革的步骤分为六个步骤：

（1）审视状态。对组织内外环境现状进行回顾、反省、评价、研究；

（2）觉察问题。识别组织中存在的问题，确定组织变革需要；

（3）辨明差距。找出现状与所希望状态之间的差距，分析存在的问题；

（4）设计方法。提出和评定多种备选方法，经过讨论和绩效测量，做出选择；

（5）实行变革。根据所选方法及行动方案，实施变革行动；

（6）反馈效果。评价效果，实行反馈，若有问题，再次循环此过程。

3. 莱维特的组织变革系统模型

哈罗德·莱维特（Harold Leavitt）的系统模型被广泛关注，它是从组织系统相互联系、相互影响的要素体系出发探讨组织变革模式的。他认为组织变革是个多变量的系统，包含相互作用的四个变革：结构、任务、人员和技术。

（1）结构。指组织的权责体系、信息沟通、管理层次和跨度、工作流程等。

（2）任务。指组织存在的意义和使命及工作任务的性质。工作任务的性质能够影响组织内个体与部门之间的关系。

（3）人员。指达成目标的个体、群体、领导人员，包括他们的工作态度、个性和激励等。

（4）技术。指组织解决问题的方法、手段和技术装备。

4. 克-金的组织变革系统模型

由克雷特纳（R. Kreitner）和金尼基（A. Kinicki）提出的克-金组织变革模型是一种系

统模型。系统变革模型是在更大的范围解释组织变革过程中各种变量之间的相互联系和相互影响关系。这个模型包括输入、变革元素和输出等三个部分。

（1）输入。输入主要是内部信息和外部信息。内部信息主要包括企业的优势和劣势；外部信息主要包括外部的机会和威胁。

（2）变革元素。变革元素包括人员、目标、组织体制、社会因素和方法五项。这些元素相互制约和相互影响，组织需要根据战略规划，组合相应的变革元素，实现变革目的。

（3）输出。输出代表了一次变革的最终结果，从组织、部门群体、个体等三个方面去分析，增强组织整体效能。

四、组织变革发展趋势

1. 扁平化组织发展趋势

管理幅度大、层次少的组织结构被称为扁平型组织。现代组织变革的趋势是变革后组织朝着扁平化的趋势发展。随着科技进步，信息量的不断增长，组织原有的存在环境发生本质的改变，传统的层级结构已经无法满足组织有效运作的需要，严密的等级层次更是阻碍了信息流通与反馈。所以，减少管理层次的扁平化组织是变革的一个趋势。扁平组织通常依赖于两个前提：

（1）成熟的技术支撑。通过计算机技术、网络技术及其他管理技术的支持，可以实现对大量繁杂信息进行快速而及时地处理。

（2）较高素质的成员。扁平化的组织需要大量的授权行为，组织成员要具备相应的工作技能，并能承担相应的工作责任，因此，要求成员都具有较高的素质。

2. 有机式组织发展趋势

随着外部环境的不断变化，组织需要不断提高自身的灵活性，以促进业务的创新和长远目标的实现，为了增强组织的灵活性，组织结构向着有机式组织发展。有机式组织结构是一种松散的、低复杂性、低正规化、分权化、灵活的具有高度适应性的组织形式，它不是设置永久的固定的职位和职能界限严格确定的部门，从而增加组织的灵活性。

有机式组织强调组织对环境的适应能力，未来组织也许是一种网络结构，虚拟型组织。它只保持很小的中心组织，与其他公司订立合同从事制造、分销和其他关键业务的经营活动。管理者可以采取迅速的行动，利用新技术、开发新市场。有机式结构适用于以下条件：

（1）环境相对不稳定和不确定，组织必须充分对外开放。

（2）任务多样化且不断变化，完成任务适宜探索式的过程。

（3）各种技术复杂而又多变。

（4）面临许多非常规活动，需要有较强的创造和革新能力。

3. 学习型组织发展趋势

学习型组织是指组织中的每个人都参与发展和解决问题，以使组织能够持续不断地试验、变革、改进并提高其发展、学习和实现目标的努力。在知识经济的背景下，组织要想持续发展，必须增强组织的整体能力和素质。未来真正出色的组织，将是能够使各层次人员全身心投入并有能力不断学习的组织。在学习型组织中，所有员工都在寻找问题，解决问题。

学习型组织尝试不断期待吸收新知识，在学习的过程中不应该局限于个人学习，成员可以从组织内外学到许多知识和经验，组织应该鼓励个人或团体将学习到的经验和知识在组织内与其他成员进行交流与分享，学习到的知识必须加以应用，要使组织成员的行为方式发生相应的改变。

管理哲理故事

鹰 的 重 生

鹰是世界上寿命最长的鸟类，它一生的年龄可达 70 岁。要活那么长的寿命，他在 40 岁时必须做出困难却重要的决定。这时，它的喙变得又长又弯，几乎碰到胸部；它的爪子开始老化，无法有效地捕捉猎物；它的羽毛长得又浓又厚，翅膀变得十分沉重，飞翔十分吃力。

此时的鹰只有两种选择：要么等死，要么经过一个十分痛苦的更新过程——150 天漫长的蜕变。它必须很努力地飞到山顶，在悬崖上筑巢，并停留在那里，不得飞翔。

鹰首先用它的喙击打岩石，直到完全脱落，然后静静地等待新的喙长出了。鹰会用新长出来的喙把爪子上老化的趾甲一根一根拔掉，鲜血一滴滴洒落。当新的趾甲长出来后，新的羽毛长出来了，鹰重新开始飞翔，重新再度过 30 年的岁月！

故事哲理：

当企业发展到了衰退期，如果不进行变革就会死去，但是打破原有的模式，通常又是困难重重，企业为了持续发展，到了一定时期变革是必然的，只有变革才能获得重生。

案 例

究 竟 是 谁 的 责 任？

某天深夜，总经理偶尔发现加油站员工在值班期间违规睡觉。第二天他便把企管部经理叫到办公室批评了一顿，责怪企管部监督不力，制度执行不严。企管部经理感觉很委屈：相关公司制度企管部已经认真制定完成，向公司各个部门交代沟通也很清楚，并且企管部也在认真的监督检查各部门的执行情况，但是不可能面面俱到，深夜里发生这种事，企管部也没有办法避免；况且加油站作为企管部的平级部门，企管部经理没有权力直接指挥加油站经理，发生这种事情，也就不应该由企管部承担责任（挨骂），而应由加油站经理负责。在该公司中，组织手册中规定：总经理负责全面主持公司的管理和业务；企管部经理作为公司综合管理部门负责人，主管公司规章制度的组织修订、监督执行以及对公司各部门的考核。加油站作为公司下属业务部门，等级上与企管部平级，其经理作为该业务部门负责人，负责实施该部门的业务运作和管理。

回答下列问题：

1. 在这件事情里，到底谁应该负责任，应负什么责任？
2. 怎样做才能避免此类事件的发生？

复习思考题

一、概念题

组织　管理幅度　集权　组织结构　直线职权　　职能职权

二、填空题

1. 组织结构的核心内容_____、_____、_____。

2. 组织机构的影响因素_____、_____、_____。

3. 组织结构部门化的类型_____、_____、_____、_____、_____、_____。

4. 组织结构的基本类型_____、_____、_____、_____、_____、_____。

三、选择题

1. 某大学下设教务处、人事处、科研处、财务处等部门，该校划分部门是按什么划分的。（   ）

A. 顾客　　　　　　　　B. 产品　　　　　　　　C. 职能　　　　　　　　D. 流程

2. 企业管理机构变革的一大趋势是（   ）。

A. 管理层次复杂化　　　　　　　　　　B. 管理幅度日益减少

C. 组织结构扁平化　　　　　　　　　　D. 高耸型结构日益增多

3. 事业部制的主要缺点在于（   ）。

A. 不利于调动下层的积极性　　　　　　B. 不利于灵活调整经营策略

C. 不利于降低管理成本　　　　　　　　D. 不利于企业发展壮大

4. 我国目前大多数企业采用的是以下哪一种组织形式（   ）。

A. 事业部制　　　　B. 矩阵制　　　　C. 直线制　　　　D. 直线职能制

5. 衡量一个组织分权程度的主要依据是（   ）。

A. 设置多个中层职能机构　　　　　　　B. 按地区设置多个区域性部门

C. 权力的下放程度　　　　　　　　　　D. 管理幅度的扩大，管理层次的增加

6. 设计组织的管理层次和幅度，确定各个管理部门和岗位，规定他们责任和权力的是（   ）。

A. 管理规范设计　　　B. 职能分析　　　C. 组织结构设计　　　D. 协调方式设计

7. 以下哪一条促使组织更多地进行集权而不是分权（   ）。

A. 培养后备管理人员　　　　　　　　　B. 组织命令的统一性

C. 决策信息的广泛性　　　　　　　　　D. 企业规模的扩大

8. 一个企业内有独立的产品市场、独立责任和利益，实行分权管理，按产品或地区划分部门，政策管制集权化，业务运作分权化，其组织形式最可能是（   ）。

A. 直线职能制　　　B. 矩阵制　　　C. 事业部制　　　D. 职能制

9. 在一定规模条件下，管理幅度越大，其管理层次就会（   ）。

A. 越少　　　　　B. 越多　　　　　C. 不变　　　　　D. 时多时少

10. 以下哪种情况不是由于过分集权引起的？（   ）

A. 降低决策质量　　　　　　　　　　　B. 降低企业员工的工作热情

C. 增加企业各部门之间的摩擦　　　　　D. 削弱了企业的应变能力

11. 企业组织中管理人员的管理幅度是指管理者（   ）。

A. 直接管理的下属的数量　　　　　　　B. 所管理部门的数量

C. 所管理的全部下属数量　　　　　　　D. B 和 C。

12. 周密、细致全面的计划工作能使主管人员从日常事务中解脱出来，从而把精力放在重大的非常事件上，这符合管理的（　　　）。

A. 目标统一原则　　　　　　　　　B. 集权与分权原则

C. 例外原则　　　　　　　　　　　D. 统一指挥原则

四、判断题

1. 强调权力下放，主要是为了减轻领导者的工作负担。（　　）

2. 领导者的责任不能随着权力的下放而相应地全部转移给下级。（　　）

3. 一般来说，企业的规模越大就越倾向于采取更为分权的组织形式。（　　）

4. 组织中的帮派就是一种非正式组织。（　　）

5. 劳动分工有助于提高工作效率，但分工过细也容易降低组织整体的动作效率。（　　）

6. 非正式组织普遍存在，不但无法硬性禁止使之消失，而且还应考虑它们对于满足职工个人心理需要的积极作用。正确的态度应当是给予适当的指引和疏导，使它的目标能与组织目标一致起来。（　　）

7. 需要对环境迅速做出反应的组织应当实行集权化管理。（　　）

8. 在管理幅度给定的条件下，组织的规模越大则管理层次越多；在组织规模给定的条件下，管理幅度越窄则管理层次越多。（　　）

9. 直线型组织结构适合于规模小的组织。（　　）

10. 扁平型组织更节省管理成本。（　　）

五、简答题

1. 管理层次、管理幅度及管理层次与管理幅度的关系

2. 高耸型和扁平型组织结构的优缺点。

3. 组织结构的复杂性。

4. 组织结构的设计原则。

5. 组织结构各种部门化的特点。

6. 有效授权的原则。

7. 影响管理幅度的因素。

8. 直线职权、参谋职权、职能职权。

9. 决定集权与分权程度的因素。

六、论述题

1. 比较各种组织结构形式的优缺点。

2. 集权与分权各有哪些优缺点？

第六章 领　　导

【本章要点】

（1）领导概述。领导的含义，领导者与管理者，领导作用，领导权力。

（2）领导特质理论。国外学者的研究，国内学者的研究。

（3）领导行为理论。勒温的三种领导方式，利克特的四种管理模式，领导四分图理论，领导方格理论。

（4）领导情景理论。费德勒的权变理论，途径—目标理论，生命周期理论。

（5）现代理论理论。变革—交易型领导风格理论，领导者—成员交换理论，魅力—工具型领导理论。

（6）领导艺术。领导科学与领导艺术，领导艺术特征，领导艺术实务。

第一节　领　导　概　述

一、领导的含义

领导（leadership）一词英文的主要含义是：①领导者的地位或职务；②领导的才能和能力；③领导层；④带路、指引或影响别人的行为、活动或过程。中文中领导的有类似的含义，指引或带领别人行动的过程。

在管理学中，领导是指导和影响下属实现组织目标而做出努力的行为过程或艺术。领导的定义包含以下含义：领导是一种影响力和能力；领导是一种行为；领导是一门艺术；领导是一个过程。

一个成功的领导者能够影响下属，使他们在有限的资源条件下做出较高水平的绩效。领导如同乐队的指挥，好的指挥引领乐队弹奏出优美的乐章。

领导的概念强调三点：

（1）领导是一种影响力，影响下属追随，并努力工作。这种影响力来源于权力，正式的职务权力和非正式的个人影响力。

（2）领导是一个过程，领导是一个复杂的动态过程，必须系统地考虑相关影响因素。领导行为过程受领导者、被领导者、环境因素制约，领导行为是由这三个因素所组成的复合函数，即领导行为＝f（领导者，被领导者，环境）。

（3）领导行为目的是带领被领导者实现组织目标。

二、领导者和管理者

在生活中人们将管理者和领导者混为一谈，在管理学中领导者和管理者的含义既有联系又有区别。

领导者和管理者对组织目标的实现都是非常重要的，两者都需要对事情做出决策，都需要下属努力工作，尽力完成组织的任务。不管是管理者还是领导者都是通过一系列的努力，最终来实现组织目标。管理者主要通过协调把人、财、物等资源有效地整合起来，完成组织目标。领导者是通过制定目标，并通过引导、激励下属发挥主观能动性来实现组织目标。

管理者是被任命的，拥有正式的职务权力，从事计划、组织和控制等工作，要求组织中的成员服从指挥，听从命令，按既定的规程办事。而领导者可能有正式的职务，也可能没有正式的职务，可以是从一个群体中产生出来，如非正式组织的领导者，领导者可以不运用正式权力来影响他人的活动，领导者的权力产生于领导者所拥有的专门知识或特殊技能或人格魅力，领导者的权力更多是建立在人格魅力和领导艺术基础上，被领导者是自觉地、自愿地追随。

管理者更多地用正式的规章制度来指导员工，使员工行为规范化、标准化、制度化；而领导者注重对员工的影响和引导，重视人的需要、情感、兴趣等引导和带领下属。

美国南加州大学教授沃伦·本尼斯（Warren.Bennis）认为，管理者与领导者之间主要差别是：管理者好于管束，领导者善于革新；管理者是模仿者，领导者是原创者；管理者因循守旧，领导者追求发展；管理者依赖控制，领导者营造信任；管理者目光短浅，领导者目标远大；管理者问怎么做和何时做，领导者问做什么和为何做；管理者只顾眼前，领导者放眼未来；管理者接受现状，领导者调整现状；管理者是听话的士兵，领导者是自己的主人；管理者习惯正确地做事，领导者主要做正确的事。管理的结果主要是维持，领导的结果引起变革。在实际工作中，管理者不一定是领导者，领导者也不一定是管理者。理想的情况下，一个人既是管理者，又是领导者。

三、领导作用

在带领、指引和鼓励下属实现组织目标而努力的过程中，领导者发挥着指挥、协调和激励的作用。

1. 指挥作用

领导是指挥和带领下属实现组织的目标，领导者需要高瞻远瞩，胸怀全局，运筹帷幄，认清形势，指点迷津，明确目标与方向，以及实现目标的途径。从而指挥和带领下属朝着正确的方向，做正确的事。

2. 协调作用

组织中每个部门的利益是相对独立的，每个人的性格、能力、经验、态度、地位等都不同，以及外界环境的变化与干扰，部门之间、成员之间的思想上分歧，难免在行动上偏离既定目标的情况。领导者需要协调这些部门之间，成员之间的关系和活动，把大家团结起来，朝着共同的目标前进。

3. 激励作用

领导工作的作用在于通过各种手段和方法，调动每个成员的积极性，激发他们的工作热情，发挥他们的潜能。尽管大多数人都具有积极工作的愿望和热情，但不一定能长久保持下去，一旦工作、生活遇到困难和挫折，必然影响其工作的积极性。这就需要领导者通情达理，关心爱护员工，帮助他们排忧解难，激发和鼓励他们的斗志，增强他们积极进取的动力。

四、领导权力

领导是靠权力来影响他人，权力是一种影响力，影响他人行为的潜力。权力不等于职权。权力可以产生于组织中的职位，也可以产生于个人的个性特征基础上。法兰西（John French）和雷温（Berteam Raven）等人的研究将权力分为五种来源。

1. 法定权力

法定权力来自组织的职务权力。一个人在组织中担任某种职务，因而就获得了相应职务的法定权力。法定权力的行使具有职务基础或优势。管理者在职责范围内向下属下达工作任务和命令，下属必须服从。管理者对下属拥有法定权力，不等于就是领导。

2. 奖赏权力

奖赏权力就是给予奖励的权力。管理者在职权范围内可以控制的奖金、推荐晋升、表扬、荣誉、职位、信任、友谊等，从而有效地影响他人的态度和行为。奖赏权力是否有效，关键在于领导者要确切知道他人的需要，不一定是金钱和职位，有针对性的奖赏才是有效的。奖赏权主要是法定的权力范围，但是有时被领导者也具有某种奖赏权，如对领导的忠诚、认同、赞赏、友谊等可以看成是被领导者的奖赏权力。

3. 惩罚权力

惩罚权力是指通过精神或物质的强制使下属服从的一种权力。如批评、罚款、扣发工资或奖金、降职、调离岗位、开除、起诉等。利用人们对惩罚和失去既得利益的恐慌心理而影响和改变他人态度和行为。惩罚权力具有高效性，但是，应谨慎使用，是一种消极的权力，容易引起不满、敌对、仇恨等，使用不当会引起消极的后果，如消极怠工、抗议、上访、静坐、游行、示威、罢工、暴力等，即被领导者具有的惩罚领导者的权力。

4. 专长权力

专长权力指在某一专业领域具有更多的知识和专业技能而影响他人的能力。专长权是来自专长、特殊技能或知识的一种影响力，具有专长权的人说话具有权威性、代表性。如专家学者、财务专家、营销专家、资深教授、专业工程师等，他们在某一专业领域具有巨大的影响力，因此而获得他人的尊重和服从。这种权力来自于领导者个人，而不是来源于正式的职务。专长权对组织越来越重要，如果一个人在某个领域达到专家的水平，那么他所获得的专业影响力是职务权力不能达到的。

5. 感召权力

感召权力是领导者拥有的品德、个性、作风、人格魅力等影响他人的能力。如领导者作风正派、大公无私、品行端正、做事公平、清正廉洁、思维敏捷、决策果断、奉献精神、开拓创新、才思敏捷等优秀品格，使下属能够认同、赞赏、钦佩而自愿地追随和服从。如果倾慕某人到了在自己言行都要模仿的地步，这个人对你拥有巨大的感召力。感召权于职位无关，取决于个人的品格和行为。

领导的权力来源以上五个方面，法定权力、奖赏权力和惩罚权力主要来源于正式的职务权力，专长权力和感召权力来源于领导个人的权力。作为一个优秀的领导者不仅应该具有职务上的权力，还应该增强个人的专长权和感召权，使下属能自愿地、心甘情愿地追随和服从，才能成为真正有效的领导者。

第二节　领 导 特 质 理 论

领导特质理论也称领导素质理论、伟人理论。主要研究领导者应具备哪些素质，领导者与非领导者有什么不同。领导特质理论可分为传统的领导特质理论和现代的领导特质理论。传统特质理论认为领导者的特性是先天的，该理论研究集中于找出领导者实际具有的个人品质，什么样的人格特征最适合做领导者。多种研究得出的结论各不相同。现代领导特质理论认为领导的特性和品质并非与生俱来，领导素质的形成是一个动态的过程，即可以在领导实践中形成，也可以通过训练和培养的方式造就。在诸多流派中具有代表性的领导特质理论有以下几种。

一、吉普的研究

吉普（J R Gibb）认为天才的领导者应具备7种个性特点：外表英俊潇洒、有魄力、善言辞、智力过人、具有自信心、心理健康、善于控制和支配他人、性格外向、灵活敏感。

二、斯托格迪尔的研究

斯托格迪尔（Ralph Stogdill）认为领导者应具有16种先天特性：有良心、可靠、勇敢、责任心强、有胆略、力求革新与进步、直率、自律、有理想、良好人际关系、风度优雅、心情愉快、身体健康、智力过人、有组织能力、有判断力。

三、吉赛利的研究

埃德温·吉赛利（Edwin E Ghiselli）在20世纪70年代提出影响领导效率的13种特征。

非常重要的：个人品质、督察能力、创新精神、成就需要、智慧、自我实现需要、自信心、决断能力；

中等重要的：对工作稳定的需要、对员工保持密切关系、对金钱奖励的需要、处理事务的成熟程度；

最不重要的：性别。

四、斯科特·帕金森的研究

斯科特·帕金森认为成功的领导者具备的特性：总是遵守时间；让下属充分展示才能，并通过良好的、恰如其分的管理，而不是靠硬干来达到目标；注意提高自身素质，也注意提高上级与下级的素质，绝不姑息缺点；抓住关键，先做最重要的事，次要的事宁可不做；深知仓促决定容易出错；尽可能授权他人，使自己获得时间规划组织未来。

五、德鲁克的研究

德鲁克在《有效的管理者》中指出"我认识许多有效的管理者，他们脾气不同，能力不同；他们所做的事不同，做事方法不同；他们的个性、知识和志趣等，也各不相同。但他们都有一项共同点：人人都具有做'正确的事情'的能力。反之，一个人如果不具备这种能力，则无论他有多大的智慧、多大的努力、多出色的想象力和多丰富的知识，他也必是一位缺乏有效性的管理者。有效性是一种后天的习惯，是一种实务的综合。既然是一种习惯，便是可以学会的，而且必须靠学习才能获得。"他认为有效的管理者必须养成五项主要习惯。①知道他们的时间应花在什么地方；②重视实际贡献；③善于利用长处和抓住有利形势；④集中精力与少数主要领域；⑤善于做出有效的决策。

六、我国学者的研究

我国学者对领导特质也做了一系列的研究，概括起来主要包括四个方面素质：品德素质、知识素质、能力素质、心理素质。

品德素质：品德是一个人的灵魂，决定着一个人的行为方向、行为方式和行为的强弱，是领导干部素质的核心。品德素质包括政治思想品质、原则性、工作作风、工作态度、社会道德、职业道德等。

知识素质：知识是发展的潜力，是能否胜任领导职能的基础。包括知识水平、运用知识的能力。领导者所在单位与行业的性质不同，对胜任其工作所需知识的要求也不一样，主要指专业知识、基础知识、管理理论知识、政策法律知识和常识在内的广度知识。对于不同企业和岗位上的领导干部还需掌握一些特殊的知识，如某种外语知识、计算机知识、财务管理知识、人力资源管理知识等。

能力素质：能力是认识世界、改造世界的本领。能力是领导素质的关键，对于管理干部来说必不可少的能力应包括协调能力、沟通能力、表达能力、决策能力、组织能力、计划能力、用人能力、授权能力、应变能力、激励能力、创新能力等。

心理素质：指追求、意志、感情、个性等品质。心理素质影响人的行为，形成独特领导风格的决定因素。心理素质是领导者胜任的保障。

总之，由于中外学者对领导素质的研究角度不同，采取的研究方法不同，以及其他一些不确定因素，使得研究成果各执一词，无共同结论。但是，具备某种特质确实能提高领导者成功的可能性，但却不能证实哪些特征与领导者的成效有关，没有哪一种特征是成功的保证。

第三节　领 导 行 为 理 论

领导者良好的特质并不能确保良好的领导效果，领导行为理论（也称领导方式理论）是对领导者行为方式进行研究的一套理论，研究不同领导方式对被领导者的作用，以便找到改善领导效果的途径。领导特质理论认为领导是天生造就的，领导行为理论意味着领导可以通过学习培训来提高领导效果。

一、勒温的三种领导方式

心理学家勒温（P Lewin）通过实验研究不同领导方式对下属行为的影响，他把领导方式分为三种，即专制型、民主型、放任型。

（1）专制型。领导者个人决定一切，由下属执行。领导者要求下属绝对服从，并认为决策是领导者一个人的事。集权管理，拒绝下属参与，命令式的工作方式。

（2）民主型。鼓励员工参与，上下级商量共同决策，授权管理，考虑员工利益。

（3）放任型。给群体充分自由做出决策和完成工作的权力。领导者撒手不管，下属愿意怎么做就怎么做，完全自由，领导者的职责是为下属提供信息并与外界进行联系，以方便下属工作。

勒温实验发现，在专制型领导方式的群体中，下属成员争吵较多，成员对领导者服从，但没有责任感，成员多以自我为中心，当受到挫折时，成员彼此推卸责任，在领导不在场时，成员工作动机大为下降，也无人来主动组织和协调，专制型团体对团体活动没有满足感。专制型领导通过严格管理达到工作目标，但成员情绪消极，士气低落。

在民主型领导团体中，成员之间彼此友好，多以工作为中心，成员关系融洽，受到"挫折"时，民主型团体能团结一致，试图解决问题，领导不在场时和在场一样继续工作，成员团体活动有较高的满足感。民主型领导工作效率高，工作积极主动，有创造性。

在放任型领导方式中，团体的工作效率最低，只能达到社交目标，而不能完成工作目标。

　　勒温的实验表明民主型领导风格是最有效的领导风格，但是在后来的研究中出现了不一致的结果。勒温的三种领导风格比较见表 6-1。

表 6-1　　　　　　　　　　　勒温的三种领导风格及实验结论

领导方式	专制型	民主型	放任型
权力分配	权力集中领导个人手中	权力集中在群体中	权力分散在每个成员手中
决策方式	领导决策，不征求下属意见	领导和团体成员共同决策，领导者鼓励参与	成员完全自由决策，领导不参与
对下属方式	领导者干预下属具体工作，下属不了解过程和目标	工作分工由团队来决策，让下属知道目标	为下属提供必要的信息和材料，回答下属提出的问题
领导效果	能完成工作目标，成员士气低落，没有满足感	工作效率高，工作积极主动，有较高的满足感	工作效率低，不能完成工作目标

二、利克特的四种管理模式

　　美国密歇根大学的利克特（Rensis Likert）教授和密执安大学社会研究所的有关研究人员经过长达 30 年之久的研究，于 1961 年提出把领导类型分为两种基本类型，即"以工作为中心"的领导与"以员工为中心"的领导。前者的特点是任务分配结构化、严密监督、工作激励、依照详细规章规定工作任务。后者的特点是：重视人员行为反应及问题、利用群体实现目标、给成员较大的资源选择范围。此后利克特与 1967 年又进一步提出来领导的四系统模型，即把领导方式分为四类系统：专制权威式领导、开明权威式领导、协商式民主领导和参与式民主领导。

　　1. 专制权威式领导

　　采用这种方式的领导者非常专制，很少信任下属，决策由领导者做，命令下级执行，采用威胁和强制的方式执行，偶尔采用奖励的方式，采取自上而下的沟通方式，决策权仅限于高层。

　　2. 开明权威式领导

　　采用这种方式的领导者对下属有一定的信心和信任，采取奖励和惩罚并用的激励方式，允许一定程度的自下而上的沟通方式，向下级征求一些想法和意见，授予下级一定的决策权，但牢牢掌握政策性的控制。

　　3. 协商式民主领导

　　领导者对下属有相当大的信任，但不完全信任，决策时，接受和采纳下属建议，采取奖励方式为主，偶尔采用惩罚方式，采取上下双向沟通方式，主要决策权在高层手里，允许下级做出具体问题的决策，并在某些情况下进行协商办事。

　　4. 参与式民主领导

　　领导者对下属完全信任，决策采取高度的分权化，上下级之间信息畅通，鼓励各级做出决定，从下级获得设想和意见，并积极采纳，对于确定目标和评价实现目标所取得的进展方面，组织群体参与其中，在此基础上给予物质奖励，鼓励各级组织做出决策，或者领导者与下级一起工作。利克特的四种领导方式比较见表 6-2。

表 6 - 2　　　　　　　　　　利克特的四种领导方式比较

领导方式	系统一专制权威式	系统二开明权威式	系统三协商式民主	系统四参与式民主
决策方式	领导决策，下属执行，决策权限于高层	向下属征求一些意见和想法，并允许某些决策权授予下属，但严格的政策控制	决策时征求和采纳下属意见，酌情利用下属的意见	下属参与决策，从下属获取设想和意见，并积极采纳
激励方式	惩罚为主，偶尔奖励	奖励和惩罚并用	奖励为主，偶尔惩罚	优厚的物质奖励
信任程度	对下属不信任	有一定的信任，是主仆之间的信赖	相当大的而不是完全的信任	充分的信任
沟通方式	自上而下沟通	允许一定程度自而上沟通	上下双向沟通	上下之间与同事之间完全沟通

　　利克特发现应用参与式民主的管理者取得的成效最大，采用方式四进行管理的部门和公司在制定目标和实现目标方面是最有效的，通常也是最富有成果的。利克特认为领导者只能在以员工为中心和以工作为中心二取其一，即在分类和实践上，管理是以员工为中心或者以工作为中心。提建议尽可能以员工为中心的管理方式。

三、管理四分图理论

　　20 世纪 40 年代美国俄亥俄州立大学亨普希尔（J K Hemphill）带领研究人员开始了对管理者行为的研究，他们收集了大量的下属对领导行为的描述，开始时列出了 1000 多个因素，最后归纳出两大类，称为关怀维度和定规维度。

　　关怀维度（consideration），指领导者尊重和关心下属的情感，与下属感情融洽，建立相互信任的工作关系。高关怀的特点是领导者帮助下属解决个人问题，能平易近人，对下属公平，对下属的生活、健康、地位和满意度等问题十分关心，重视友谊和授权。

　　定规维度（initiating structure），指领导者更愿意分清领导和下属的角色关系，把重点直接放在组织绩效上，注重工作的组织和计划，注重于规定下属的工作职责，让下属知道领导的期望。高定规特点的领导者向下属分配具体工作，要求下属保持一定的绩效标准，并强调工作的最后期限。

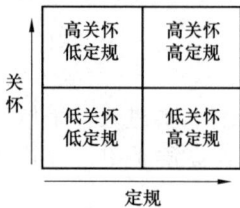

　　根据这种分类领导者可以分为四种类型，即高关怀—高定规、高关怀—低定规、低关怀—高定规、低关怀—低定规，如图 6 - 1 所示。

图 6 - 1　领导行为四分图

　　（1）高关怀—高定规。采用高关怀—高定规的领导者既严格执行规章制度，建立良好的工作秩序和工作责任，又能关心爱护下属，注重与下属建立良好的人际关系，能够调动下属的积极性。属于高效的领导者。

　　（2）高关怀—低定规。采用高关怀—低定规的领导者注意关心爱护下属，与下属关系融洽，但组织内规章制度不严，工作秩序不佳。属于仁慈的领导者。

　　（3）低关怀—高定规。采用低关怀—高定规的领导者注意严格执行规章制度，建立良好的工作秩序和责任，但不关心爱护下属，不与下属建立感情关系。属于严厉的领导者。

（4）低关怀—低定规。采取低关怀—低定规的领导者既不关心下属和爱护下属，不与下属建立良好的人际关系，也不注意执行规章制度和工作秩序。属于放任的领导。

在这4种领导方式中高关怀—高定规的领导者常常比其他3种类型的领导者更能使下属取得高工资绩效和高满意度。但这种高—高风格的领导并不是总能产生积极的效果。如当下属从事常规工作任务时，高关怀—高定规的领导行为可能会导致高抱怨和不满。也有研究发现领导者的直接上级对其进行绩效评估等级与高关怀性成负相关。总之，根据俄亥俄州立大学的研究表明，高—高风格一般能产生积极的效果，但同时也有足够的例子表明领导者在不同环境下采用哪种领导方式更好还需考虑其他因素。

四、管理方格理论

美国德克萨斯大学布莱克（Robert R Blake）和穆顿（Jane Mouton）于1964年在以往领导行为研究的基础上，发展了领导方式的二维观点，提出了"管理方格理论"，用纵坐标表示对人的关心程度，用横坐标表示对生产的关心程度，两个坐标轴上分别划分9个等级，形成一个方格图，有81种不同的领导类型，如图6-2所示。

布莱克和穆顿在领导方格的81种类型中，列出了5种典型的领导方式，即方格中4个顶点和中间位置。

（1）（1.1）型（贫乏型），对工作的关心和对人的关心达到最小，领导者用最小的努力维持工作和人员关系。

（2）（1.9）型（乡村俱乐部型），对人关怀备至，创造了一种舒适、友好的氛围和工作基础，但对生产的关心程度最低。这种管理的结果可能很脆弱，一旦和谐的人际关系受到了影响，生产绩效会下降。

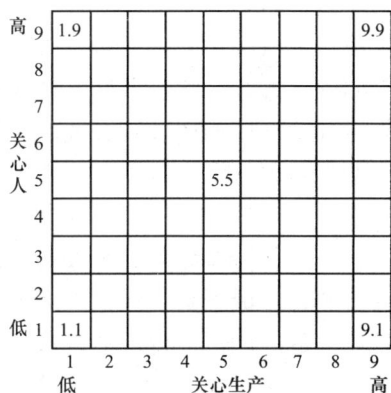

图6-2 管理方格图

（3）（9.1）型（任务型），对生产的关心程度达到最高，使生产达到高效率的运作，对人不关心，使人的因素影响降到最低程度。领导者强调有效地控制下属，努力完成各项工作任务。

（4）（9.9）型（团队型），对工作和对人都极为关心，使组织的目标与个人的需要有效地结合起来，领导者真诚地关心员工，努力使员工在完成组织目标的同时，能满足个人的需要，既高度重视组织的各项工作，又能有效地激励，使成员相互合作，相互信任，共同参与管理，形成了"共同的利益关系"，成员能自觉奉献，而获得较高的工作效率。

（5）（5.5）型（中庸之道型），对人的关心和对生产的关心保持适中状态，能够保持完成必需的工作，也能保持较良好的人际关系，使组织绩效有实现的可能。但这种领导乐意维持现状，不追求卓越。

布莱克和穆顿认为（9.9）型领导风格工作效果最佳，认为应当加强领导者的培训，并提出发展（9.9）型管理发展计划。但遗憾的是，方格理论只是为领导风格的概念提供了框架，未能提供新信息以澄清领导的困惑，并且也缺乏实质证据支持所有情况下（9.9）型领导风格都是最有效的方式。

第四节 领 导 情 景 理 论

领导行为理论主要对领导行为进行分类，在确定领导行为类型与群体工作绩效之间的一致性关系上取得了一定的研究成果。但是在各种不同的情景中，领导者风格的不同所取得的效果也是不同的。情景变化时，领导风格也应该发生相应的变化。在一种情景下有效的领导方式，在另外一种情境下却不一定会有效。实际上，领导风格与有效性之间的关系表明：领导者的有效性依赖于情景因素；这些情景因素条件可以被分离出来。

研究者发现影响领导者效果的情景因素有多种，经常使用的有：工作的机构化程度；领导者与成员的关系；领导者的职位权力；下属角色的清晰度；群体规范；信息的可获得性；下属对领导决策的认可度；下属的工作士气等。

一、费德勒的权变理论

美国著名心理学家和管理专家弗雷德·费德勒（Fred E Fiedler）1951 年起从管理心理学和环境分析两个方面研究领导学，提出权变领导理论。费德勒认为不存在一种"普遍适用"的领导方式，没有最好的领导方式，只有适合的领导方式，领导方式的有效性取决于是否与所处的环境相适应。有效的领导＝f（领导者，被领导者，环境）。

费德勒进行了大量调查研究，他以一种"你最不喜欢的同事"（LPC）调查问卷来反映和测定领导者的领导风格，见表 6 - 3。他把领导方式假定为两种类型，以人为主和以工作为主。一个领导者如果以积极的词汇描述最不喜欢的同事，LPC 得分高，高 LPC 型，说明领导者宽容体谅下属，注重人际关系，是以人为主的领导，被称为关系导向型领导。如果领导者以消极的词汇评价最不喜欢的同事，LPC 分值低，低 LPC 型，则说明领导者习惯于命令和控制，是以工作为中心的领导，称为任务导向型领导。

表 6 - 3   费德勒的 LPC 问卷

快 乐	8 7 6 5 4 3 2 1	不快乐
友 善	8 7 6 5 4 3 2 1	不友善
拒 绝	1 2 3 4 5 6 7 8	接 纳
有 益	8 7 6 5 4 3 2 1	无 益
不热情	1 2 3 4 5 6 7 8	热 情
紧 张	1 2 3 4 5 6 7 8	轻 松
疏 远	1 2 3 4 5 6 7 8	亲 密
冷 漠	1 2 3 4 5 6 7 8	热 心
合 作	8 7 6 5 4 3 2 1	不合作
助 人	8 7 6 5 4 3 2 1	敌 意
无 聊	1 2 3 4 5 6 7 8	有 趣
好 争	1 2 3 4 5 6 7 8	融 洽
自 信	8 7 6 5 4 3 2 1	犹 豫
高 效	8 7 6 5 4 3 2 1	低 效
抑 郁	1 2 3 4 5 6 7 8	开 朗
开 放	8 7 6 5 4 3 2 1	防 备

费德勒把影响领导有效性的因素归结为三个方面：上下级关系，职位权力、任务结构。

上下级关系：领导者得到被领导者拥护和支持的程度，领导者是否受下属的喜爱、尊敬和信任，是否能吸引下属愿意追随，上下级之间相互信任、相互喜爱程度越高，领导的环境越好；反之，则越差。

职位权力：指领导者所处的职位具有的权力的大小，领导者对下属聘用、解雇、工作分配、报酬、晋升等决定权力越大，对下属的影响力越大，下属的服从的程度越高，领导环境越好，反之，则越差。

任务结构：指下属对工作任务的明确程度，如果任务是明确的、例行的、有章可循的，则工作质量容易控制，领导环境越好，反之，则越差。

费德勒将这三种环境因素各分两个等级，即好、坏；强、弱；明确、不明确。环境因素组合起来可分为 8 种情景类型，通过对 1200 个团体进行调查，得出结论，如图 6-3 所示。

研究结果表明：任务型领导只有在非常有利和非常不利的情景下工作更有利，即处在 1、2、3 和 7、8 类型的情景是任务导向型领导者干得更好。而关系导向型的领导者则在中等有利的情景，即 4、5、6 类型的情景中干得好。

费德勒认为，领导者的行为与领导者的个性相关，领导者的风格基本上是固定的不变的，因此，提高领导者有效性实际上有两条途径：第一，替换领导者以适应情景。第二，改变情景以适应领导者。费德勒认为领导风格是与生俱来的，个人不可能改变自己的风格去适应变化的情景。

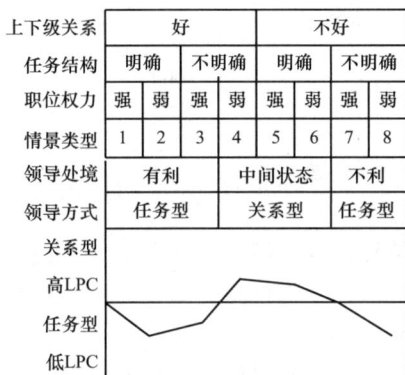

图 6-3　费德勒的权变领导模型

大量的研究支持费德勒的权变模型，但是该模型也存在着一些缺陷，可能还需要增加一些变量进行改进；在 LPC 问卷量表和该模型的应用方面也存在一些问题，如 LPC 量表的逻辑性也未被完全认可，回答者的 LPC 分数也不稳定；实践中环境变量的评估过于复杂和困难。

二、途径—目标理论

途径—目标理论（path - goal theory）是加拿大多伦多大学教授罗伯特·豪斯（Robert J House）提出的一种领导权变模型。该理论认为领导者工作是帮助下属达到他们的目标，并使下属得到满足，提供必要的指导和支持以确保各种目标与群体或组织目标保持一致。途径—目标的概念是来自于这样的观点，即有效的领导者通过指明实现工作目标的途径来帮助下属，并为下属排除各种障碍和危险，从而使下属顺利达到目标。

领导者激励的作用在于：第一，它使下属的需要满足与有效的工作绩效联系在一起；第二，它提供了有效的工作绩效所必需的辅导、指导、支持和奖励。

豪斯将领导人的职能概况为六个方面：①唤起员工对成果的需要和期望；②对完成工作目标的员工增加报酬，兑现承诺；③通过教育、培训、指导、提高员工实现目标的能力；④帮助员工寻找达到目标的路径；⑤排除员工前进路上的障碍；⑥增加员工的个人满足感的机会，而这种满足又以工作绩效为基础。

要实现以下属为核心的管理，必须考虑下属的具体情况。下属的差异主要表现在两个方面：一是员工个人的特质、包括知识、技能、需要等；二是员工需要面对的环境，包括工作任务的适宜度和明确度、权力关系、工作群体化等。

为了考察这些方面，豪斯确定了 4 种领导行为，即指导型、支持型、参与型和成就导向型，如图 6-4 所示。

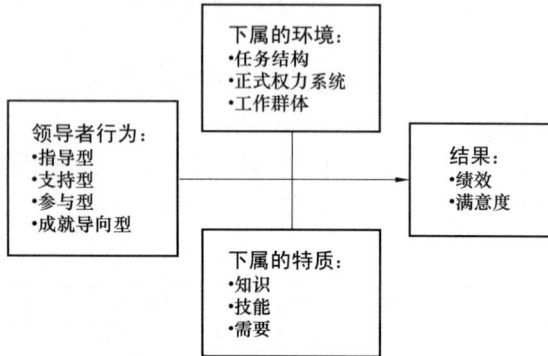

（1）指导型领导。让下属知道期望他们的是什么，以及完成工作的时间安排，并对完成任务给予具体的指导。

（2）支持型领导。对下属友善，并表示出关心下属的需求。

（3）参与型领导。与下属磋商，并在决策之前充分考虑下属的建议。

（4）成就导向型领导。领导设置挑战性目标，并期望下属实现自己的最佳水平。

豪斯认为领导者是弹性灵活的，同一个领导者可以根据不同的情景表现出不同

图 6-4　途径—目标理论模型

的领导风格。以下是由途径—目标理论引申的一些假设：

（1）与具有高度结构化和安排好的任务相比，当任务不明或压力过大时，指导型会带来更高的满意度；

（2）当下属执行结构化任务时，支持型领导会带来高绩效和高满意度；

（3）对于能力强或经验丰富的下属，指导型的领导可能会被认为多余；

（4）组织中的正式权力关系越明确、越官僚化，领导者越应该表现出支持型行为，减少指导型行为；

（5）当内部群体存在激烈的冲突时，指导型会带来更高的满意度；

（6）内控型下属相信一切目标都可以通过自己努力达到，使参与型领导更为满意；

（7）外控型下属对指导型领导更为满意；

（8）当任务结构不清时，成就导向型领导将会提高下属的期待水平，使他们坚信努力必会带来成功的工作绩效。

三、领导生命周期理论

领导生命周期理论（也称为情景领导理论）是由科曼（A K Korman）于 20 世纪 60 年代首先提出的，后来在 20 世纪 70 年代由保罗·赫赛（Paul Hersey）和肯尼斯·布兰查德（Kenneth BlanChard）进行了改进。该理论被广大的管理专家所推崇，并常常作为主要的培训手段来应用。该理论是重视下属的权变理论，依据下属的成熟度水平选择领导风格。

成熟度的定义：个体对自己的直接行为承担责任的能力和意愿。取决于两个方面的因素，即工作成熟度和心理成熟度。工作成熟度是相对于一个人的知识和技能。工作成熟度高的个体拥有足够的知识、能力和经验完成他们的工作任务；心理成熟度是做某事的意愿和动机。心理成熟度高的个体主义靠内部动机激励。领导生命周期理论把下属的成熟度划分为四个阶段。

（1）不成熟阶段（M_1）。对执行任务既无能力也不愿意，既不胜任工作又不能被信任。

（2）较不成熟阶段（M_2）。缺乏能力，但愿意执行必要的工作任务。有积极性，缺少足够技能。

（3）较成熟阶段（M_3）。有能力，却不愿意干领导希望他们的工作。

（4）成熟阶段（M_4）。既有能力又愿意干领导让他们做的工作。

该理论认为领导效果取决于下属的接纳和拒绝。情景领导模式使用两个领导维度与费德勒的划分相同，即任务行为和关系行为。每个维度分高低两个等级，组合成 4 种具体的领导风格：指示型、推销型、参与型和授权型。

（1）指示型（S_1）（高任务—低关系）：领导者定义角色，告诉下属干什么，怎么干及何时干，强调指导行为。给下属具体明确的指导。

（2）推销型（S_2）（高任务—高关系）：领导者同时提供指导性行为与支持性行为。弥补下属能力欠缺，并使下属在心理上领会领导者的意图。

（3）参与型（S_3）（低任务—高关系）：领导者与下属共同决策，领导者的主要角色是提供便利条件与沟通。运用支持性、非指导性的参与风格。

（4）授权型（S_4）（低任务—低关系）：领导者提供极少的指导或支持。领导者不需要做太多事情，因为下属既愿意又有能力承担任务，如图 6-5 所示。

赫赛和布兰查德的 4 种领导风格与管理方格理论相似，但赫赛和布兰查德认为方格理论强调的是对生产和员工的关注，是一种态度维度；而情景领导模式，强调的是任务与关系行为。

对于情景领导理论，一些研究者的结论部分支持这一理论，一些人指出没有发现这一假设的支持证据。

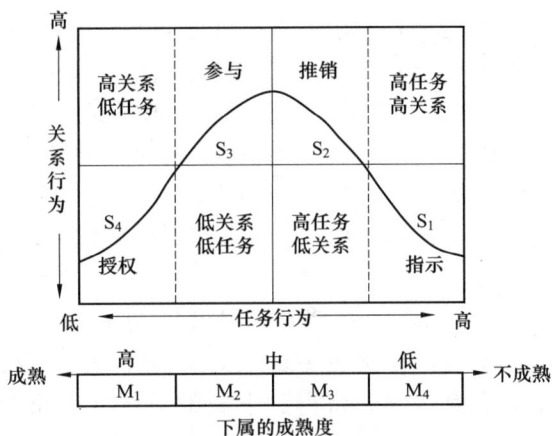

图 6-5 领导生命周期理论模型

第五节 现代领导理论

一、变革型—交易型领导风格理论

美国学者巴斯在 1993 年提出变革型—交易型领导风格理论。巴斯认为领导行为分为交易型领导和变革型领导两个维度。

交易型领导把管理看成一系列的商业交易。领导者首先确定员工需要做什么，坚持员工的努力与组织的奖酬相互交换的公平原则，监督存在不符合组织规范的行为的员工并促使其改正，认为组织与员工之间是一种契约关系。交易型领导的特征是：领导以明确的角色和任务指导下属，以组织的合法性为基础，运用奖惩权、强制权来发布命令，依赖奖惩影响员工，注重绩效，强调标准和程序。交易型领导方式公平公正，但并不使人兴奋，也没有变革，不授权，也不会鼓舞人们致力于组织利益。

变革型领导主张不断向员工灌输思想和道德价值观，并激励员工。领导除了引导下属完成工作外，常以个人魅力激励和刺激下属思想，以对下属关怀来改变员工的工作态度、信念和价值观，使下属为了组织的利益超越自身理论，从而更加投入工作。该领导方式可以使下属产生更强的归属感，满足下属高层次的需要。变革型领导行为实施的前提是领导者必须明确组织的发展前景和目标，下属接受领导的可信性。领导者具有变革、创新和开拓能力。变革型领导依靠个人的领袖魅力和非制度权，通过授权提高下属对自身重要性和工作价值的认识，通过把愿景变成现实激励下属做出更多贡献。

研究发现下属对变革型的领导行为较为欢迎，他们对工作满足感更大，离职率低。组织实行新的组织文化、团队自我管理、组织生命周期的新阶段、组织向国际扩展时，组织都需要大规模的变革和需要变革型领导者。

交易型领导与变革型领导是采取截然不同的领导方式。变革型领导是在交易型领导的基础上形成的，它导致的下属努力水平和绩效水平比单纯的交易观点好得多。变革型领导也具有领袖魅力。有相当多的证据支持变革型领导优于交易型领导。

二、领导者—成员交换理论

领导者—成员交换理论（leader-member exchange，LMX 理论）是由美国学者乔治·格里奥（George Graeo）和他助手在 1976 年首先提出来的。研究者发现，领导者与下属之间存在着动态的物质、社会利益和心理交换过程，领导者与不同的下属之间的上述交换存在着水平和质量的显著差异。由于领导者的时间和资源有限，无法将资源平均分配给每个下属，因此在工作中要区分不同的下属，与之建立起不同类型的交换关系。上司与一小部分下属建立高质量交换关系，归为"圈内"成员，大部分下属与领导是低质量的交换关系称为"圈外"成员。

"圈内"成员是上司的"可靠助手"，承担了超越工作职责范围的工作，得到领导更多的支持，受到更多的关注，会优先获取机遇和信息，得到的绩效评估等级更高。而作为交换，领导将得到下属的信任、尊重和喜欢，下属离职率更低，对主管更满意，从而建立高水平的领导—成员相互作用。相反，"圈外"成员，他们只是"雇佣关系"，领导者只要求他们完成基本工作要求，往往被限制在一个相对来说更为平凡的任务中，相应地保持正式、例行的交换关系。其实，在领导者与某一下属进行相互作用的初期，领导者就已经暗自将其划入"圈内"或"圈外"，并且这种关系是相对稳定的。圈外人士和领导相处的时间较少，获得奖励机会少，最终导致情绪不满而影响整体的领导绩效。有证据表明领导者倾向于将个人特点与领导者相似、具有外向个性特点的人员化为"圈内"，如图 6-6 所示。

LMX 理论具有两大核心特征：

（1）强调有差别的垂直对偶关系。传统的领导理论假设领导者以同样的交换方式对待下属，而 LMX 理论认为，领导者与下属会有远近亲疏的不同关系。

（2）从交换的角度来描述关系。上下级关系以社会交换为基础，一方必须提供一些另一方认为有价值的东西，双方认为交换是公平合理的。

领导者应该认识到这种交换关系的客观存在，尽可能公平，公正地对待每一个员工。领导者—成员交换理论有助于领导者认清领导工作，指导和改进领导工作。

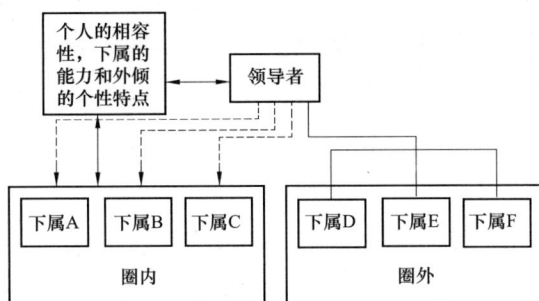

图 6-6　领导者—成员交换理论模型

三、魅力型—工具型领导理论

魅力型领导理论主要是确定具有领袖气质的领导者和无领袖气质的领导者的行为差异。美国学者豪斯在探讨企业变革时，根据在变革中的角色把领导者划分为魅力型领导和工具型领导。魅力型领导者拥有非常大的权力，能提出有想象力的、更远大的目标，从而赢得追随者的支持。魅力型领导者有极高的自信、支配力和对自己信仰的坚定信念。魅力型领导有一个希望达到的理想目标；为此能够全身心的投入和奉献；反传统；非常固执而自信；被认为是变革的代言人而不是传统现状的守卫者。魅力型领导者的特点见表 6-4。

表 6-4　　　　　　　　　　　　　　魅力型领导特点

1. 自信	对自己的判断和能力有充分的信心
2. 远见	有理想的目标，认为未来比现在更美好
3. 目标清晰	能明确陈述目标，使其他人都能明白
4. 目标坚定	具有强烈的奉献精神，愿意从事高冒险性的工作，承受高代价
5. 不循规蹈矩	行为新颖，反传统，反规范
6. 变革代言人	是激进变革的代言人，不是传统现状的守卫者
7. 环境敏感	对需要进行变革的环境约束和资源进行切实可行的评估

与魅力型领导对应的是工具型领导，具有以下三个特征。

（1）结构化，领导投入时间建立团队，这种团队要与组织战略相协调，同时创建一种结构，能够清晰地表达组织需要什么类型的行为。在这过程中涉及设立目标、建立标准、定义角色和责任。

（2）控制，建立考评和监督体系，对行为和结果进行评估，以及使管理行为更系统化和程序化。

（3）一致的回报，依据变革所要求的行为，对照员工行为，做出的奖励和惩罚。

许多研究表明有领导魅力的领导者与下属的高绩效和高满意度之间有着显著的相关性。为有魅力的领导者工作的员工，会因为受到激励而付出更多的工作努力；而且，由于他们喜爱自己的领导，也表现出更高的满意度。但是魅力型领导对于员工的高绩效水平并不总是必需的。当下属的任务中包含观念性要素时，魅力型领导最为有效。因此，魅力型领导多存在于政治、宗教或企业生存危机时刻。

组织在变革过程中，魅力型领导比工具型领导更有效。在变革初期，魅力型领导更有效，因为他们能设定愿景，鼓舞士气。然而，在变革后期阶段就需要工具型领导来建设和完善。

第六节 领 导 艺 术

尽管学者们对领导理论与方法做了大量的研究，对于指导管理实践具有非常重要的意义。但是没有哪一个管理理论是万能的，放之四海皆灵的。由于管理环境的复杂，在实践中管理者的经验、技巧、灵活性等更加重要，需要运用高超的领导艺术，是提高领导效果的重要途径。

一、领导艺术的含义

领导艺术是指建立在一定知识、经验和辩证思维的基础上，非规范化的，灵活地和创造性地运用领导原则和方法处理实际工作的领导技能。也是那些不能程序化、规模化、定量化，但又需要领导者及时处理的领导行为。是领导者的聪明、学识、胆略、经验、作风、品格、方法、能力的综合体现。领导艺术的实质是领导者面对随机性、复杂性和动态性的情况，能根据具体情况，运用创造性的领导方法来解决。

领导艺术是领导者灵活而有创造性地运用领导科学理论、方法、原则和经验等的能力和技巧。领导者不仅要掌握领导的科学理论和方法，而且还要依靠丰富的知识、经验及其判断力和创造力来处理问题。

二、领导科学与领导艺术

领导艺术与领导科学是彼此渗透，相辅相成的。领导艺术是领导科学知识的基础和创新的源泉，领导科学作为领导者实践经验的结晶，理论体系严谨、知识规范，不易老化，具有普遍性。领导艺术作为经验性的东西，它是领导科学的感性来源，领导科学作为理论性的东西，它是领导艺术的概括和提高，是领导艺术的理性升华。

领导科学所揭示的规律，往往是制定政策的依据；领导艺术所表现的智谋，则是执行政策时的灵活运用。没有灵活性的科学，是僵化的理论，没有原则性的领导艺术，会带来领导工作的随意性和混乱。因此，高超的领导技能应当是领导科学和领导艺术的完美结合。

领导科学与领导艺术是相互促进，共同发展的。一方面，领导者大量的领导艺术的实践不断系统升华，上升为理性的东西，形成体系严谨、形态稳定的科学；另一方面，领导科学指导领导者的实践，在实践中又会有新的领导经验的积累、升华为更为高超的领导艺术。

三、领导艺术的特征

（1）创造性。领导艺术是不因循守旧，墨守成规，而是构思新颖，风格独特，打破教条和常规，突破传统的方法，没有固定的模式可以遵循，是一种软的方法和技巧，没有统一的定式，需要运用创新的方法解决问题。

（2）灵活性。领导艺术不是遵守现有的规范和程序，也不是用现有的制度和模型所能解决的。而是因时、因地、因人不同采用灵活多变的领导技巧。

（3）经验性。领导艺术基于领导者的自身积累的经验或借鉴他人的经验，源于领导者阅历、知识积累和社会磨炼，启发思路，而不是按照理性逻辑规则推导出来。

（4）多样性。领导艺术丰富多彩，多种多样，同样的事有多样不同的方法，不同的领导者也有不同的处理问题方式。

四、领导艺术实务

1. 塑造领导个人的人格魅力

（1）树立威信。威信是领导力量的化身，是行使权力的基础，比权力更重要。威信是领导者为人的声威和名望，对领导者来说具有非常重要的作用，是领导无形光环，是事业的基础。领导者靠威信行使权力，会使下属心服口服，达到良好的管理效果，所以领导者应建立自身的威信，塑造良好的个人品德与修养，锻炼自己的能力，在下属心中树立起强大的精神支撑。因此，管理者威信的建立，要认清自身的角色和职位，做好自己的本职工作，同时修炼良好的品德和能力。

（2）领导者要不断学习，掌握相关的专业知识和相关的经济、法律、管理等知识。博采众长，博学多才。提高综合素质，知识越丰富，能力越强。在思想上要与时俱进，不断更新观念。接受新事物和新观念，不故步自封，有强烈的创新意识，有独到的见解。工作讲求计划，办事有条理。处理问题既要慎重，又要果断。

（3）要敢于承担责任，遇到困难要敢于担当，犯了错误要能主动承担，心胸宽阔，也是自信心强大的表现，下属才能尊敬和拥护你，当下属犯错时，多为下属考虑，宽容下属的小错误，鼓励他们重新振作起来，当然也不是过分纵容。坚持原则，但不是死板，也是树立威信的重要方式之一。一个优秀的领导者要能对自己、员工、组织和社会充满责任感。

（4）为下属树立榜样。领导者始终出现在众目睽睽之下，一言一行都对下属造成深远的影响，是下属效仿的对象。领导者的卓有成效，就要懂得严于律己，用自身的人格魅力和行为感染下属。

（5）要有稳定的情绪。人们越来越认识到，情商比智商更重要。情商即管理情绪的能力，一个人的情商取决于他的心态，不同的心态就会产生不同的情绪，不同的情绪在处理问题时，就能产生不同的效果。一个连自己情绪都主宰不了的人，很难做出大事情，又怎么可能管理别人呢。当听到不同声音的时候，也不要火冒三丈，下属犯了错误也不要勃然大怒，要有高人一等的气量，豁达的心态。更不要有抱怨，抱怨是无能和不自信的表现。

（6）善于沟通，注重协调。领导者的一个重要职能是与团队成员之间的沟通与协调。沟通协调是化解矛盾、增进团结、调节利益、达成共识、寻求合作的有效方法。沟通要讲究语言艺术，注重感情投入，以诚相待，用真心换真情，用人格魅力去打动人。要学会宽容，切忌狂妄自大，盛气凌人，固执己见，或将个人的意志强加于人。更不是搞无原则的一团和气，不是是非不辨的老好人，或见风使舵的投机分子。应有坚定的立场和原则，不拉帮结派，要光明正大，弘扬正气，公平地对待每个员工。

（7）要有亲和力。一个聪明的管理者，要尽可能地拉进与下属的距离，才能让下属真心地接纳你所倡导的理念和价值观，员工才会忠于你。因此，管理者应善于与员工打成一片，让员工觉得你是一个和蔼、善良的领导者，愿意跟随你一起干。

2. 用人艺术

（1）善于发现人才。对任何组织来说，人都是组织的核心，不断发现企业新人是组织保持生机和活力的关键所在。"知人""善任"是用人艺术的落脚点。如何做到"人尽其才"，对人才进行合理使用呢？一是领导者要深入了解，不偏听偏信一个人的评价，不搞集权，要广泛听取意见；二是建立科学的人才选拔机制，使人才选拔、任用科学化、规范化和制度化；三是敢于选拔开拓进取的人才，大胆使用各种适合的人才；四是公开、公平、公正地选用人才，建立岗位竞争制度和培训制度；五是用人所长，避其所短，人无完人，不能求全责备，以岗位胜任所要求的能力和素质为原则选人。

（2）信任人才。领导者发现人才，给以重用，就要充分信任，才能充分调动积极性，发挥其潜能。俗话说："用人不疑，疑人不用。"如果心存疑虑，会使人心灰意冷，就会消极应对。领导者看准人才，放心使用，不要轻易插手工作，下属会有"士为知己者死"的精神来回报领导者。信任是捕获人心法宝，选择人才，就要给予信任，才能得到积极的效果。

尊重人才，领导者要重视和重用人才，尊重人才的人格、工作方式和生活方式等，只有尊重人才，才能有效地调动其工作的积极性，但尊重人才并不意味着一味的迁就他们的错误，而搞一团和气，这只会助长他们的缺点，反而对他们有害。因此，尊重和信任就应该帮助他们改正缺点，使之快速成长。

（3）爱护下属。管理者应该重视对下属的感情投资，虽然不会立竿见影，但不会吃亏，感情投资不需要金钱，但其作用远比金钱的作用来得更大。管理者要想使下属理解和支持，就必须学会关心和爱护下属，才能使下属与自己的心贴得更近，才能使他们更加拥戴和支持你。有耕耘才有收获，管理者要想下属的理解、尊重、信任和支持，首先要理解、信任、关心和爱护他们。

要在政治、思想、业务以及个人生活等方面关心下属，为下属提高业务水平、思想素质、职业生涯发展等个人的成长和进步创造条件。

要关心下属的生活问题，在力所能及的范围内，帮助他们解决生活中的困难，让下属有归属感，使下属工作时无后顾之忧。但是，感情投资应该是一种真诚的、自觉的，不是花架子，才能赢得他们的信赖。

（4）人本化管理。以人为中心的管理就是以高素质员工为核心的现代人力资源管理模式，即人本化管理。人本化管理是在尊重人的人格独立与个人尊严的前提下，在提高广大员工对组织的向心力、凝聚力与归属感的基础上，依靠人性解放、权力平等、民主管理，从内心深处来激发每个员工的内在潜力、主动性和创造力，使员工能真正做到心情舒畅、积极主动地为企业创造业绩。领导者不再是指挥者、监督者、控制者，而是要扮演教师、教练、知心朋友及客户经理的角色，起到启发、诱导、激励作用。把提高人的素质、建立人际关系、满足人的需求、调动人的主动性、积极性和创造性的工作放在了管理的首位。在管理方式上强调尊重人、信任人、激励人、鼓励人，以感情调动职工积极性、主动性和创造性。

（5）培养人才。组织的发展不仅要利用员工的知识，还要使员工的知识不断地更新。由于科技发展高速化、多元化，人们发现知识过时很快，需要不断地学习新知识才可能获得预期的发展。因此，员工非常看重领导是否能提供知识增长的机会。同时，大多数高素质的员工，工作不仅仅是为了挣钱，而是更希望能得到个人成长。根据知识管理专家玛汉·坦姆仆的实证研究表明，对于知识型员工注重的 4 个重要因素依次为：个人成长占 34%、工作自主占 31%、业务成就占 28%、而金钱财富只占 7%。因此，领导应该注重对员工的人力资本投入，健全人才培养机制，为员工提供受教育和不断提高自身技能的学习机会，从而具备终身的就业能力。管理大师彼得·德鲁克曾说，员工的培训与教育是使员工不断成长的动力与源泉。这种培训与教育也是吸引人才、留住人才的重要条件。为此，领导者应将教育与培训贯穿于员工的整个职业生涯，使员工能够在工作中不断更新知识结构，随时学习到最先进的知识与技术，保持与组织同步发展，从而成为组织最稳定可靠的人才资源。为了保持员工持续的知识竞争因素，必须有计划、有组织、有目的、有特色地形成员工的知识能力培养机制，增强员工对新知识、新技术的学习吸收功能。结合员工自身的特点，适当给予其出国进修深造、职务晋升、专业技术研究等方面的机会，调动他们把握知识和技术能力的积极性和主动性。

3. 授权艺术

管理者不必事必躬亲，但是，要给下属正确的指导、明确目标、必要的条件、合理的支持。管理者的主要任务在于指导员工如何把工作做好，最大限度地发挥员工的能力，起到领导作用，而不是把精力都放在员工该做的事情上。

员工能做好的事，管理者就没有必要去做，应该授权让员工去做，这样才能培养员工，提高他们的能力，发挥自己的领导作用，提升管理者本身水平。管理者的责任是帮助团队，使组织取得成功，授权可以使管理者的精力用在更重要的问题上，让员工有一定的自主性，激发他们的积极性，也强化了上下级之间的关系，提高工作效率，把整体的力量最大限度地发挥出来。人只有在自由的空间里，其创造力才能真正释放出来，只有在独立自主地面对与解决问题的过程中，才能得到最高速的成长。

授权是一种领导艺术，在领导活动中占有重要的地位。通过授权提供给员工创新活动所需要的资源，由他们自己确定工作方式，建立自我管理机制，提高快速反应能力和管理效率，也能满足员工工作自主和创新的需求。尤其是从事思维性工作的员工，更需要独自工作的自由，以及更具张力的工作安排。为了鼓励员工进行创新性活动，领导者应该建立一种宽松的工作环境，使员工能够在既定的组织目标和自我考核的体系框架下，自主地完成任务，最大限度地调动他们的积极性，分权化管理是现代管理的一种趋势。授权应注意以下几个问题：

（1）授权但不能失控。授权是单向的，自上而下，授权要防止失控的现象。管理者授权给下属，并不意味着可以不关心此事，需要保留自己的必要权力，如指导权、检查权、监督权和修改权等。管理者给下属授权应做到收放自如，运筹帷幄。首先，应选准下属，没有合适人选时，不能轻易授权；其次，要把握权力调整，当发现下属素质差，经常越权，或违背原则，应该立即指出或调整权力；再次，要严格控制权限范围，不准越权，不准"先斩后奏"，更不能"斩也不奏"的行为；最后，管理者要紧紧把握监督环节，防止被下属牵着鼻子走。管理者轻松自如地驾驭员工的最好办法就是保证大权在握。授权就像放风筝一样，要员工充分自由地飞翔，但风筝线始终在管理者手中。

授权不能放任。授权后领导者不要直接干预下属的工作，也不能放任不管，领导者要履行好控制职能，掌握下属工作状况，对于偏离目标的活动，应及时引导和纠正，不能胜任岗位工作要求的要及时更换，对于滥用权力、违法乱纪者，及时收回权力，并予以处罚。领导者要做到既要大胆放手授权，让下属施展能力工作，同时，又不能失控。

领导要掌握对重大问题的决策权,对于非重大问题的决策权可授权下级负责,保证领导者对组织重大问题的控制,把握组织的前进方向,领导要从日常事务性工作中解脱出来,重点思考重大的战略性问题,不能独揽权力。使领导既有权威性,又能调动下级工作的积极性。

(2) 逐级授权。领导者对直接下级授权,而不干预下级的再授权,坚持逐级授权的原则。管理的目的是让组织有规则、有次序。越级授权会造成管理混乱,责任不清。越级授权,会让员工觉得直接上级只是一个空架子,成了一种摆设,这样会使管理者处于一种尴尬的境地,也会使中间领导者不满。在管理中有个著名的原则:上级只能越级检查,不能越级指挥;下级只能越级投诉,不能越级请示。作为上级可以随时随地对下级的工作情况进行监督、检查。如果你是一个中层管理者就要向下属明确表示,不管接到哪个领导的任务,都应该在行动前向他们的直接上级汇报,否则,一旦造成不利的后果,需要自己承担全部责任。

(3) 责权对等。领导者授权要适度,在授权之前,应分析下属完成任务所需的权力,再按照工作任务的需要授予适当的权力。避免授权过度和授权不足的问题。同时,授权要做到清晰明确,使下属能够明确自己该做什么,具有多大的权限,才能达到预期的效果。

管理者意识到授权的重要性和必要性,也不可以盲目地把权力随意下放而不考虑员工的能力。在授权之前,要对员工有一个衡量,确定他有这个能力才能真正放权。每个人都有自己的特点,有长处和不足,管理者要清楚下属的特点,根据任务的需要合理授权。

权力与责任是对等的,没有人只享受权力,不负责任;也没有人只负责任,而不享受权力。当管理者给下属授权时,不能只强调他们在工作时无须事事请示,有自己的自主决策权,也要把相应的责任授予他们,让他们清楚自己的责任。

(4) 授权内容。授权是必要的。管理者每天面对不同的工作内容,有一大堆摆在眼前的事需要处理,哪些工作需要自己亲自处理?哪些工作可以交给下属去办效果更好呢? 有一些工作必要交给下属办:①风险低、影响小的工作,就算出了问题,也不会产生严重的后果;②下属可以做得更好的工作,每个人都有自己的优势,下属在某一方面也会比管理者更强,应授权给下属去做;③一些简单、重复性的工作要让下属去做;④下属完全有能力做好的工作,应授权让下属做。管理者应当授权的工作要尽量让下属去完成,这样才会让自己有更多的时间去处理更重要的问题。但是有些工作不能随便授权的。不能授权的工作有:①关系组织未来走向的重要决策不能授权,决策前的调查收集资料工作可由下属做,但最后决策应由管理者做;②制定标准或政策的权力不能轻易交给下属;③当组织陷入困境,面临危机的时候,管理者应该在危机中起带头作用,承担起相应的责任,不能授权给下属;④上级领导指定你做的事情。

总之,管理者在授权时,要清楚自身的责任,不能只着手处理一些简单的小问题,反而把那些有着重要影响的大事随意交给下属。

4. 决策艺术

决策是管理者每天都要面对的事情,对每个管理者都极为重要。管理者的工作都是围绕决策进行的。管理过程就是一个不断做出决策和实施决策的过程,西蒙说管理就是决策。管理大师德鲁克说,一个管理者不但要"正确地做事",还要"做正确的事"。如果决策错了,一切努力都白费了。

领导者在运用现代科学技术和方法进行科学决策的同时,还必须讲究决策艺术,要在依靠科学素养的基础上灵活运用个人经验和综合能力。所谓决策艺术，就是指领导者个人在决策过程中所运用的高超的工作技巧，即科学地、高度灵活地、创造性地做出决策的能力。决策艺术内容丰富。

（1）高瞻远瞩。领导者做决策时应具备纵观全局的能力，要能高瞻远瞩，展望未来。要有战略眼光，深谋远虑，预见未来的变化。并且能使组织各项短期活动与长远目标保持一致，对国家政策及环境因素有充分的分析和预见，要有决胜千里的艺术。

（2）勇于创新。决策是面向未来的，未来有很多不确定因素，因此，决策是有风险的，领导者决策要敢于承担风险，不能因循守旧，安于现状，要有创新精神。当然，创新要根据需要，敢于冒险不等于盲目决策，要精心运筹，充分预料到各种可能，并做出准备。

（3）独具慧眼。领导者决策要有主见，不能人云亦云，或迷信权威，克服从众心理，不能是为了追求安全感，而盲目遵从，要思想解放，冲破世俗，不拘常规，大胆探索，独具慧眼，发现问题，捕捉到更多的机会。

（4）增强自信。提高决策能力，要对自己有信心。增强自信就要知难而上。温斯顿·丘吉尔说："一个人绝对不可能在遇到危险的威胁时，背过身去试图逃避。若是这样，只会使危险加倍。但是如果立刻面对它毫不退缩，危险便会减半。增强自信，还要积极主动思考问题，平时勤于动脑筋，关键时刻自然能做出决策。自信心还来自于自身的责任感和使命感，以及领导者的角色意识。

（5）勿求完美。决策不能追求尽善尽美的条件，否则会坐失良机。如果要求十全十美，考虑过于周全，将无法决策。管理决策大多数时候是需要果断决策，没有更多的深思熟虑的时间，决策最重要的是要把握大局，权衡利弊得失，当机立断，优柔寡断很难达到自己的理想目标。如果能将果断的做事风格持之以恒，你的决策能力将会大大提高。

5. 表扬和批评的艺术

表扬和批评是领导者最常用的激励手段，但是如何恰当地用好表扬和批评确实是一门领导艺术。

（1）表扬的艺术。赞赏和鼓励是使一个人发挥最大能力的方法。再也没有比上司的批评更能抹杀一个人的雄心。卡内基说："世界各地的大人物，没有任何人——不论他多么伟大，地位多么崇高——都是在被赞许的情况下，比在被批评的情况下工作成绩更佳、更卖力。"我们日常生活中最常被忽视的许多美德中的一项，就是对别人表示欣赏和赞扬。不管是上级、下级还是同级都需要赞赏和鼓励。没有任何东西比关注和赞扬，更能使他们感到快乐了。领导者要诚于嘉许，宽于称道，这是领导者的一种能力和美德。发现员工的优点和成绩，哪怕是微小的成绩和进步，领导者都应该毫不吝啬地予以表扬。表扬要诚恳热情，要实事求是，恰如其分。表扬与恭维不同，表扬是真诚的，发自内心的；而恭维是不真诚的。要试着找出别人的优点，然后把恭维忘掉，给别人诚实而真挚的赞赏。领导的一句表扬，可能被下属咀嚼很久。

而生活中很多领导，正好相反，如果他不喜欢做的事，他就一心挑错；如果他喜欢的话，他就什么也不说。在你每天所到的地方，多说几句赞扬和感谢的话，会留下友善的火花。这些小小的火花会点燃起友谊的火焰，友谊的火焰就会照亮你前进的道路。

同时，表扬一定要及时，领导者看到员工做出成绩就要及时表扬，不能等到年终一块进行。

（2）批评的艺术。当下属犯错误时，不少管理者最直接的反应就是凶狠地训斥或责骂，这样做并不会有助于改正错误，反而增加下属对领导的怨恨甚至仇恨。批评是一种艺术，如果能以一种巧妙而不伤感情的方法去批评员工，是最好的方法。管理者应该知道批评的目的无非是为了改正错误，同时又能激励他做出更好的成绩来。如果直接批评，会刺痛对方，伤害自尊心，达不到良好的效果。应根据不同的对象采取不同的批评方式，以达到良好的效果。

1）注意场合。批评要注意时间和场合，不要在公共场合或外人在场的时候批评人，使人难堪，要维护员工的尊严；不背后批评人，批评要当面进行；更不要以权压人。有研究表明，在各种激励方式中，当众批评的效果是最差的。哪怕是使用温和的方式也可能引起批评者的怨恨，因为他感觉到自己丢了面子，甚至感觉你诋毁了他的人格，达不到批评的效果。

2）对事不对人。批评是针对事情，而不要对人格进行攻击，不要用恶意伤人。要分清界限，不要全盘否定，就事论事，不能新账旧账一起算，不要牵涉过去或否定未来，否则，他会认为你对他抱有成见，或别有用心。

3）先表扬，后忠告，多鼓励，少打击。批评的目的不是要压垮对方，不是整人，而是为了帮助他成长。如果要对方接受你的忠告，要从表扬优点开始，先肯定他的能力和过去取得的成绩，然后再对具体问题提出改进意见，更容易使对方接受，也不伤害感情。人非圣贤，孰能无过，人都有可能犯错，作为管理者，既不能揪住不放，加以非难，也不能"熟视无睹"。上策是管理者要鼓舞志气，使其重新再来，打气而不要打击。

（3）刚柔并济。既能让员工信服并改正自己的错误方法，并且又能让其对管理者心存感激，那就是要巧妙地运用"刚柔并济"的管理艺术。

下属犯错误，对他们批评或者责罚，使他们对错误有所醒悟，改正错误，但是还要"打一巴掌不忘揉三揉"之道。员工遭到批评后，可能会垂头丧气，心灰意冷，会认为给领导留下不好的印象，可能无出头之日。如果有这样想法，可能会导致消极的行为，甚至反目成仇。批评后领导适时地用温暖的话语来鼓励他们，让下属感觉到是因为爱护才批评的。在管理过程中，刚与柔是辩证统一的，互为补充，不能偏废。只有将两者相结合，以刚衬柔，以柔辅刚，刚柔相济，才能充分体现出领导的智慧和力量。过度刚则脆，过度柔则弱，也就是应该使"刚"能让下属深刻反省，改正错误；"柔"能俘获人心。因此，领导者应该关心爱护员工，真诚地对待他们，但在原则和纪律面前，应该严格管理，应该宽严得体。

管理哲理故事

"听不清"的音乐老师

一个女孩刚开始学小提琴，但是拉出的琴声如同锯木头，连父母都不愿意听，于是不断给孩子各种指导和建议。结果，孩子一气之下跑到附近的树林里练去了。小女孩正在这片树林里拉琴，突然发现不远处坐着一位老奶奶，心里有些不安起来："这位老奶奶不会觉得我拉得不好，影响她吧？"可后来，小女孩逐渐发现，这老奶奶不仅没表现出反感，反而有些欣赏的神色。一段时间之后，两人聊了聊天，小女孩才知道，这位老奶奶的耳朵不好，听不清楚声音，但说："我听不清，不过感觉你拉得不错！"小女孩这回放心了，每天都心里踏踏实实地到树林里拉琴。老奶奶仍然常出现在这里，虽然没说什么，但仍然会时不时认真地倾听，并且冲小女孩笑一笑。

终于，家长惊异地发现女儿的琴声越来越优美了，忙问是什么名师指点。后来，一家人才知道，林中的老人曾是位著名的音乐教授，而且她的耳朵从未有过任何问题。

故事的哲理：

音乐教授对小女孩的指导，用贝尔实验室负责人陈煜耀的话来解说，就是："领导者的责任在于，既要做到你在领导别人，又要做到别人并不认为你在干预他。"这就是不言之教、无为之治。

案 例

哪种领导方式更有效？

在一个管理经验交流会上，有两个厂的厂长分别论述了他们各自对如何进行有效管理的看法。

A厂长认为，企业首要的资产是员工，只有员工们都把企业当成自己的家，都把个人的命运与企业的命运紧密联系在一起，才能充分发挥他们的智慧和力量为企业服务。因此，管理者有什么问题，都应该与员工们商量解决；平时要十分注重对员工需求的分析，有针对性地给员工提供学习、娱乐的机会和条件；每月的黑板报上应公布出当月过生日的员工的姓名，并祝他们生日快乐；如果哪位员工生儿育女了，厂里应派车接送，厂长应亲自送上贺礼。在A厂长厂里，员工们都普遍地把企业当做自己的家，全心全意地为企业服务，工厂日益兴旺发达。

B厂长则认为，只有实行严格的管理才能保证实现企业目标所必须开展的各项活动的顺利进行。因此，企业要制定严格的规章制度和岗位责任制，建立严格的控制体系；注重上岗培训；实行计件工资制等。在B厂长厂里，员工们都非常注意遵守规章制度，努力工作以完成任务，工厂发展迅速。

问题：这两个厂长谁的观点正确，为什么？

复习思考题

一、概念题

领导 成熟度 领导风格 感召权力 领导艺术

二、填空题

1. 领导权力的类型_____、_____、_____、_____、_____。
2. 领导四分图理论四种领导行为_____、_____、_____、_____。
3. 领导作风理论的三种领导行为_____、_____、_____。
4. 领导系统理论的四种领导方式_____、_____、_____、_____。
5. 费德勒的领导权变理论三种情景变量_____、_____、_____。
6. 领导生命周期理论的四种领导方式_____、_____、_____、_____。

三、选择题

1. 根据管理方格理论，只注重任务完成而不重视人的领导方式是何种领导方式？（ ）

A. 1. 1　　　　　　　B. 9. 1　　　　　　C. 1. 9　　　　　　D. 9. 9

2. 在管理学范畴，领导者与管理者（　　）。

A. 是同一个概念的两种不同表达形式

B. 是两个互不相关的概念

C. 是两个密切相关的概念，但两者之间的功能和作用有明显的区别

D. 二者在范围、层次和表现形式等方面一样

3. 根据菲德勒的权变领导模型，如果上下级关系好，任务结构明确、职位权力弱、领导所处的环境有利，那么有效的领导方式是（　　）。

A. 关系导向型　　　　　　　　　B. 任务导向型

C. 关系任务导向型　　　　　　　D. 上述均不正确

4. 根据权变领导理论，在何种状态下宜采用"关系导向型"的领导方式？（　　）。

A. 上下级关系差

B. 任务结构明确或不明确

C. 职位权力强或弱，领导所处的环境为中间状态

D. A＋B＋C

5. 某企业多年来任务完成的都比较好，职工经济收入也很高，但领导和职工的关系很差。该领导可能是管理方格中所说的（　　）。

A. 贫乏型　　　　　　　　　　　B. 俱乐部型

C. 任务型　　　　　　　　　　　D. 中间型

6. 途径-目标理论提出者是（　　）。

A. 肯尼斯·布兰查德　　　　　　B. 费德勒

C. 罗伯特·豪斯　　　　　　　　D. 利克特

7. 布莱克和穆顿提出的领导理论是（　　）。

A. 领导情景理论　　　　　　　　B. 领导四分图理论

C. 领导方格理论　　　　　　　　D. 领导行为理论

8. 领导者将下属分成"圈内"和"圈外"成员，这是（　　）。

A. 魅力型—工具型领导理论

B. 途径—目标领导理论

C. 领导者—成员交换理论

D. 变革型—交易型领导风格理论

9. 魅力型领导的特征是（　　）。

A. 一致的回报　　　　　　　　　B. 控制性

C. 结构化　　　　　　　　　　　D. 环境敏感

10. 有一种类型的领导特征是：自信、远见、目标清晰、目标坚定、不循规蹈矩、对环境敏感等特征，这种类型的领导是（　　）。

A. 专制型　　　　　　　　　　　B. 魅力型

C. 工具型　　　　　　　　　　　D. 交易型

四、判断题

1. 企业员工的士气越高，企业的经济效益也必定越好。（　　）

2. 领导者不应采取独裁或自由放纵的领导方式。（　　）

3. 领导是管理的首要职能。（　　）

4. 领导者之所以对部下有影响力。全靠手中的权力，拥有权力才能有影响力，权力越大，影响力越大。（　　）

5. 领导的本质就是使组织成员对领导者追随与服从。领导者拥有强制权、奖励权和法定权，可以使下属服从，但这些权力的使用无法使下属产生主动追随的愿望，所以必须同时拥有个人影响权和专长权。（　　）

6. 途径—目标理论认为：与具有高度结构化和安排好的任务相比，当任务不明或压力过大时，指导型会带来更高的满意度。（　　）

7. 途径—目标理论认为：对于能力强或经验丰富的下属，指导型的领导可能会被认为最好。（　　）

8. 交易型领导方式公平公正，但并不使人兴奋，也不会鼓舞人们致力于组织利益。（　　）

9. 组织在变革过程中，魅力型领导比工具型领导更有效。在变革后期阶段就需要工具型领导来建设和完善。（　　）

10. 管理能带来变革，而领导则是为了维持秩序。（　　）

五、简答题

1. 管理者与领导者的区别。

2. 领导的作用。

3. 领导作风理论独裁型、民主型、放任型领导方式的特点。

4. 领导系统理论专制权威式、开明权威式、协商民主式、群体参与式的领导方式特点。

5. 费德勒的领导权变理论的要点。

6. 领导生命周期理论要点。

7. 豪斯的途径—目标理论将领导人的职能概况为六个方面是什么？

8. 变革型领导和交易型领导的特征。

六、论述题

1. 领导者的权力，按其基础的不同，可分为哪几种类型？其中哪些是行政性的，哪些是个人特征性的？

2. 领导科学与领导艺术的关系。

第七章 激　　励

【本章要点】

（1）激励概述。激励的概念，激励的意义，激励的要素。

（2）人性理论。经济人、社会人、自我实现人、复杂人，X 理论、Y 理论、超 Y 理论。

（3）激励理论。需要层次理论，双因素理论，ERG 理论，期望理论，公平理论，强化理论。

（4）激励实务。激励技巧，激励实践方法。

第一节 激 励 概 述

一、激励的概念

激励是心理学术语，就是激发人的动机，诱发人的行为。激励给人以行动的动力，使人的行动指向特定的目标。在管理过程中，对人行为的激励，就是通过对人的心理因素的研究，采取各种方式诱发人们贡献出他们的时间、精力和智力。激励是指在分析人们需要的基础上，将组织目标与个人需要相联系，通过一定的手段，在使员工的需要不断得到满足的同时，激发其工作积极性，为实现组织目标，自发、主动地贡献自己的力量。通俗地说，就是激发士气，鼓舞干劲，也就是调动积极性。

激励是决定了行为开始，激励等于被注入能量，引导其导向目标。因此，激励是对人的一种刺激，使人有一股内在的动力，朝着所期望的目标前进的心理活动和行为过程。

二、激励的意义

现代管理是以人为中心的管理，激励是人力资源管理的核心内容，它也是一项重要的领导职能。因此，激励是管理者需要掌握的最重要管理技能。现代管理有一种简洁而又能抓住本质的定义，即"管理就是通过别人把事办成"。这一定义强调了管理者的主要职责是搞好管理和调动积极性，因为你的目标要通过别人的手来实现。使每位员工始终处于良好的激励环境中，这是人力资源管理所追求的理想状态。美国哈佛大学的教授威廉·詹姆士研究发现，在缺乏激励的环境中人员的潜力只发挥一小部分即 20％～30％，在良好的激励环境中，同样的人员却可发挥出潜力的 80％～90％。激励，是一种力量，在今天这个时代，没有一位管理者能否认激励的实用性。也就是说，在现代管理中，激励不是可有可无的，而是必需的。因此，激励对管理者来说具有重要意义。

三、激励的过程

激励是一个满足需要的过程，研究激励，就必须要了解人的行为过程。人的行为产生不是随机的，而是因为感受到某种需要而产生动机，动机驱使行为，行为指向目标，目标实现需要得到满足，行为终止于需要的满足，已满足的需要不再具有激励性，行为周期结束。上述行为的循环可用图 7-1 表示。

激励是在分析人们需要的基础上，将组织目标与个人的需要联系起来，使员工的需要不

图 7-1 人的行为过程

断得到满足的同时，激励起员工的积极性。因此，要激励员工，就要掌握被激励者的需要，来引导他们的行为。

四、激励的要素

1. 需要与激励的关系

需要：需要是指人们对某种事物的渴求和欲望，包括衣、食、住、行等基本生理需要和社交、荣誉、地位和自我实现需要等高层次的需要。是指当人们感知某种东西缺乏时而产生生理或心理上的不平衡状态。缺乏这些东西时，心理产生紧张与不安、失去平衡，为消除紧张、恢复平衡，就要采取行动，因此产生了行动的驱动力，需要产生动机，因此，需要是产生行为的原动力。

动机：动机是指驱动和诱导人们行动的动因。它是推动和引导行为指向目标的一种内在状态。需要是使人的内心产生行为的驱动力的基础。动机并不是需要，但动机内驱力是以需要为基础的。只有需要而没有满足需要的目标时，也不构成动机，只有外界具有满足需要的目标和条件时，需要才转化为动机，因此动机的形成是需要和外部条件相互作用的结果。

目标：目标是指行为的结果，努力的方向。就是能够满足需要的资源，当所需的资源获得后，需要满足了，心理平衡恢复了，人们会体验到满意感，如果未能得到所需的资源，需要未能满足，心理仍处于失衡状态，心理产生不满感，即挫折感。

2. 需要的特征

人的需要的最大特征是它的多样性。不同的人需要不同，同一个人不同时期可能有不同的需要，同一时期，可能存在多种不同的需要。人的需要是处在动态发展之中，当一种需要满足之后，人们会不断产生新的更高层次的需要。人的需要具有潜在性，一种需要在一个人身上表现不强烈，往往不是因为他没有这种需要，而是因为可能这种需要正隐藏在另一种需要之下，一旦那种需要得到充分满足，很可能这种需要会显现出来。因此，管理者在实施激励时，应注意人的不同需要，采用多样化的激励手段，并且随着人的需要的不断变化，采用与之相适应的激励手段，要有前瞻性，适时推出新的激励措施，才能达到有效激励的目的。

3. 需要的分类

在组织行为学中，把需要分为外在需要和内在需要。

外在需要存在于工作之外，如奖励、表扬等，控制在组织、领导与同事手中，而工作本身则是谋生的手段。内在需要是通过工作活动的体验来实现的，从工作本身取得很大满足感，或工作中充满了乐趣、挑战性、新鲜感，工作本身意义重大、崇高，激发出光荣感、自豪感，或在工作中取得成就，发挥了个人潜力，实现个人价值时所出现的成就感，自我实现感等。内在需要是一种自我感受而不是别人给予的。由这两种需要而产生出了两种激励的形式，即外在激励和内在激励。外在激励产生牵引力，内在激励产生强大的驱动力。人们往往只注意外在激励，而忽略了内在激励的作用。内在激励产生的工作动力，远比外在激励要深刻和持久，而且内在激励的成本低甚至是无成本的。日本著名企业家稻山嘉宽在回答"工作的报酬是什么"时指出:"工作的报酬就是工作本身!"深刻指出内在激励的重要性。

第二节 人 性 理 论

管理者对于人性本质的认识不同,管理者采取的激励方式也有所不同。美国麻省理工学院心理学教授薛恩(E. Schein)就各种管理思想对人性的假设做了分析,他把科学管理的人性观称为理性的"经济人",人际关系学派的人性观称为"社会人",人力资源学派的人性观称为"自动人",权变学派提出"复杂人"的观点。对人性的认识不同,采取的领导方式也不同。

一、"经济人"假设

"经济人"假设认为人主要是为经济利益而生存的。企业家是追求最大利润的经济人,工人是追求高工资的经济人。美国心理学家麦格雷戈用"X理论"这一名称归纳了历史上的"经济人"这一假设。麦格雷戈认为有关人的性质和行为的假设对于决定管理人员的工作方式来讲是极为重要的。管理人员以对人的性质的假设为依据,可用不同的方式来组织、控制和激励员工。

X理论假设的要点:

(1)大多数人是懒惰的,尽可能地逃避工作;

(2)大多数人没有什么雄心壮志,也不喜欢负什么责任,而宁可被别人指使;

(3)多数人都缺乏理智,不能克制自己,容易受别人的影响;

(4)多数人工作是为了满足自己的生理需要和安全需要,金钱是刺激人努力工作的最大诱因;

(5)大多数人的目标与组织目标相矛盾,必须对他们严加管制,实施威胁惩罚的办法才能使之为组织工作。

与"经济人"(X理论)假设相对应的管理方式为:

(1)管理是管理者的事,与广大被管理者无关;

(2)为使被管理者努力工作,必须强迫他们、控制他们,用惩罚威胁他们。同时用金钱、福利引诱他们,采用"胡萝卜加大棒"的管理政策;

(3)主要采用任务管理方式,管理的重点是制定各种科学操作规程,建立规章制度,加强对被管理者的控制,以保证任务的完成,而不考虑被管理者思想感情等因素的影响。管理者采取"命令统一""服从权威"的管理方式,把被管理者看成机器设备一样的物品,忽视人自身的特点和精神需要,把经济利益作为激励手段,把惩罚作为有效的管理方式。

二、"社会人"假设

提出"社会人"假设的是美国哈佛大学教授梅奥等人。他在总结自己的霍桑工厂实验成果的基础上提出的人性假设理论。他认为人不只是为经济利益而生存,还有社会、心理方面的需求。即追求人与人之间的友情、安全感、归属感和受人尊重等。"社会人"的观点,比之"经济人"的观点无疑是一大进步。社会人假设的基本内容是:

(1)人工作的主要动机是社会需要,除了物质因素外,还有社会、心理因素。

(2)建立在非理性因素上的非正式组织,与正式组织相互作用,共同决定着组织的效率。

（3）生产效率的高低主要取决于员工的士气，而员工士气受组织的人际关系的影响。

（4）人们期望得到领导者对他们成绩的承认并满足他们的社会需要。

"社会人"假设告诉人们，社会性需求的满足比经济上的报酬更能激励人们。因此，管理者应采取下列措施，调动人们工作的积极性，从而顺利实现组织目标。

（1）作为管理人员，不能只把目光盯在完成任务上，应当更多地关心、体贴、爱护和尊重员工，建立相互了解、团结融洽的人际关系，培养员工之间友好感情。

（2）管理人员在进行奖励时，应当注意集体奖励，不能单纯采取个人奖励。

（3）管理者应在认真了解非正式组织群体构成情况的基础上做好调节工作，使非正式组织的社会需求与正式组织的经济需求之间保持平衡。

三、自我实现人假设

美国心理学教授麦格雷戈在 1957 年对人的需要、行为的动机进行了重新研究以后提出的另一种新的人性假设理论。"自我实现人假设"又称为"Y 理论"，是"社会人假设"的发展。"自我实现人"观点认为，人除了有社会需求外，还有一种力图充分表现自己的能力，发挥自己潜力的欲望。该理论的主要观点有：

（1）一般人并不是天生就不喜欢工作，工作中消耗的体力和脑力就像游戏和休息一样自然。工作可能是一种满足，因而自愿去执行；也可能是一种处罚，因而只要可能就想逃避。到底怎样，要视环境而定。

（2）外来的控制和惩罚，并不是促使人们为了实现组织的目标而努力的唯一方法。它甚至对人产生威胁和阻碍的作用，并放慢了人成熟的脚步。人们愿意实行自我管理和自我控制来完成应当完成的目标。

（3）人的自我实现需要和组织要求的行为之间是没有矛盾的。如果给人提供适当的机会，就能将个人目标和组织目标统一起来。

（4）一般人在适当条件下，不仅学会了接受责任，还学会了谋求职责。逃避责任、缺乏抱负及强调安全感，通常是经验的结果，而不是人的本性。

（5）大多数人，而不是少数人，在解决组织的困难问题时，都能发挥较高的想象力、聪明才智和创造性。

（6）在现代工业生活的条件下，一般人的智慧潜能只是部分得到发挥。

根据 Y 理论的特点，相对应的管理措施应该是：

（1）管理者的重要任务是创造一种可以充分发挥人聪明才智的工作环境，并使员工在为实现组织目标的同时，也能达到自己的目标。

（2）对员工的激励主要是给予来自工作本身的内在激励，让他们承担具有挑战性的工作，担负更多的责任，促使他们在工作中做出成绩，满足自我实现的需要。

（3）在管理制度上应给予员工更多的自主权，实行自我控制，让员工参与管理和决策，并共同分享权力。

麦格雷戈在《企业中人的方面》一书中把 Y 理论称为"个人目标和组织目标的结合"，认为它能使组织成员在努力实现组织目标的同时，最好地实现自己的个人目标。Y 理论的指导思想在实际应用中如分权与授权、扩大工作范围、参与式和协商式管理、鼓励员工对自己的工作成绩做出评价等。

四、复杂人假设

随着人类需求的变化，人类在各种管理活动中的不断完善和发展促成了许多关于人性的重要假设。美国行为学家埃德加·沙因（Edgar Schein）在 1965 年出版的《组织心理学》中提出了"复杂人"的人性假设。该理论认为：人不只是单纯的"经济人"，也不是完全的"社会人"，而应该是因时、因地、因各种情况采取适当反应的"复杂人"。人的动机是由生理、心理、社会、经济等方面的因素与不同的情景因素和时间因素相结合而形成的，因而较为复杂。

复杂人假设理论也被称为超 Y 理论，其主要观点是：

（1）人的需要是多种多样的，每个人的需要都各不相同，需要的层次也因人而异，而且这些需要随着人的发展和生活条件的变化而发生改变。

（2）人在同一时间内有各种需要和动机，这些需要和动机相互作用、相互结合，构成错综复杂的动机模式，支配着人的行为。

（3）人的需要与外部环境密切相关。当人在组织中的工作和生活条件发生变化时，新的需要和动机就会不断产生。个体在不同单位或同一单位不同部门工作也会产生不同的需要。

（4）人的需要和能力是有差异的，对于不同的管理方式反应是不一样的，没有一套适合任何情况、任何人的普遍的管理方法。

对于"复杂人"假设的管理理论认为，没有一套万能的，不变的管理模式。管理者应当采取权变的管理方式。即根据不同的人、不同的情景、不同的时间、不同的环境等采取不同的管理方式和管理措施。具体措施如下：

（1）采用不同的组织形式提高管理效率。

（2）根据情况不同，采取弹性、应变的管理方式。

（3）善于发现员工的需要、动机、能力、个性方面的差异，因人、因时、因事、因地制宜地采取灵活的管理方式。

"复杂人"假设揭示了人的多面性和复杂性，无疑将人性假设向现实推进了一步。但"复杂人"假设没有用科学研究的一般方法进行概况，只强调人与人之间存在差异的一面，忽略了人性上共同性的一面，导致在实践中缺乏可操作性。

人性有相同的一面，但人性更是千差万别的，不是几种类型就能完全包括的，因而过分依赖关于人性的各种假设来指导领导工作是危险的。虽然如此，但人性假设的不同理论，也可以使从事领导工作的人了解人性的复杂性，从而把对人性的认识和理解作为自己做好领导工作的重要内容和前提。

第三节 激 励 理 论

一、马斯洛需要层次理论

该理论是由著名的美国心理学家和行为学家马斯洛（Abraham Maslow）于 20 世纪 40 年代提出的，他认为人都是有需要的，未满足的需要促使他们产生工作动机，也是激励他们工作的因素。这些因素又是以层次的形式出现的，由低级到高级分为五个层次：生理需要、安全需要、社交需要、尊重需要和自我实现需要，如图 7-2 所示。

1. 五个需要层次的含义

（1）生理需要：指人类生存最基本的需要，如食物、水、住所等。包括人类维持基本生存所需要的各种物质上的需要，一旦不能满足，人的生存就成了问题，也就根本谈不上别的需要了。例如，经常处于饥饿状态的人，首先需要的是食物，为此，存在这种需要的人生活的目的被看成是填饱肚子。当基本的生活需要得到满足后，生理需要就不再是推动人们工作的最强烈的动力，取而代之的是安全需要。

图 7 - 2 需要层次理论模型

（2）安全需要：指保护自己免受身体和情感伤害的需要，包括眼前和未来安全的需要。这种安全需要体现在社会生活中是多方面的，如生命安全、劳动安全、职业有保障、心理安全等。人们希望有一个和平、安定、良好的社会，这种心理就是对安全需要的一种反映。在工作环境中，员工希望能避免危险事故，保障人身安全，避免失业等。如对现在生活和未来生活的保障，对现在工作的保障，在生病和年老时生活有保障。

（3）社交需要：也称为感情和归属方面的需要。包括友情、爱情、归属的需要。马斯洛认为，人是一种社会动物，人们的生活和工作都是在与他人的交往过程中进行的，经常需要与他人接触，因此人们需要有社会交往、良好的人际关系、人与人之间的感情和爱，在组织中希望得到他人的接纳与信任。

（4）尊重需要：包括自尊和受到别人尊重两方面。自尊是指自己的自尊心，工作努力不甘落后，有充分的自信心，获得成就后的自豪感。受人尊重是指自己的工作成绩、社会地位能得到他人的认可。这一需要可概括为自尊心、自信心、威望、荣誉、地位等方面的需要。

（5）自我实现需要：指个人成长与发展，发挥自身潜能、实现理想的需要。即人希望自己能够充分发挥自己的潜能，希望自己越来越成为所期望的人，完成与自己的能力相称的一切事情。在现实社会中，人的最高层次的需求应该是自我实现。它体现为工作的成就、实现理想和抱负。对工作有胜任感和成就感。

2. 马斯洛需要层次理论的基本观点

（1）马斯洛认为，人的这五种需要是由低到高依次排列的，逐级上升的，只有较低层次的需要得到满足，才能产生更高一级的需要。因此，只有当较低层次的需要得到充分的满足后，较高层次的需要才具有激励作用。

（2）人的需要虽然是多种多样的，但特定的人在特定的时期总有一种或一些相对而言特别需要得到满足而又未得到满足的需要，这就是所谓的主导需要。主导需要是人们动机和行为的主要根源，因而也就最具有激励作用。

（3）已经满足的需要不再具有激励作用，只有未满足的需要才具有激励作用。尽管没有一种需要会完全、彻底地被满足，但只要它大体上得到满足，就不会再具有激励作用了。

（4）人的需要存在个体差异。不同的人或同一个人在不同的时期或场合，具有不同的需要，包括不同的需要种类、不同的主导需要、不同的需要层次及不同的需要结构等。因此，管理者要激励员工，就必须了解员工所处的需要层次，并重点满足这个层次或在此层次之上的需要。

3. 需要层次理论在企业管理中的应用

从马斯洛的需要层次理论，我们可以得到启示，如果要激励员工，就要了解员工目前所处的需要层次，然后通过给予适当的协助，帮助他们满足这一层次或更高层次的需要，在此过程中不断激励他们的士气和热诚。掌握员工的需要层次，满足员工不同层次的需要，管理措施具体分析如表7-1所示。

表7-1　　　　　　　　　　　　　　五种层次需求激励措施

需要层次	一般激励因素	管理措施
生理需要	食物、住所等	基本的工作、住宅、福利设施
安全需要	职位的保障、意外的防止	安全的工作条件、雇用保证、退休金制度、健康保险、意外保险
社交需要	友谊、爱、团队的接纳	和谐的工作小组、同事的友谊、团队活动制度、互助制度、娱乐制度、教育培训制度
尊重需要	地位、权力、责任、尊重、认可	考核制度、晋升制度、奖金制度
自我实现需要	成长、成就	挑战性、创造性工作、工作成就、相应决策参与制度

马斯洛需要层次理论是影响有关研究人类需求的重要的理论，在激励实践中起到重大的启发和指导作用。该理论简单明了，易于理解，具有直观的逻辑性，因而得到普遍的认可和具有广泛的影响。但也存在着一定的缺陷，如划分简单、机械，没有提出衡量各层次满足程度的具体标准等。

二、赫兹伯格双因素理论

"双因素理论"是由美国心理学家赫兹伯格（Frederick Herzberg）提出来的。他对200多名工程师和会计师进行调查，询问使他们在工作中愉快或不愉快的因素，然后进行整理。研究发现，使员工对工作感到满意的因素和使员工感到不满意的因素是不同的，人们觉得不满意的项目大多与工作环境有关，而觉得满意的项目一般都与工作本身有关。凡与工作本身有关的因素，都能对工作满足产生积极影响，使员工增长干劲。管理者即使消除了造成工作不满意的因素，也只可能带来平静，却不一定有激励。赫兹伯格将人的需要分成两类因素。即"保健因素"和"激励因素"。

（1）保健因素。人们觉得不满意，同时又能防止不满意的因素，称为保健因素。如公司政策、管理措施、监督、人际关系、物质工作条件、工资、福利等只能成为不满意的因素而不起激励作用，即在工作中缺乏这些因素时员工会感到不满，但这些因素如果从工作中获得时，员工也不会对工作产生满意感。就像饭前洗手一样，虽然能防止人们生病，但不能提高身体素质。

（2）激励因素。人们觉得满意同时也是能够给人们带来满足的因素，称为激励因素。如成就、认可、工作本身、责任感、晋升等，这些因素在得到满足时，可以产生很大的激励作用，但却不会对缺乏这些因素的工作感到不满。这些因素像人们锻炼身体一样，可以提高身体素质，增进健康。

激励因素是影响人们工作的内在因素，涉及一些较高层次的需要。这些方面的因素以工作为中心，可以激发人的进取心，提高工作效率。保健因素是与工作外部环境相关的因素，属于保证工作完成的基本条件。这些因素没有激励人的作用，但会起到防止人们对工作产生不满的作用。该理论有下面两个要点：

（1）满意与不满意。赫茨伯格的这个学说打破了传统的满意—不满意的观点（认为满意的对立面是不满意）。赫茨伯格认为满意的对立面是没有满意，而不是不满意；不满意的对立面是没有不满意，而不是满意。如图 7-3 所示。

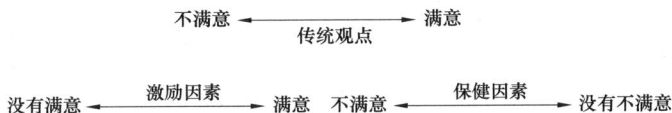

不满意 ←——传统观点——→ 满意

没有满意 ←—激励因素— 满意　不满意 —保健因素—→ 没有不满意

图 7-3　赫茨伯格的观点

（2）内在激励与外在激励。双因素理论实际上将激励分为内在与外在两种。内在激励是从工作本身得到的某种满足，如对工作的兴趣、责任感、成就感等，这些因素属于激励因素。外在激励是指外部的奖酬或者在工作以外获得的间接的满足，如工资、工作环境等。这种满足有一定的局限性。因为外在激励或保健因素只能满足人的低层次的生理需要，而不能满足人的高层次的精神需要，因而只能防止反激励，并不能持久有效地激励人的积极性。

赫兹伯格及其同事后来又对各种专业性和非专业性的工业组织进行了多次调查，由于调查对象和条件的不同，各种因素的归属虽有些差异，但总体看来，激励因素基本上都属于工作本身或工作内容的，保健因素基本上都是属于工作环境或工作关系的，从而进一步证实了这一理论。赫兹伯格在 1968 年《哈佛商业评论》上发表了《再论如何激励员工》的文章，进一步分析了两类因素的构成和相互关系。他得出成就、工作得到认可、工作本身、晋升、成长等基本上属于激励因素，但当不能满足时，也能引起不满；公司政策和行政管理、监督、与上级关系、工作条件、薪酬、同事关系、个人生活、与下级关系、地位、安全保障等基本上属于保健因素，但同时也能产生使员工满意的结果，虽然各项因素导致满意或不满意所发生的概率各不相同。试验得出，导致员工满意的全部因素中，有 81％是激励因素，只有 19％属于保健因素；而导致员工不满的全部因素中，有 69％是保健因素，只有 31％是属于激励因素。

三、奥尔德弗的 ERG 理论

ERG 理论是由美国耶鲁大学的教授克莱顿·奥尔德弗在马斯洛提出需要层次理论之后提出的另一种需要层次论，被称为 ERG 激励理论。该理论把马斯洛的需要层次理论合并为三个层次，即生存（Existence）、关系（Relatedness）和成长（Growth）。

（1）生存需要。是指全部的生理需要和物质需要，包括衣食住及在组织中的报酬、对工作环境和条件的要求等方面的基本需求。生存需要和马斯洛的理论中的生理及安全需要相对应。只有这些基本的需要得到满足以后，才能有其他的需要。

（2）关系需要。指与其他人和睦相处、建立友谊和归宿的需要。关系需要与马斯洛的理论中的社交需要相对应。

（3）成长需要。指一种要求得到提高和发展的内在欲望。不仅要求充分发挥个人的潜能，还包含开发潜能的需要。成长需要与马斯洛的尊重需要和自我实现需要相对应。

ERG 理论认为，三种需要并不完全是生来就有的，有的需要是通过后天学习才形成的，如关系需要和成长需要。奥尔德弗认为人的需要不一定严格地按照由低向高级发展的顺序。他提出了"挫折—倒退"假设，即一种需要得到满足后，则有满足更高层次需要的愿望，但如果更高层次的需要受到挫折难以实现，就应当倒退到原来的这个层次需要上去，而且要把原来这个层次需要看的比以往更加重要。

奥尔德弗还指出，人的需要还可以越级出现。如人可以在关系需要没有得到充分满足的情况下，产生成长需要。员工的需要各不相同，管理人员应该了解每个员工的真实需要，然后采取适当措施来满足员工的需要，以便激励员工的行为。他还强调，管理者应该努力把握和控制工作结果，通过工作结果，满足人们的各种需要，从而激发人们工作的动机。

四、费鲁姆期望理论

1. 基本理论

期望理论是美国耶鲁大学教授、心理学家弗鲁姆（Victor H Vroom）在 20 世纪 60 年代提出来的。弗鲁姆的基本观点是：人之所以能够积极地从事某项工作，是因为这项工作或组织目标会帮助他们达到自己的目标，满足自己某方面的需要。所以，从激励的角度来看，某项活动对人的激励取决于该活动的结果给人带来的价值以及实现这一结果的可能性，这就是影响激励的两个关键因素，即效价和期望值。用公式表示为

激励强度（M）＝期望值（E）×效价（V）

激励强度，表示个人对某项活动的积极性程度，希望达到目标的欲望程度。激励强度越大，积极性就越高，激励强度越小，积极性就越低。激励强度的大小取决于对要达到目标的效价和期望值两个因素。

效价是指活动结果对个人的价值的大小。也就是奖酬结果所能带来的个人需要满足的程度。在实际生活中，对同一目标，不同人价值观不同，所处的需求层次与阶段不同，对这一目标的效价也不同。如对于升职目标，有人希望通过努力工作得到更高的职位，升职目标在他心目中的效价就高；有人则对升职与否漠不关心，升职目标在他心目中的效价就低。

期望值是指个人对实现某一结果的可能性判断，是一种主观概率。这种主观概率受个人因素的影响。对于组织中的人来说，包括两个方面，一是个人经努力后能完成工作绩效的概率，二是工作绩效能实现组织奖励的概率。期望值是这两个概率的乘积。如对同一目标，某人若是保守的个性，估计值会小一些；若是冒险的个性，则估计值会大一些。值的大小在 0 和 1 之间，如认为完全可能实现，则期望值为 1，若认为完全不可能实现，则期望值为 0。人们主观上的期望值同将来能够达到的实际值常常是不一致的。当实际值高于个人期望值时，就会使被激励者产生意外惊喜，积极性可能会倍增。如果实际值小于个人期望值时，则会使被激励者大失所望，产生消极影响。该理论可由图 7-4 表示。

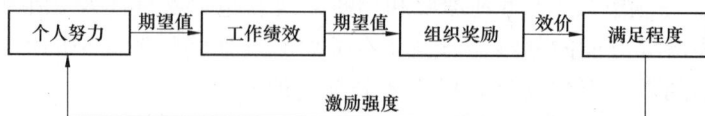

图 7-4　期望理论模型

期望理论公式指出了在进行激励时要处理好三个方面的关系，即调动员工积极性的三个条件。

（1）努力与绩效的关系。通过努力能够达到某种工作绩效的可能性，努力程度取决于达到目标的概率。如果个人主观认为通过努力达到预期目标的概率较高，就会有信心，就可能激发工作的力量。但是如果他认为目标太高，通过努力也不会有很好的绩效时，就失去内在

动力，导致工作消极。

（2）绩效与奖励的关系。个体相信达到一定绩效水平后即可获得理性结果的程度。人总是希望取得成绩后能够得到合理的奖励。组织目标如果没有相应有效的物质和精神奖励来强化，积极性就会消失。

（3）奖励与满足个人需要的关系。从工作中可以获得的结果和奖赏对个体的重要程度。人总是希望自己所获得的奖励能满足自己某方面的需要，但同样的奖励对于不同的人满足需要的程度可能不同，激发工作的动力也就不同。

2. 对期望理论的理解

期望值理论存在着辩证的思想，具有较大的综合性和适用性。具体来说可以归纳为下面四条：

（1）对于期望理论公式中的效价是综合性的。它可以是精神的，也可以是物质的；既可以是正的，也可以是负的，也可以为零；它不仅包含了某一结果的绝对值，而且包含了相对值；它不是指某一单项效价，而是指各种效价的总和。

（2）同一项活动与同一个激励目标对不同的人的效价是不一样的，即使对同一个人，在不同的时候效价也是不一样的。

（3）期望概率不是指客观的平均概率而是指当事人主观判断的概率，它与个人的能力、经验及愿意做出的努力程度有直接关系。

（4）效价与大家平均的个人期望概率相互影响。平均概率小，效价相对增大；平均概率大，效价相对减小。

3. 期望理论在管理中的应用

（1）确定适当的目标，激发期望心理。期望理论告诉我们，人们的行为总是指向一定的目标。目标确定符合个人的效价与期望就能激发出工作的积极性。但需要注意的是，目标定得过高会令人生畏，目标定得过低会使人轻易达到，这都起不到激励作用。此外，还有目标效价问题，同一目标，有人觉得很重要，效价高，激励作用大；有人觉得无所谓，效价低，就起不到激励作用。所以管理者要了解每个员工的需要，根据不同的需要制定不同的目标。例如企业制定生产定额等工作目标时，既要考虑目标有一定的挑战性，又要让员工感到有实现的可能。

（2）帮助员工调整期望值，调动积极性。由于人们的经验、能力、自信心不同，因而对特定预期目标的期望值也不同。有的人期望值过高，盲目乐观，一旦实现不了，易产生心理挫折；有的人缺乏自信，期望值过低，易悲观失望，放松努力。因此，管理者要善于帮助员工调整期望值。

（3）正确处理努力与绩效之间的关系。一个人的行为能否取得绩效，主要取决于它的努力和能力。因此，管理者应提供相应培训，以提高员工的工作能力；量才使用，使员工各得其位，人尽其才。使员工的努力取得绩效，获得成功，强化其积极性。

（4）正确处理绩效与奖励需要的关系。当人的行为达到一定目标，取得一定绩效后，总希望能获得个人需要的奖励，因此管理者应根据员工的工作绩效给予相应的奖励。同时应根据不同人需要的差异，变换相应奖励内容，投其所好，以提高奖励的效价，这样才能使效价与期望值的乘积最大，获得持久的激励。否则，干好干坏、干与不干一个样，人们的工作积极性就会消退。

五、亚当斯公平理论

1. 基本理论

公平理论（又称社会比较理论）是美国著名心理学家亚当斯（J Svtacey Adams）在 20 世纪 60 年代首先提出来的。这一理论主要讨论报酬的公平性对人们工作积极性的影响。公平理论的观点认为当员工获得报酬后，他不仅关心报酬的绝对量，还关心相对量，通过横向和纵向两个方面来比较，以此来判断所获报酬的公平性。这一理论主要讨论报酬的公平性对人们工作积极性的影响。通常参照比较的对象类型有三种："其他人""制度""自己"。

"其他人"包括在本组织或其他组织与自己工作相当或能力相当的同事、朋友、同学等；"制度"指组织中的工资政策与程序以及这种制度的运作；"自己"指自己在工作中所付出与所得的比率。

亚当斯的公平理论公式为

$$O_p/I_p = O_r/I_r$$

式中　O——表示所得；

　　　 I——表示投入；

　　　 p——表示当事人；

　　　 r——表示参照对象。

所得和投入均具有主观性。所得是当事人认为值得计较的任何事物，包括金钱、工作、晋升、待遇、赏识等。投入是一种当事人主观上认为投入的任何因素，包括绩效的质和量、努力、资历、学历、知识、经验、风险、责任、时间、体力、脑力等因素。

当 $O_p/I_p = O_r/I_r$，当事人会感到公平，心情舒畅，保持工作的积极性。

当 $O_p/I_p > O_r/I_r$，说明得到过高的报酬或较少的投入，会认为是不公平，一般来说他不会要求减少报酬，而可能会自觉地增加自我投入，但过一段时间他会因重新过高估计自己的付出而对过高的报酬心安理得，于是产生惰性，干劲又会回到原先的水平。

当 $O_p/I_p < O_r/I_r$，则说明不公平，得到的报酬少或投入的多，工作积极性会下降，除非增加报酬。

由于公平感具有不对称性，不公平感主要是指"吃亏"感。这时会感到心理失衡不安，为了恢复心理平衡通常采取的手段有：

（1）改变公式中的参数。增加 O_p 或减少 I_p 或增加 I_r 或减少 O_r。但实际上改变参数是很难做到的，可能做到的就是减少自己的贡献 I_p，如出废品、怠工、缺勤、浪费等。

（2）心理调整。重新衡量自己和他人投入和贡献，设想一些比较虚的额外奖励。找出更多的消除心理不平的理由等。

（3）改变参照对象。采取"比上不足，比下有余"办法，重新选择参照对象，自我安慰。

（4）退出比较。离职。

2. 分配公平感的特点

（1）公平感具有相对性。判断是否公平，没有绝对的标准，是通过相互比较的结果。

（2）公平感具有主观性。是否公平完全是个人的主观判断，是以个人公平价值观为基础，同样的事情，有人认为很公平，可能有人认为极不公平。

（3）公平感具有不对称性。当人们感到自己吃亏时，会怨声载道，严重影响工作积极性；但当自己占便宜时，便会心安理得，毫无内疚感。同时人们往往倾向于过高地估计自己的付出，而过低地估计自己的所得；对别人的付出与所得的估计则正好相反。

（4）公平感具有扩散性。当人们感到对自己不公平时，会波及整个情绪，影响工作，还可能对社会与政治的安定造成消极的影响。

3. 公平理论在管理中的应用

亚当斯的公平理论表明，一个人所得的相对值比绝对值更能影响人的工作积极性。同时，管理者应更多地注意员工实际工作的投入与个人所得之间的公平合理性，使公平理论的等式在客观上成立。但是这在实际运用中又难以把握，因为，公平感具有很强的主观性，人们总是倾向于过高估计自己的付出，过低估计自己的所得，而对别人的付出与所得的估计则正好相反。所以管理者除了制定公平的奖酬体系外，还要及时体察员工的不公平心理，并认真分析、教育员工正确认识、对待自己和他人的所得和投入。在激励过程中应注意对被激励者公平心理的疏导，引导其树立正确的公平观。第一，使大家认识到绝对的公平是没有的；第二，不要盲目攀比，根据自己的努力和业绩客观的评价自己的所得；第三，不要"按酬付劳"，而要"按劳付酬"，"按酬付劳"是在公平问题上造成恶性循环的主要杀手。

六、强化理论

1. 基本理论

强化理论是由美国心理学家斯金纳（B F Skinner）首先提出。该理论认为人的行为与环境对他的刺激有关，是有意识条件反射的特点，如果这种刺激对他有利，则这种行为就会重复出现；如果对他不利，则这种行为就会减弱直至消失。斯金纳认为人类的行为可以用过去的经验来解释，人们会通过对过去的行为和行为结果的学习，来影响将来的行为。因此，人们会凭借以往的经验来"趋利避害"。这种情况在心理学中被称为"强化"，因此该理论被称为强化理论。该理论重点研究人的内在或外在行为结果对其以后行为的反作用。

所谓强化，是指对一种行为给予肯定或否定（奖励或惩罚），这种行为结果可以在一定程度上影响或控制该行为的重复出现与否。即当行为的结果有利于个人时，这种行为就可能重复出现。如工作经过一定努力取得了较好的成果时给予一定的奖励，那么员工可能会进一步努力工作。反之，当行为的结果不利时，这种行为可能会消退和终止。例如，因为迟到而被扣发工资时，迟到这种行为就会减少或消除。在这一过程中，对行为有强化作用的手段（如奖酬、惩罚）就叫做强化物。

具体来说，可以采用正强化、负强化、自然消退和惩罚四种方式对人们的行为进行修正。

（1）正强化。就是奖励那些所希望的行为使其重复出现。

（2）负强化。也称规避，指人们为了避免不希望的结果而努力克服某种行为。

（3）惩罚。对于不希望发生的行为采取惩罚措施，使之不再出现，惩罚是负强化的手段。

（4）自然消退。这是一种冷处理，指通过对于不希望发生的行为采取置之不理的态度，使其逐渐减少和不再出现。

2. 强化理论在实际工作中的应用

在企业管理中，运用强化理论通过控制强化物（如奖惩）可以控制、改造员工的行为。利用强化的手段控制、改造行为，一般有四种方式。

（1）正强化就是奖励那些符合组织目标的行为，以使这些行为得到进一步加强。如认可、赞赏、增加工资、晋升、奖金、授权、学习等都能给个人提供满足，使员工行为重现和加强。用正强化时，还要注意：①所选用的强化物要恰当，对于被强化对象有足够的奖酬力度；②强化要有明确的目的性和针对性；③强化的顺序必须能确保在以后各个阶段激发所希望的行为再度出现。强化顺序是指奖金由低到高的划分、由表扬到奖励再到权力的扩大等顺序的安排；④奖酬要及时，方法要多样。

（2）负强化就是约束那些不符合组织目标的行为，以使这些行为削弱甚至消失。通过负强化可以使员工感到物质利益的损失和精神的痛苦，从而自动放弃不良行为。即让员工知道做了不符合规定的事会受到批评或惩罚，如能够避免或改正，则不会受到惩罚，以此来引导、强化员工的行为，使之转向符合组织的要求。例如，员工知道随意迟到、缺勤会受到处罚，不缺勤、按时上班则不会受到处罚，于是员工会避免迟到、缺勤，学会按要求行事。因此负强化和正强化的目的是一样的，都是维持和强化某一有利的行为，但两者所采用的手段不同。在企业中负强化的强化物主要为企业的各种规章制度。

在实际工作中，应用负强化时应注意，实施负强化事先需规定好哪些行为不符合要求，若出现这些行为时会受到何种处罚。否则，员工很容易无意或有意地做出某些不符合企业要求的行为，若在员工预先不知会得到处罚时给予处罚，很易引起员工的怨气和逆反，不易及时引导该种行为转变为有利的行为。

（3）惩罚作为一种负强化的手段，是阻止错误行为发生的一种有效方法。它的速度通常快于自然消退中的忽视手段，但其效果只是暂时的，并可能会在以后对员工产生不愉快的消极影响，如使员工心理上产生恐惧、害怕，甚至对抗的心理，迫使员工做出无故缺勤甚至辞职等严重行为。所以，管理者要慎用惩罚，明辨是非，实事求是，依据企业的规章制度做出合理的处理，同时还应结合负强化与思想工作相结合的方法，让员工知道错出在哪里，如何改正，并帮助、引导员工加以改正，尽量减小惩罚带来的消极影响。在使用惩罚时，还应注意要对事不对人，即惩罚应与特定的过错相联系，要把违规行为与违犯者的人格、品行区分开来，不应因为某个员工出现某种不良行为就归咎于人品不好或处处加以提防、歧视。另外，对于同样的违规行为，处理应该公平一致、一视同仁，否则会造成员工的反感，达不到应有的效果。

（4）自然消退是指对某种行为不予理睬，以表示对该行为的轻视或某种程度的否定。研究表明，一种行为长期得不到正强化，就会丧失兴趣，行为会逐渐消失。例如，员工由于某种原因或疏忽使工作出现小的差错，上级管理者虽已经了解情况，但未予以追究，而是给予该员工自觉改正的机会。所以，自然消退实际上就是对某种行为不予强化，使这种行为慢慢消退的一个过程。

在实践中，管理者应当把重点放在积极强化而不是惩罚上。对于不期望的行为，采取自然消退的做法有时比惩罚更有效。惩罚措施消除不良行为速度快，但是其效果往往是暂时的，而且常常伴随负面作用。

第四节　激 励 实 务

一、激励技巧

由于激励包含着许多高深的理论，同时也是一个复杂的现象，至今不存在一个完美并且放之四海而皆准的简单原理。因为人是复杂的，他们各不相同，这就很难总结出简单、准确而实用的定律，不像自然科学中的定律稳定而适用范围广。因此，目前学者们已经提出了百种以上的激励理论，管理者在实践中创造出来的方法也多得惊人。方法之多足以说明不存在一条完善的途径，多种多样的方法适宜于不同的情况。但并不意味着无规律可循，要想有效激励，至少应该注意以下三条原则。

1. 激励应因时、因地、因人而异

不同的组织在价值观、态度、需求、经验等方面存在明显差异，所处环境各不相同，并且环境是不断变化的，要找到一个普遍实用并在各种环境下都奏效的激励方法是不可能的，也不存在一劳永逸的解决办法。应采用权变的观念对待激励问题，即要因时、因地、因人而异。人各有异，不同年龄、不同性别、不同教育水平、不同职业、不同民族文化背景的人激励应该是不同的，同一个人在不同环境下，行为也会有所变化，即使在相同的情况下，人们的表现也不会完全一样，不是每一个人都会被金钱所激励，也不是所有人都喜欢有一份具有挑战性的工作。

但是，人的行为中也确实存在基本一致性。人的行为不是随机的，行为是因为感受到某种需要而产生的动机驱使的，需要是人行为的出发点。那么，要想激励水平最大化，应了解需要的多样化及其关系，做出反应，采取灵活多样的激励方式。

一般来说，收入水平低的人，金钱的激励作用十分重要，对收入水平较高的人，金钱激励强度就不一定很大，因为对于这些人来说，行为的出发点不完全是为了钱，它不是唯一的需要。随着收入水平的提高，金钱与激励的关系逐步淡化，特别是对知识分子和管理人员，实现其自身价值常常是处于主宰地位的需要。因此，晋升职务、评定职称、尊重人格、鼓励创新、授权会收到更好的效果。

美国曾做过一项调查研究，员工到底希望从工作中得到什么？他们的需要是多种多样的。如工作有保障，对工作评价较高，有提升和成长的机会，有较高的工资，对工作有感情，工作有趣味，管理者以诚相待，工作条件好，体贴工人的个人问题等。需要不同，采用的激励方法也应有所不同，激励强度才能大。

由于员工的特质不同，即使在相同的环境下，他们需要的内容和强度也各不相同。心理学把员工的特质分为四类：

（1）善于听命执行的守成者。对于这类员工，定期表扬，发有形的奖品，激励的效果好。

（2）喜欢迎接挑战的叛逆者。布置给新任务，提供学习的机会对于这类员工是较好的激励方法。

（3）很有远见卓识的策略者。对于这类员工，给予授权，参加学术会议是很有效的激励手段。

（4）追求环境和谐的尊重人者。送小礼物，表彰等适合于这类员工。

激励不一定用钱，美国有一本书《1001种激励员工的方法》，几乎都是少花钱、激励效果好的激励办法。管理者对员工的努力，只要能诚心地给予肯定，就是一种激励，是成本低、效果好的方式。有时候领导的一句话，会使员工激动不已，可能几天睡不好觉。其实每个人在付出努力之后，都不希望别人无动于衷，都希望得到别人的认可，来确定自己存在的价值，美国前国防部长麦那玛拉说："人脑和人心一样，都是朝着懂得感谢他的人那里走的"。

另外，激励要及时，年底算总账的办法，有时会使激励效果大打折扣。拿破仑说过："只要有足够的元帅节杖，我就能征服整个世界。"他总是把象征权利、荣誉、精神的元帅节杖，亲自在战场颁赠。所以说，激励一定要掌握好时机，效果才好。

2. 内在激励和外在激励相结合

激励可分为外在激励和内在激励。但人们往往忽略内在激励的作用，内在激励是工作本身的激励作用，这种激励的成本低、效果好，而且持久。因此对工作本身的研究是管理者解决激励问题主要内容之一。

工作是一种生活，是一种需要，把工作作为一种生活内容获得满足。当今社会，随着企业员工队伍性质的改变，再也不能忽略工作质量，必须使工作在高效率的同时使员工得到满意。如果每天都做简单而同样的事，会感到枯燥，降低积极性，失去创造性。

哈克曼（Hackman）找出五种与激励有关的重要工作特性：

（1）工作所需技能的多样性。表示工作对不同类型活动的需求程度，以及由此决定对员工所应具备技艺和才干的要求的多样性程度。

（2）任务的同一性。职位对完成一整套条块分明的工作的需求程度。

（3）任务的重要性。指员工对别人的生活或工作有多大影响。

（4）工作自主性。指员工安排工作内容、确定工作程序时，有多大的自由度、独立性及判断力。

（5）工作反馈。指员工在完成任务的过程中，在多大程度上可以获得有关自己工作绩效的直接而明确的信息。

具有上述五类特性的典型工作举例见表 7-2。

表 7-2　　　　　　　　　　　　工作特性得分高低举例

工作	分值	实例
技能多样性	高分	小型汽车修理站的所有者兼经营者。其活动内容包括电子维修、装配发动机、体力活、与顾客接触等
	低分	车身加工工厂的工人，他每天做 8 小时喷漆工作
任务同一性	高分	家具制造者，他自己进行设计、选材料、加工制造等，并使产品完善化
	低分	家具工厂的锯木工人，其任务只是开动车床制桌子腿
任务重要性	高分	医院危重病房的护理人员
	低分	医院中负责擦地板的人
工作自主性	高分	电话安装员，他可以自主安排日程，在没有监督的情况下会见客户，并且自由决定最有效的安装方式
	低分	负责处理按照例行程序打进来的电话的电话接线员
工作反馈	高分	从事电子半导体安装，进行检测以了解其性能的工人
	低分	从事电子工厂半导体安装，交给检验员检测的工人

为提高激励的效果，发达国家花费许多时间和精力进行"工作再设计"，重新设计或改变员工的工作结构，使工作内容丰富和扩大化。工作再设计的具体措施包括：

（1）工作轮换。将工作轮换到同一水平、技术要求相近的另一个岗位上去。如果员工的工作过于例行化，会使他们觉得这种工作不具有挑战性。工作轮换可以丰富员工的工作内容，减少枯燥，增强工作热情。同时可以使员工工作技能范围扩大，当环境变化时，能够更加灵活多样，并适应新的安排工作。

（2）工作扩大化。工作内容的横向扩展，增加员工的工作数量，丰富工作内容，能够使工作本身更具有多样性，从而增加工作乐趣。

（3）工作丰富化。对工作内容的纵向扩展，使员工参与对计划、执行和评估的工作，使员工工作具有完整性，增强其责任感。

（4）弹性工作时间、地点。允许员工在特定的时间范围内，自由决定何时上下班。弹性工作时间可以降低缺勤率，提高生产率，减少交通阻塞，员工可以根据个人需要安排工作时间，提高工作的满意度。在家办公是一种理想化的工作方式，员工不用往返乘车，工作时间灵活，穿着随便，几乎不受同事打扰。如通过电话、互联网等交谈商务、订购、信息分析和处理等工作。

（5）扩大工作反馈渠道。通过反馈，员工不仅能了解到自己的工作做得如何，而且还能了解到自己的工作绩效在提高、下降还是保持不变。理想的情况是员工能直接了解工作状况的反馈，而不是从管理人员那里得到。

和其他管理策略一样，工作再设计的策略有许多权变的内容，恰当的工作设计使员工达到满意，任务也会完成得更好。但是在重新设计工作时，强调个体差异性也是非常重要的。有些人不需要工作内容丰富，还有些组织或技术情况妨碍丰富工作内容，这些特殊情况一定要特殊处理。

我国许多组织也想了许多办法，增强工作的多样性，满足员工的各种需要，如双向选择，选择自己满意的工作，根据兴趣爱好，调整工作岗位等，均收到了较好激励效果。

3. 价值观激励

价值观是企业文化的核心，以价值观为核心的激励是最大的激励，没有比这更大的激励了，这也属于深层次的激励。价值观代表一系列的基本信念，反映一个人关于正确与错误、好与坏、可取与不可取的观念。价值观包括内容和强度两种属性，内容属性告诉人们某种方式的行为或存在状态是重要的，强度属性表明其重要程度。价值观对研究组织行为是非常重要的，价值观直接影响一个人的态度和行为。

当个人价值观与组织价值观高度一致时，实现了员工与组织一体化。员工会产生对组织的依恋感情，感到组织是一个大家庭，个人与组织荣辱与共，同呼吸共命运，对组织有高度的忠诚度、使命感和责任感，在行为上能长期地、全面地、自觉地保持工作积极性，主动尽职尽责，不计个人报酬。个人所持有的价值观是受多方面因素影响而形成的，有组织因素，个人因素和环境因素。并且价值观具有相对稳定性和持久性的特点，但也不是不可改变。

对于组织因素来说，组织要能满足员工的需要并提供保护。组织文化要具有崇高性，使员工对组织目标和价值观尊崇与接受，认为它是值得为之奉献的，并将它内化为自己的价值观。这就应该做到使组织的目标包含更多的个人目标，使员工为了实现组织目标而努力，最终使个人需要得到满足和个人目标得以实现，使个人价值取向向着组织的价值取向靠拢，使组织的利益与员工个人利益密切挂钩，并使员工正确地、深刻地认识到这种利益上的一致性，真正地产生个人与组织利益与共、命运与共的感情。

在采用价值观激励的过程中，组织的领导者取得全体成员的认同是十分必要的，这主要取决于两个方面，即个人修养和利益分配的公正性。在个人修养方面，能做到以事业为重，以大局出发，真诚坦率，关心员工，善于沟通，具有民主精神和奉献精神。常言道"有容乃大，无欲则刚"，有这般修养就能产生凝聚力、向心力和影响力，全体员工自然会把他视为良师益友，视为信得过、靠得住的"自家人"，就会甘心情愿地把他倡导的价值观念、行为规范，当做自己的价值观和行为规范。在利益分配上，要做到公平、公正、无私。员工一旦感受到不公平的待遇，就会严重影响他们的积极性。

世界著名企业的成功无一不是重视价值观的激励。惠普公司是全球驰名的公司，它的成功相当程度上得益于它恒久的企业精神。重视人、尊重人、关心人是它们"人本管理的宗旨"，惠普对员工有极强的凝聚力。惠普的创始人比尔·休利特说："惠普的政策和措施都来自于一种信念，就是相信惠普的员工都想把工作干好，有所创造，只要给他们提供适当的环境，他们就能做得好。"有人称这是"惠普之道"。日本企业比较善于培养员工的"团队精神""敬业精神"。使组织和员工在思想感情上达到一致，这是最有效的激励。

综上所述，组织要卓有成效，就一定要搞好激励，激励是管理的核心。激励是一门科学，更是艺术，由于它的多因性，不存在最佳方式，必须采用系统的、动态的观点，权变对待，采用外在激励和内在激励相互结合的原则。

激励是管理者需要掌握的最重要、也是最复杂、最具有挑战性的技能。激励包含高深的科学与理论，但更多的是艺术。由于它的多因性，不存在任何可适用于一切情况的、现成的"万应灵丹"，但它毕竟是有一定规律可循的。因此，激励要因时、因地、因人而异；坚持内在激励与外在激励相结合；深刻认识价值观的激励是最深层次的激励，只有这样，才能真正发挥激励的作用。

二、激励实践常用方法

1. 物 质 激 励

物质激励是运用物质手段使被激励者得到物质上的满足，从而激发其工作动机，调动其积极性。物质激励目前仍然是激励的主要形式。物质激励的形式多种多样。

（1）常规的物质激励有：增加工资、颁发奖品、发奖金、带薪休假、疗养、旅游、在职培训、出国考察等。

（2）年终分红。多数企业运用年终分红的方法进行激励高层管理人员。与薪金不同，年终分红的总额很容易随绩效的改变而发生波动，使分红的金额和经营业绩直接挂钩，对于中高层管理者有明显的激励效果。

（3）绩效工资。绩效工资也称为绩效加薪，是依据员工个人绩效而增发的奖励性工资。它与红利是不同的；它是一种增加额，而红利则是对某一段时间工作的奖励。

（4）股票期权。股权激励是指让企业的管理者、员工持有企业的股票，是一种带有长期性的激励方式，具体方式有：购股、增股、转股、干股、期股等。股权激励是把员工的利益与企业的长远利益结合起来，使员工与企业形成利益共同体。

（5）收益分享计划。收益分享计划鼓励多数或全体员工共同努力以达到企业的生产率目标，并在员工和企业之间分享成本削减所带来的收益。

2. 精神激励

（1）目标激励。通过设置目标对员工进行激励。目标具有向导和激励的作用，组织应当为员工设置适当的目标，诱发其工作动机和行为，调动积极性。让员工了解企业的发展目标，看到自己工作对实现目标的意义，激发员工的使命感。同时要把组织目标与个人目标结合起来，在实现组织目标的同时也能实现个人的目标。

（2）内在激励。内在激励是工作本身的激励，工作具有创造性、挑战性、工作内容丰富，在工作中体会到乐趣，有成就感、自豪感、实现价值感，感受到生活的意义。

工作本身是否有吸引力，在工作中是否有无穷的乐趣，在工作中是否会感受到生活的意义；工作是否具有创造性、挑战性，工作内容是否丰富多彩、引人入胜；在工作中能否取得成就，获得自尊，实现自我价值等。

（3）兴趣激励。管理人员可根据员工的兴趣安排工作，员工做自己感兴趣的工作，会更加专注、入迷。兴趣对人们的工作态度、钻研程度、创造精神的影响很大。在管理中重视兴趣因素会取得很好的激励效果。

（4）参与激励。员工参与企业管理工作，可以使企业内部的沟通顺畅，这将使员工及时了解企业的目标、个人的任务，能够满足员工得到尊重与信任的需求，也是一种很好的激励手段。在实际工作中，管理者让员工参与目标制定；员工参与管理；全员参与合理化建议。

（5）感情激励。感情激励就是加强与员工的感情沟通，尊重员工、关心员工，让员工体会到领导的关心，企业的温暖，从而激发出主人翁责任感和极大的工作热情。

（6）荣誉激励。荣誉是组织对工作表现突出的员工给予荣誉称号，以满足人们自尊的需要。激发人们奋力进取的重要手段。授予先进的员工各类"先进""标兵""优秀""旗手""能手""五好"等称号，是很好的精神激励方法。

（7）榜样激励。榜样激励就是通过满足员工模仿和学习的需要，在组织中树立工作突出、积极向上的模范典型人物作为榜样，把员工的行为引导到组织目标所期望的方向。由于榜样在员工中有良好印象，他们的行为常常被企业员工仿效，从而达到激励员工的目的。

（8）培训激励。对员工进行上岗前培训、在职培训等，有助于帮助员工顺利适应工作，增强自信心，既提高了工作效率，又能够满足员工追求个人成长与自我实现的需求，有效地激发员工的积极性。

管理哲理故事

亿 万 富 翁 的 女 婿

一个亿万富翁经常这样对他作医生的女婿说："你不用担心钱的问题，只要你尽心照顾我，我会在死后把所有的遗产都给你，那些钱你一辈子也花不完！"

这个富翁身体很健壮，80多岁了还无病无灾。但他一直无法理解女婿对他的态度：每次见面握手，女婿都会摸他的脉搏，然后皱起眉头。很明显，他的女婿是在为他的脉搏正常而皱眉，他希望富翁早点去世。

故事哲理：

只有建立符合企业根本利益的奖励制度，奖励正确的行为和惩罚错误的行为，才能激励员工努力地工作，企业的生命才能得到延续和发展。

案　例

案例1　一笔奖金引起的抱怨

一家 IT 公司的老板，每年中秋节，老板会额外给员工发放一笔 1000 元的奖金。但几年下来，老板感到这笔奖金正在丧失它应有的作用，因为员工在领取奖金的时候反应相当平和，每个人都像领取自己的薪水一样自然，并且在随后的工作中，也没有人会为这 1000 元表现的特别努力。既然奖金起不到激励作用，加上行业不景气，老板决定停发，这样做也可以减少公司的一部分开支。但停发的结果却大大出乎意料，公司上下几乎每一个人都在抱怨老板的决定，有些员工明显情绪低落，工作效率也受到不同程度的影响。老板很困惑，为什么有奖金的时候，没有人会为此在工作上表现的积极主动，而取消奖金之后，大家都不约而同的指责抱怨甚至消极怠工呢？

问题：

请用相关的激励理论分析和解释这种现象，并给老板提出你的建议。

案例2　两位年轻人辞职引起的薪资制度改革

一家在同行业居领先地位、注重高素质人才培养的高技术产品制造公司，不久前有两位精明能干的年轻财务管理人员提出辞职，到提供更高薪资的竞争对手公司任职。其实，这家大公司的财务主管早在数月前就曾要求公司给这两位年轻人增加薪资，因为他们的工作表现十分出色。但人事部门认为，这两个年轻财务管理人员的薪资水平，按同行业平均水平来说，已经相当高的了。而且这种加薪要求与公司现行建立在职位、年龄和资历基础上的薪资制度不符合，因此拒绝给予加薪。

然而，对于此项辞职事件，公司里的人议论纷纷。有人说，尽管这两位年轻人的报酬绝对量高于行业的平均水平，但他们的表现出色，这样的报酬水平是很难令人满意的。也有人质疑，公司人事部门的主管明显的反对该项提薪要求，但是否应该由了解其下属表现的财务部门主管对本部门员工的酬劳行使最后决定权呢？公司制定了明确的薪资制度，但它是否与公司雇佣和保留优秀人才的需要相适应呢？这些议论引起公司总经理的注意，他要求人事部门牵头与生产、销售、财务等各部门人员组成一个专案小组，就公司酬劳计付方式广泛征求各部门职工的意见，并提出几套方案，供下月初举行的公司常务会讨论和决策之用。

问题：

1. 试分析为什么这两个年轻人要离开？两位年轻人拿到了高于同行业平均水平的薪资仍没感到满意，试用你学过的激励理论予以解释。

2. 人事部门认为，公司按照职位、年龄和资历计付薪资的制度既已明确颁布，就应严格遵照执行，哪怕因此而流失优秀人才。你对这种行为持何种看法？公司总经理准备考虑薪资制度的改革问题，你会给他提什么建议？

复习思考题

一、概念题

激励　需要　内在需要　正强化　保健因素

二、填空题

1. 马斯洛需要层次理论的五种需要由低到高_____、_____、_____、_____、_____。

2. 双因素理论的双因素_____、_____。

3. 分别列出 3 种保健因素和激励因素。

保健因素：_____、_____、_____；激励因素：_____、_____、_____。

4. 列出 5 种精神激励方法_____、_____、_____、_____、_____。

5. 期望理论中激励强度为哪两个因素的乘积_____、_____。

6. GRE 理论的三个层次需要为_____、_____、_____。

三、选择题

1. 比较马斯洛的需求层次理论和赫兹伯格的双因素理论，马斯洛提出的五种需求中，属于保健因素的是（　　　）。

A. 生理和自尊的需要

B. 生理、安全和自我实现的需要

C. 生理、安全和社交的需要

D. 安全和自我实现的需要

2. 与同事建立起良好的工作关系满足了哪种需要？（　　　）

A. 生理需要　　　　　　　　　　B. 尊重的需要

C. 社交需要　　　　　　　　　　D. 自我实现的需要

3. 当公司的职员开始对自己组织作出的贡献与他所得到奖酬进行权衡时，并考虑今后采取怎样的努力程度，哪一种组织行为理论在对职员起作用。（　　　）

A. 期望理论　　　　　　　　　　B. 公平理论

C. 双因素理论　　　　　　　　　D. 需要层次理论

4. 哪一种方式对激励员工意义不大？（　　　）

A. 承认员工的个性差异　　　　　B. 员工的目标难以实现

C. 因人设岗　　　　　　　　　　D. 不轻视利益刺激

5. 假如你是一家工厂的厂长，发现工人没有不满情绪，但对工作并不满意，你可以采用下列哪种激励方法？（　　　）

A. 对工人提供更多升迁的机会

B. 改善工人的工作条件

C. 增加工人的薪水

D. 以上皆不可行

6. 在赫茨伯格的领导理论中，下列哪一个因素与工作环境和条件有关？（　　　）

A. 激励因素　　　　　　　　　B. 保健因素

C. 环境因素　　　　　　　　　D. 人际因素

7. 如何调动企业员工积极性的问题展开讨论时，学员们众说纷纭，你认为哪一种应成为首选的主张？（　　）

A. 成立员工之家，开展文体活动等，以增强凝聚力

B. 从关心员工需要出发，激发员工的主人翁责任感，从而努力做好本职工作

C. 表扬先进员工，树立学习榜样

D. 批评后进员工，促使其增强工作责任心

8. 从期望理论中，我们得到的最重要启示是（　　）。

A. 目标效价高低是激励是否有效的关键

B. 期望概率的高低是激励是否有效的关键

C. 存在着负效价，应引起领导者注意

D. 应把目标效价和期望概率进行优化组合

9. 激励理论中的双因素理论的"保健因素"，它指的是（　　）。

A. 能影响和促进职工工作满意感的因素

B. 能保护职工心理健康的因素

C. 能影响和预防职工不满意感发生的因素

D. 能预防职工心理疾病的因素

四、判断题

1. 根据马斯洛的需求层次理论，人的行为是由最高一级的需求所决定的。（　　）

2. 从马斯洛的需要层次论看，职工对工作自主权的追求应列归"尊重需要"层次。凡事听命于别人，怎谈得上有自尊？（　　）

3. 一些人无偿地占有另一些人的劳动成果就意味着剥削，分配中的绝对平均主义也意味着劳动付出少的人无偿占有了劳动付出多的人的成果，因此与剥削无异。（　　）

4. 快乐的工人是生产率高的工人。（　　）

5. 当上司表现得友好、可信和平易近人时，工人们会表现出很高的积极性。（　　）

6. 每个人都渴望得到一份挑战性的工作。（　　）

7. 金钱对每个人都有激励作用。（　　）

8. 大多数人对别人的薪水的关心程度甚至比对自己的关心。（　　）

9. X 理论认为人是喜欢工作的，工作和做游戏一样。（　　）

10. 有一位管理者始终采用制度、强迫和奖金来管理员工，他可能认为员工的本性是属于 Y 理论。（　　）

五、简答题

1. 激励的过程。

2. 分配公平感的特点。

3. 根据亚当斯的公平理论，不公平感恢复的手段。

4. X 理论的要点。

5. Y 理论的要点。

6. 与激励有关的工作特性有哪些？

7. 马斯洛需要层次理论的基本观点。

8. 根据期望理论,激励实践时应处理好哪些方面的关系?

六、论述题

1. 按马斯洛需要层次理论,五种不同层次需求激励的一般激励因素、管理措施。

2. 期望理论对实际激励有哪些启示?

第八章　沟　　通

【本章要点】
(1) 沟通的意义。沟通的概念，沟通的作用。
(2) 沟通的过程与分类。沟通的过程，沟通的分类。
(3) 沟通网络。正式沟通网络，非正式沟通网络。
(4) 非语言沟通。身体语言，副语言，空间距离。
(5) 沟通的障碍及改善。沟通的障碍，管理沟通的改善。

第一节　沟通的意义

一、沟通的概念

什么是沟通？可以说众说纷纭，莫衷一是。多年前，美国威斯康星大学的一位教授曾统计过，人们关于"沟通"的定义有 126 种之多。事实上，沟通一词源于拉丁语 communis，意思是指"共同"——沟通者需要与接收者建立"共同"。"沟通"对应的英文词是 communication，communication 在英文中是一个多义词，中文译法主要有沟通、传播、通信和交通等。在汉语中，"沟通"一词的本义是开沟使两水相通。语出《左传》："哀公九年，秋，吴城邗，沟通江淮。"其引申义为彼此相通。作为专业术语，专指相互之间信息的传递和交流。

具体来说，沟通有以下几方面的含义：

(1) 沟通首先是意义上的传递。如果信息和想法没有被传递到，则意味着沟通没有发生。也就是说，说话者没有听众或写作者没有读者都不能构成沟通。

(2) 要使沟通成功，意义不仅需要被传递，还需要被理解。在沟通过程中，发送者要把传递的信息翻译成符号（编码），接受者则要进行相反的翻译过程（解码）。由于每个人的"解码"系统各不相同，对同一符号常常存在不同的理解，由此存在不少的沟通问题。

(3) 有效的沟通不是别人接受自己的观点，也不是指沟通双方达成协议，而是准确地理解信息的含义。实际上，沟通双方能否达成一致协议，还涉及双方利益是否一致，价值观念是否相同等关键因素。

沟通一般有两种类型：人际沟通（Interpersonal Communication）和管理沟通（Management Communications）。所谓人际沟通，简单地说，就是人与人之间进行信息交流的活动。在组织管理学中，它的确切定义为"一种双边的、影响行为的过程。在这个过程中，一方（信息源）有意向地将信息编码通过一定的渠道传递给意向所指的另一方（接受者），以期唤起特定的反应或行动。"所谓管理沟通，是指组织成员为达成组织目标而进行的信息交流和传递过程。缺乏沟通，工作的协调就无从谈起，合作也就无法进行。

管理沟通与一般意义上的人际沟通存在差异，它是存在于"组织范围中的沟通"，是一种特殊的人际沟通，具有以下的特点：

第一，在正式的组织沟通中，沟通网络必须明确地予以规定，每个组织成员都要有明确的沟通路线。如上级向下级传达命令，下级向上级汇报情况等信息传递要有一定的规则，不可随意打乱。

第二，根据制度建立起来的沟通路线，必须方便直接联系，如果两个组织角色之间联系曲折或经第三者的转达，则说明该沟通路线存在问题。另外，正式沟通所传达的信息必须是准确可靠的。只有这样，组织才能正常运转。

第三，任何组织一旦进入运转过程，其正式的沟通路线就必须保证畅通而不能间断。一旦间断，就有可能造成沟通的故障，还有失去控制的危险。

二、沟通的作用

沟通是组织管理中非常重要的组成部分，有效的沟通有助于促进组织成员之间彼此了解，增强组织的凝聚力；有助于激励员工更好地完成工作任务，增加工作满意度，对于实现组织的目标具有十分重要的意义。正如美国管理学家斯通纳（James A F Stoner）所认为的：“沟通对于管理人员是非常重要的。因为在贯穿管理的全过程中，这一活动是不可缺少的，无论计划、组织、领导、决策、监督、协调、考核的成功完成，都必须以有效的沟通为前提。”具体地说，包括以下几个方面：

（1）沟通是企业协调各方面活动，使企业成为一个整体的凝聚剂。每个企业都是由许多个体组成，企业每天的活动也是由许多具体的工作任务所构成。要达到科学管理，实现组织目标，管理者必须了解组织内部的信息。通过这些信息，管理者可以了解员工的需求、士气、态度与意见，了解各部门之间的关系和工作效果，协调各部门和各环节的关系。

（2）沟通是领导者激励下属，实现领导职能的基本手段。任何一个领导者，有效领导的前提是一方面领导要了解下属的需要，另一方面下属也要了解领导者的意图和想法，这都需要沟通来实现。日本企业之神，著名国际化电器企业松下电器公司的创始人松下幸之助有句名言：“伟大的事业需要一颗真诚的心与人沟通。”正是凭借其良好的沟通艺术，赢得他人的信赖、尊重与敬仰，使松下电器成为全球电器行业的巨子。

（3）沟通是企业与外部环境之间联系的桥梁。作为一个开放的系统，企业必须与外界进行各种信息的沟通，沟通的对象包括顾客、供应商、政府、社区、公众与股东等。企业必须按照顾客的要求调整产品结构，遵守政府的法规法令，担负自己应尽的社会责任，处理好与客户、媒体、社区等的关系。由于企业的外部环境总是处于不断的变化之中，企业为了生存就必须适应这种变化，这就需要企业不断地与外界保持密切的、持久的沟通，以把握一切成功的机会。

（4）沟通有利于满足员工的心理需要，改善人际关系。组织中每个员工都有受人尊重、社交和爱的需要，人与人之间的沟通和交流可以使这些需要得到满足。经常的沟通可以使人们之间彼此了解，消除误会，有利于形成良好的人际关系。

第二节　沟通的过程与分类

一、沟通的过程

沟通过程（Communication Process）是一个发送者把信息通过沟通渠道传递给另一个接收者的过程。首先，信息发送者将要传递的信息（message）转化为信号形式（编码，

encoding），然后通过媒介（通道，channel）传送至接收者，由接收者对接收的信号再转译过来（解码，decoding），并进行反馈，这样就完成了一个信息传递过程。图8-1描述了沟通过程，它由七个要素组成：信息源、编码、信息、通道、接收者、解码及反馈。

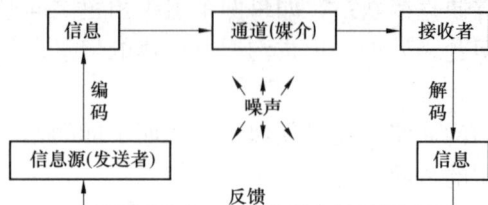

图8-1　沟通的过程

（1）信息源。信息源又称为信息发送者，指在沟通中具有沟通需求并发出信息的个人、群体、组织，是信息沟通的主体。

（2）编码。编码是发送者将其思想或主张编成一定的符号形式，用以表达信息的过程。例如将中文翻译成英语、将设计思路转化为图画等都是编码的过程。编码包括语言编码和非语言编码。

（3）信息。编码的结果就是信息。在人际沟通中，信息是指由信息源经过编码而创造的一切语言和非语言的符号。这些符号的组合表达了发送者想要传递的意义。

（4）通道。通道是由发送者用于传递信息的媒介物，如面对面交谈、书面通知、电话、电报、电脑网络等。不同的信息内容要求使用不同的通道。政府工作报告就不宜通过口头形式而应采用正式文件作为通道，邀请朋友吃饭如果采用备忘录形式就显得不伦不类。有时人们可以使用两种或两种以上的传递渠道，例如，双方可先口头达成一个协议，然后再予以书面认可。由于各种渠道都各有利弊，因此，正确选用恰当的通道对有效的沟通十分重要。

（5）接收者。接收者指在沟通过程中接收信息的一方，是信息沟通的客体。

（6）解码。解码与编码正好相反，是接收者在接收信息后，将符号化的信息还原为思想，并理解其意义的过程。完美的沟通，应该是发送者与接收者的思想完全吻合，即编码与解码完全"对称"。如果双方对信息符号及信息内容缺乏共同经验，则容易缺乏共同语言，从而使编码、解码过程不可避免地出现误差。因此，甲方在编码过程中必须充分考虑到乙方的经验背景，注重内容、符号对乙方的可读性；乙方在解码过程中也必须考虑甲方经验背景的条件下进行，这样才能更准确地把握甲方欲表达的真正意图，而不至于曲解、误解其本意。

（7）反馈。反馈是接收者将信息反馈给发送者，并对信息是否被接受和理解进行核实。反馈能够使信息发送者判断信息接收者是否正确理解信息的内容，从而及时调整信息发送，以便达到更好的沟通效果。

此外，整个过程还会受到噪声的影响。所谓噪声（Noise），就是指对信息的传送、接受或反馈造成干扰的因素。典型的噪声包括模棱两可的语言、难以辨认的字迹，电话中的静电干扰，以及不同的文化背景。总之，所有对理解造成干扰的因素都是噪声。噪声会使得沟通过程的效果大为降低，造成信息的失真或信息歪曲的现象。

二、沟通的分类

在一个有效沟通的组织中，信息沟通种类繁多，按其区分标准不同，可作如下分类：

1. 语言沟通与非语言沟通

根据沟通过程中所使用的符号系统的不同，可分为语言沟通与非语言沟通。

语言沟通（Verbal Communication）是使用正式语言符号系统的沟通，包括口头沟通和书面沟通。口头沟通是采用口头语言进行信息传递的沟通，也是最常见的交流方式，如会谈、讨论、会议、演说、电话等。书面沟通是指采用书面文字的形式进行的沟通，如备忘录、报告、信函、文件、通知、内部通信等。

口头沟通传递迅速、反馈及时、比较灵活，很少受时间、地点和场合的限制，信息可以在最短的时间里被传送，并在最短时间里得到对方的回复。当沟通双方对信息有所疑问时，迅速反馈可使发送者及时检查其中不够明确的地方并进行改正。但口头沟通在信息传递的过程中，容易造成失真。信息链越长，信息失真的可能性越大。因此，口头沟通不适用于需要经过多人传送的信息。显然，组织中的重要决策就不宜通过口头方式在组织中上下传送。

书面沟通由于思考时间长，因而逻辑性强，条理清楚，传达的信息准确性高，信息权威性强，沟通比较正式，并可以长时间保存，接收者可以反复阅读等。但书面沟通也存在以下不足：一是沟通周期比较长、缺乏亲近感；二是沟通双方的应变性比较差、难以得到即时反馈。有的心理学家曾对口头沟通和书面沟通的效果进行比较研究发现：口头与书面混合方式的沟通效果最好，口头沟通方式次之，书面沟通方式效果最差。

非语言沟通（Nonverbal Communication）是指通过语言与文字以外的符号系统来进行的沟通，如交谈时的手势、神态、表情、语调等。非语言沟通的作用主要有两点：一是辅助语言沟通，使其所要交流的信息更明白易懂，沟通的效果更好；二是非语言沟通能显示出一种真实性，特别是情感上的真实性。但也存在传送信息距离有限，界限含糊，以及只能意会不能言传等不足。值得注意的是，任何口头沟通都包含有非语言信息。研究者曾发现，在口头交流中，信息的 55％来自于面部表情和身体姿态，38％来自于语调；而仅有 7％来自于真正的词汇。

随着科学技术的不断进步与发展，电子沟通正在成为主要而且高效的沟通类型，其中，主要是手机通信、电子邮件、视听会议和组织内局域网的使用。电子沟通不但显著改变了沟通模式、降低了信息传递和共享成本，提高了灵活性，而且正在改变组织的整个管理程序及模式。特别是各类网络化的"群体支持系统"和"电子会议系统"的研制与应用，使得许多员工可以在同一时间发言、倾听和分享数据信息，迅速实现多位沟通，成为强化团队工作，提高工作效率和工作满意度的有效途径。

2. 单向沟通与双向沟通

根据沟通时是否有反馈，可把沟通分为单向沟通和双向沟通。

单向沟通指没有反馈的信息传递。如报告、演讲、指示和命令等。它的特点是传达信息速度快，适于任务急、工作简单、无需反馈的情景，但准确性差。

双向沟通指有反馈的信息传递，如交谈、协商、会议等。双向沟通较之于单向沟通，具有准确性高、参与性强、有感情交流等优点。但速度慢，参加者易受干扰。双向沟通比较适应于下列情况：一是沟通时间充裕，沟通的内容复杂；二是下属对方案的接受程度非常重要；三是上级希望下属能对管理中的问题提供有价值的信息和建议。除了前述的一些原因外，领导者个人的素质对单向和双向沟通的选择也有影响。

显然，管理者可根据自己拥有的沟通条件来选择单向沟通与双向沟通。现代企业越来越多地从单向沟通转变为双向沟通，因为它更能激发员工的主人翁精神，有利于企业的发展。

3. 正式沟通与非正式沟通

从沟通渠道来看，沟通可以分为正式沟通和非正式沟通。

正式沟通是按照组织规定的线路进行的，即通过正式组织渠道或明文规定的渠道进行的信息传递和交流。例如，组织规定的汇报制度，定期或不定期的会议制度，上级的批示按组织系统逐级下达，或下级的情况逐级向上反映等，都属于正式沟通。

非正式沟通是指在非正式组织内部或其成员之间进行的沟通，以及在其他所有正式沟通渠道之外进行的信息传递和交流。这种沟通不是按照组织规定的线路进行的，它是人们在发生联系时产生的自然沟通。例如，员工之间私下交换意见，议论某人某事及传播小道消息等。非正式沟通不仅传播信息的速度快，而且也非常有效。同时，非正式沟通不是基于管理者的权威，而是出于职工的愿望和需要。当然，非正式沟通也存在一些缺点，如信息不完整，带有过多的个人感情色彩，导致小集团、小圈子，影响组织的凝聚力和人心稳定等。尽管如此，管理者还是应当明确认识和重视小团体的作用，允许它们的存在和发展，并注重培养它们，把小团体转化为有益于组织的团体。

4. 上行沟通、下行沟通、平行沟通和斜向沟通

根据正式沟通中信息流向的不同，沟通可分为上行沟通、下行沟通、平行沟通和斜向沟通。

上行沟通是指自下而上的沟通，是下属向上级汇报工作，反映情况、提出意见和建议，表达自己的态度等。如果上行沟通渠道通畅，将有利于领导者及时、准确地掌握全面情况，做出符合实际情况的决策。比如，定期召开职工座谈会，设立意见箱，建立定期的汇报制度及接待上访制度等，这些都是保持上行沟通渠道畅通的有效方法。

下行沟通是指自上而下的沟通，即上级向下级传达企业的目标、规章制度及工作程序等。下行沟通的主要作用是使下级明确工作任务和目标，引导个体目标与组织目标保持一致，协调各层次间的活动。卡茨（D. Katz）和卡恩（R L Kahn）认为，下行沟通主要有五个目的：①向下级阐明组织发展的目标；②向部属提供关于组织程序与实务的资料；③向下级传递有关具体工作的指示；④使下级了解自己的工作及与其他工作的关系；⑤反馈下级工作的绩效。

平行沟通也称横向沟通，指组织中处于同一层级的单位或个人间的沟通。比如，领导班子成员之间、各科室之间的信息沟通等。平行沟通有助于加强平行单位之间的了解、配合与支持，是减少部门间冲突的一项重要措施。

斜向沟通是指不同层次部门或个人之间的信息交流。常发生在直线部门与参谋部门之间，如果赋予参谋人员职权，就会有斜向沟通发生。

据国外一项研究表明，管理人员的信息沟通中约有三分之一是纵向流动的，而三分之二是平行交叉的。

第三节　沟 通 的 网 络

在信息交流过程中，信息发送者直接或间接将信息传递给接收者，这就产生了沟通的途径问题。在组织沟通中，由各种途径所组成的结构形式称为沟通网络。信息沟通的有效性与它的网络类型有一定的关系。组织沟通网络可分为正式沟通网络与非正式沟通网络。

一、正式沟通网络

正式沟通网络是根据组织结构和规章制度来设计的，用以传递和交流与组织活动直接相关的信息。正式沟通有五种典型的沟通形态：链式（chain）、轮式（wheel）、Y式（Y）、环式（circle）、全通道式（all channel）。以五人为例，正式沟通网络如图8-2所示。

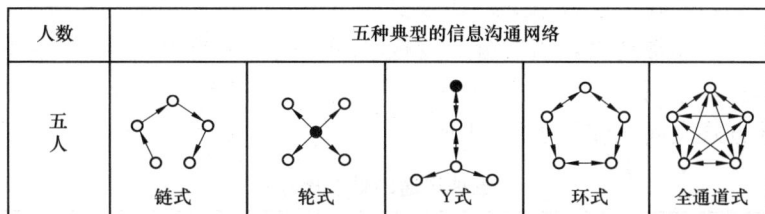

人数	五种典型的信息沟通网络				
五人	链式	轮式	Y式	环式	全通道式

图8-2　正式沟通网络示意图

（图中，●表示中心人物，可能是领导或地位较高的人，→表示沟通方向）

（1）链式。这是一个纵向的沟通网络，其中居于两端的人只能与内侧的一个成员联系，居中的人则可分别与两人沟通信息，信息在该网络中只能自上而下或自下而上进行逐级传递。这种沟通方式的优点是传递信息的速度最快，解决简单问题的效率最高。缺点是信息经过层层传递，筛选，容易失真，平均满意度低。该网络适用于一个只有直线型权力关系没有其他关系的组织中。

（2）轮式。这是一个控制型网络，其中只有一个成员是各种信息的汇集点与传递中心，所有其他人只能与这个中间人进行交流。这种沟通网络代表一个经理与4个下属分别进行沟通，而4个下属之间没有联系，所有的沟通都是通过经理完成的。其优点是集中化程度高，容易控制，解决问题的速度快，有利于处于中心地位的领导人了解、掌握、汇总全面情况，并迅速把自己的意见反馈出去。缺点是沟通的渠道少，成员之间缺少沟通，组织成员平均满意度低、士气低，影响组织的工作效率。该网络适用于组织接受紧急任务、需加强控制、争取时间的情况。

（3）Y式。这是一个纵向沟通网络。与轮式网络一样，Y式网络中也只有一个成员位于沟通的中心，成为沟通的中介。现实中经常看到的是倒Y式网络形态。比如，主管、秘书和几位下属构成的倒Y式网络，就是秘书处于沟通网络中心地位的一个实例，由此我们不难理解为何秘书的职位不高却常拥有相当大的权力。这种沟通方式的优点是集中化程度较高，信息传递的速度较快，但组织成员间缺少横向沟通，平均满意度较低，易于造成信息的失真和扭曲。此网络适用于主管人员的工作任务十分繁重，需要有人筛选信息以节省时间，而又需要对组织实行有效控制的情况。

（4）环式。此形态可以看成是链式形态的一个封闭式控制结构，表示五个人之间依次联络和沟通。环形网路允许其成员与相邻的成员交流，但不允许与其他交流。在这个网络中，组织的集中化程度较低，信息畅通渠道不多，组织成员具有比较一致的满意度，组织士气高昂。如果在组织中需要创造出一种高昂的士气来实现组织目标，采用环式沟通是一种行之有效的措施。其缺点是沟通速度较慢，信息易于分散，往往难以形成中心。

（5）全通道式。这是一种开放式的网络系统，每个成员之间都有一定的联系，交流是平等的，无明显的中心人物。此网络中组织的集中化程度较低，成员满意度高，合作气氛浓，对于解决复杂问题、增强组织的合作精神、提高士气均有很大作用。但渠道太多，容易造成混乱，且费时，影响工作效率。该网络适用于一个需解决复杂问题和增强组织合作的团队中，如委员会。

上述各种沟通方式均有利弊，应根据不同的情况选择不同的沟通方式。如果要求速度快，容易控制，采用轮式沟通效果好；如果要求组织成员的士气高，采用环式和全通道式沟通较理想；如果组织非常庞大，需要分层授权管理，链式沟通比较有效；如果一个主管需有人协助筛选信息，采用 Y 式沟通就较为合适。因此，在选择沟通网络时，应视具体情况而定。各种沟通方式之间比较如表 8 - 1 所示。

表 8 - 1 　　　　　　　　　　五种沟通的效能比较

沟通类型	解决问题速度	信息的精确度	集中化程度	领导人的作用	组织成员士气
链式	快	低	中	较显著	低
轮式	快	低	高	非常显著	很低
Y 式	较快	较低	较高	显著	不一定
环式	慢	高	低	不发生	高
全通道式	慢	较高	很低	不发生	高

二、非正式沟通网络

在组织沟通中，除了正式的沟通网络以外，还存在大量的非正式沟通途径，这些途径所组成的结构形式即非正式沟通网络。非正式沟通网络不是由组织固定设置的，而是在组织成员之间进行非正式沟通中自然形成的。它的主要功能是传播职工所关心的信息，体现的是职工的个人兴趣和利益，与企业正式的要求无关。通常所说的"小道消息"就是经由这种沟通网络传播出去的。传播这种信息一般以口头方式，不留证据、不负责任，无从查证。每个人都可能在小道消息中扮演一个角色，有消息制造者，有传播者，有的只听不传，有的夸张扩散。

美国心理学家戴维斯通过对小道消息传播的研究，发现非正式沟通网络主要有四种基本形态：单线型、辐射型、随机型和集束型，如图 8 - 3 所示。

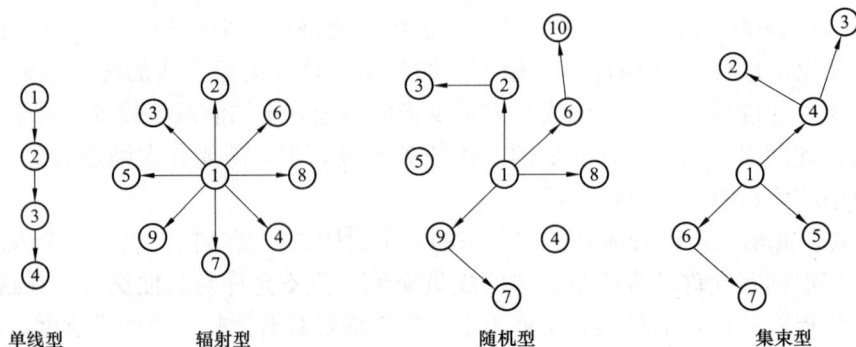

单线型　　　　　辐射型　　　　　随机型　　　　　集束型

图 8 - 3　非正式沟通网络

单线型：以"一人传一人"为特征。图中，①将消息传给②，②传给③，③传给④。
辐射型：以"一人传多人"为特征。图中，①将消息传给②、③、④……等人。

随机型：以"一人偶然传"为特征。图中，①将消息随机地传给一部分人，这些人再随机地传给其他人。实际传给哪些人，带有相当的偶然性。

集束型：也称"葡萄藤式"，以"一人成串传"为特征。图中，①将消息传给特定的一群人如熟人，这些人又再传给各自熟悉的其他人。这是非正式沟通中典型的沟通网络，所谓"一传十，十传百"。

非正式沟通的优点是：形式自由不限，传播的速度快，能及时了解到正式沟通中难以了解到的"内部消息"。其缺点是非正式沟通难于控制，传播的消息不确切而导致谣言，易形成小集团、小圈子，影响组织的稳定和团结。

组织中存在的非正式沟通网络有时可能产生不利影响，但也可以加以利用，以补充正式沟通网络中的不足。因为这种沟通方式不受组织机构的监督和控制，可以自行选择沟通渠道，有时可以提供正式沟通中难以获得的某些信息。人们的真实思想和意见也往往是通过非正式的沟通网络表露出来的。所以管理者应对非正式沟通网络加以正确的引导和利用，以弥补正式沟通网络的不足。

第四节　非语言沟通

非语言沟通是人们沟通的一种主要形式，包括表情、姿态、动作、服饰、副语言、人际距离等多种类型。这些非语言所显示的意义要比语言本身多得多，而且深刻得多。通过丰富多彩的表情、姿态、动作等会使人获得形象而直观的感受，有助于增加对沟通对象的吸引力，体现沟通者的良好形象，增加对沟通者的信任感。

一、身体语言

身体语言又称肢体语言、动作语言，是指借用人体的动作、姿态、表情、着装等形式表达特定的思想、态度。身体语言是所有非语言沟通形式中内容最丰富、最复杂，使用最频繁的形式。

《世说新语·容止》里讲了下面这样一个故事：魏武将见匈奴使，自以形陋，不足雄远国，使崔季珪代，帝自捉刀立床头。既毕，令间谍问曰："魏王何如？"匈奴使答曰："魏王雅望非常；然床头捉刀人，此乃英雄也。"魏武闻之，追杀此使。

意思是说匈奴使者来访，曹操（魏武帝）认为自己的相貌丑陋，不足以威慑远方国家的使者，于是在会见匈奴使者时，让相貌清朗而威重的崔季珪代替，自己则充当侍卫，拿着刀站在坐榻旁。会见完毕，又派间谍去问匈奴使者："你看魏王如何？"使者答道："魏王风度儒雅非同一般，但是床榻旁那个握刀人，才是位真英雄啊！"曹操便警觉起来，生怕使者已窥见这其中的纰漏，于是马上派人杀了这个使者。下面我们介绍一些具体的身体语言形式。

1. 身体动作与姿态

人的姿态常常能"说"出很多话来，表达出种种不同的信息。比如，是直挺挺、笔直地站着，还是斜靠着门站着；是端端正正地坐着，还是随随便便跷着二郎腿、交叉着腿或者并排着腿坐着。总之，各种身体的姿态，都传达着一定的信息。有的研究者认为，至少有1000种不同的体态语言。为了加重语气而点头、微微一笑，可表达赞许、满意、欣赏、礼貌地拒绝或者欣然承诺等意思。至于这些无声的动作究竟传递的是哪一种信息，那还要看具体的语境而定。

2. 表情

面部表情信息，就是通过面部器官（包括眼、嘴、舌、鼻、脸等）的动作姿态所表达出的信息。美国学者巴克经过研究发现，光是人的脸就能做出 25 万种不同的表情。在交际过程中，交际双方最易被观察的"区域"莫过于面部。由于脸上的神色是心灵的反映，面部表情是人的心理状态的体现，因此，人的基本情感及各种复杂的内心世界都能够从面部真实地表现出来。

解读面部表情是一个复杂的过程，面部经常迅速显示几种感情的组合。提高一个人对面部表情解读的最好方式是观看人们说话时面部表情的无声录像。观看眉毛的扬起或紧皱，瞳孔的变化，鼻子的张合，嘴唇的紧绷与放松，牙齿合上或咬紧。而最为关键的是观察人的眼神。社会学家和心理学家做过很多实验，认为在人体的各个器官中，眼睛能够表达更多的"无声的"语言。一天中，人的眼睛大约睁闭 100 000 次，而被研究较多的眼睛动作是"目光接触"。在正常情况下，人们之间的目光接触可能会占整个面对面谈话的 30%～60%。眼睛传达出一个人的喜怒哀乐，可以确知一个人说话的倾向性和感情。

3. 身体接触

身体的直接接触是十分亲昵的意思，在一个人处于极度困难或悲伤时，来自其他人的触摸是表示同情、安慰和保护的最好方法。但是在很多国家，人们并不喜欢别人随便触摸他们，触摸被认为是对个人空间和隐私的侵犯。

二、副语言

副语言是指发出的有声但无固定语义的辅助语言，像音质、音调、音高、音速、停顿等。

1. 语速

人们说话的速度影响着听者对信息的接受和理解。人们说话的速度通常在每分钟 120～261 个音节。研究发现，当说话者使用较快的速度时，被视为是更有能力的表现。当然，如果说话速度太快，人们跟不上，其语言的清晰度也可能受到影响。

2. 音调

音调指声音的高低，它决定了一种声音是否悦耳。有些人认为，高音没有低音悦耳，然而研究语速的人也发现，如果说话者使用较高且有变化的音调，则被视为更有能力；用低音说话的人似乎是气量不足，可能被认为对所说的话没有把握或者害羞。但是也有研究证明，当人们撒谎时会比平时的音调更高。

3. 音量

音量即说得声音的响亮程度。如果合乎说话者的目的，并不是不分场合地在任何时候都使用很大的音量才好。柔和的声音往往具有同样甚至更好的效果。

三、空间距离

有关空间和距离的研究，也称为空间关系学，涉及使用周围空间的方式，以及坐或者站时与他人保持的距离。人们通过对空间、场所以及距离的利用表达自己的愿望。

爱德华·霍尔在其《无声的语言》和《隐蔽的一面》两本关于非语言沟通的经典著作中，发现北美人在与他人沟通时有 4 个空间距离：亲密距离、人际距离、社会距离和公共距离。

1. 亲密距离

亲密距离用于我们感觉非常亲近的人，这种空间始于身体接触，向外延伸约 0.46 米，用于情侣和挚友之间，在商务活动和工作场所，很少使用这个距离。虽然某些时候，一个人向另一个人耳语、握手、拥抱也很常见，但这样的接触通常在数秒内结束，人们会离开回复到人际距离或社会距离。

2. 人际距离

相距 0.46～1.22 米，是人们在进行非正式的个人交谈时经常保持的距离，即人际距离。这个距离近到足以看清对方的反应，远到足以不侵犯亲密距离。

3. 社会距离

当对别人不熟悉时，最可能保持一种 1.22～3.66 米的社会距离。非个人事务、社交性聚会和工作访谈等都常利用社会距离。在一个有许多工作人员的大办公室里，办公桌是按社会距离摆放的，这种距离使每个人都可能把精力集中在自己的工作上。在一些重要人物的办公室，办公桌也大到足以使来访者保持恰当的社会距离。

4. 公共距离

由 3.66 米延伸到听觉距离，这一距离大多用于公众演讲中，因为它不适合人与人之间的沟通状况。在公共距离下，人们说话声更大，手势更夸张，同时人们相互影响的机会也更少。

第五节 沟通的障碍

在沟通过程中，无论采用何种沟通方式，都会遇到各种干扰，影响接收者获得信息的正确性和完整性，我们把这些干扰因素称为"沟通障碍"。沟通障碍会在沟通的任何阶段发生，主要存在于信息发送者、信息接收者和沟通过程等方面。

一、来自信息发送者方面的障碍

信息发送者方面的障碍就是信息编码过程中的障碍，主要包括以下几方面的因素。

（1）思想障碍。沟通中发送者的思想状况会直接影响到沟通的效果。比如管理者在对下属的沟通中，若存在自以为是、高人一等、唯我正确的思想，就会减少主动与下属沟通的次数，从而导致沟通不畅。再比如，发送者有意操纵信息，即过滤（Filtering）一些对接收者有利的信息，也会导致沟通障碍。如下属向上级主管报告情况时，若存在投其所好、自我表功的私心，就不会把实际情况真实地向上级反映，尤其是遇到领导者不愿听取不同的意见时，就会堵塞言路，从而使上级对所属情况无法完全了解。

（2）表达障碍。人的沟通能力有相当大的差别，往往会影响有效的沟通。发送者的表达如果含混不清将直接导致编码环节的失败，造成用词不当、思路混乱、句式复杂、缺乏条理、晦涩难懂等现象。例如，某管理者说"该部门增加了向企业实体发放数据采集表格的时间间隔，以获得客观的经济效果"时人们可能一脸茫然，而他的实际意思只不过是"该部门减少向供应商发出的问卷以节省开支"。每个人的表达能力都有所不同，有的人语言表达能力欠缺，但文字功底深厚；有的人书面表达能力欠缺，但口头表达能力很强。实际上这两种表达能力对于一个管理者来说都是缺一不可的。同时，管理者还应该考虑到对方的理解能力和知识水平，尽量采取对方可以理解的表达方式进行沟通。

（3）不恰当的非语言沟通方式。人们在交谈过程中，往往伴随着一系列有含义的动作，包括身体姿势、手势、表情、眼神等，这些信号强化了信息发送者所要表述的含义。沟通者双方的眼神交流，会表达出喜爱、友好等情感，面部表情会表露出惊讶、恐惧、兴奋、悲伤等情绪。但是，当发送者使用了矛盾的非语言沟通形式就会导致接收者的误解，如当一个管理者非常希望通过沟通与对手达成谅解，但却采取了非常强硬的语气，就会使对方怀疑他的诚意。

（4）缺乏计划性。良好的沟通很少是没有计划的。一位销售冠军曾经说过，每一次他去拜访顾客前总要事先充分做好准备，包括对方的喜好、专业、收入等都做了详尽的调查和思考，然后才选择合适的时间和地点进行拜访。由此，我们可以看出，实现有效的沟通需要对沟通的目的有所计划，缺少计划的沟通是难以取得令人满意的效果的。

二、来自信息接收者方面的障碍

信息接收者方面的障碍就是存在于信息解码过程中的障碍。这类障碍主要是由于以下几个方面的因素造成的。

（1）理解障碍。由于信息发送者与信息接收者在知识和经验水平上相差甚远，双方缺乏对同样问题接收的"共同平台"，同样的语言对不同的人可能意味着完全不同的事情，从而出现沟通障碍。如对某一问题，发送者认为很简单，稍作提示即可了解，而接收者却认为该问题并不简单，不加说明根本无法了解，从而就出现理解上的分歧。

在跨文化的背景中，人们由于语言、文化、风俗、习惯、信仰等的不同造成理解障碍的情况更是比比皆是。比如，"OK"手势，在北美表示认可、好或顺利的意思，但在南美则是一个侮辱性手势。在澳大利亚和伊斯兰国家则意味着"讨厌的人"，在法国表示为"无价值"的意思。再比如，在中国文化中，语言有时并不能代表人们的真实想法，而只是表示自己的谦逊。中国人在一个新的高级职位面前，往往会说自己没有完全的把握做好这个工作，但如果信息的接收者是一个美国上司，那就有可能出现问题。

（2）选择性接收。选择性接收是指人们从一组信息中倾向性地接收其中与自己的信仰、价值观一致的部分，而放弃其他的部分。研究表明，人们往往听到或看到他们感情上有所准备的东西，或他们想听到或看到的东西，甚至只愿意接受好听的，拒绝不好听的。有人曾做过一个试验，请一个公司的 23 位主管回答"假如你是公司总裁，你认为哪个部门最重要？"结果，所有的主管都认为从公司角度出发，自己所负责的部门最重要。

（3）信誉障碍。当接收者对发送者的人品、动机、经验产生怀疑时，就会产生不信任的情绪，导致接收障碍。例如，一个根本不会用电脑的人向你推荐最新款的笔记本电脑时，你就会产生怀疑。

三、来自沟通过程中的障碍

沟通过程中的障碍主要由以下几方面的因素造成。

（1）沟通渠道障碍。当组织结构过于庞大、组织层级过于繁多时，信息在传递的过程中越容易出现失真、迟缓等现象。一项研究表明，企业最高管理层的决定经过五个层次后，信息损失平均达 80%。（见图 8-4）。另外，横向沟通中，由于各组织之间部门化问题的存在，造成信息封锁或虚假信息的传递等。

（2）沟通环境障碍。沟通的不良环境因素主要指沟通现场的外部环境，如嘈杂的噪音、分心的事、紧迫的时间等。例如，管理者的办公室中经常存在着电话的打断、意外的访问等。下面这段情景我们一定不会感到陌生："好的，让我们听听你的建议（电话铃响了，经理抓起电话，答应尽快发送一份传真）。让我们继续，我们说到哪了？哦，你说我们下阶段的工作重点应该放在库存控制上（经理的秘书给他送来一份马上要签署的文件）……具体是什么原因呢？（这时中午要一起吃午饭的客户来电话说他已经到了饭店）……唉，真不好意思，实在太忙了，你还是就这件事再好好斟酌一下……我现在必须走了。"

（3）距离障碍。组织中的管理者和员工，员工和员工之间均存在着空间上的距离。由于空间距离的阻塞，双方有时无法在面对面的情况下沟通意见，因而在选用沟通媒介时受到限制。如只能用文字表达沟通的意见，无法做语言及手势的补充；或者只能用电话表达沟通的意见。

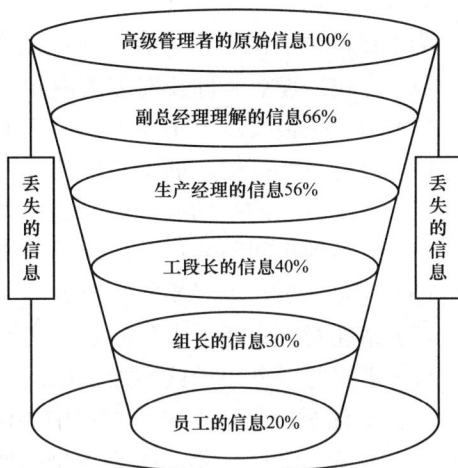

图 8-4　下行沟通中的信息损失

（4）信息过量。过量的信息会使人们在处理时难以应对。如当人们面临过多的信息需要处理时，就只能快速地浏览，也许会将信息中某些重要的内容遗漏，从而错误地理解信息。

第六节　管理沟通的改善

组织中出现沟通的障碍是不可避免的，重要的是管理者要正视形形色色的沟通障碍，弄清缘由，努力改进。具体来说，包括以下几个方面：

一、强化沟通意识

管理者要牢固树立"沟通是管理的灵魂"的观念，从战略高度认识优化组织沟通的重大意义。只有在此前提下，管理者才有可能在个人沟通技能、组织建设和制度建设、设备条件等诸环节下工夫，为优化组织沟通创造积极的条件。

二、提高个人沟通技能

1. 慎用语言及文字

语言和文字是沟通中信息传递的重要工具，语言文字使用的好坏直接影响着信息能否准确迅速地传递，蹩脚的语言表达不利于信息的有效传递，不利于沟通的有效进行。

管理者在沟通中应尽量使用通俗易懂的语言。鉴于接受信息的人各不相同，所以沟通者所使用的语言也应因人而异。在一般交谈中，应尽量少用晦涩难懂的学术语言。总之，必须使用接受者最易理解的语言。用词要准确，避免含糊不清、模棱两可。对于可能产生误解的话语，应做必要的解释说明，表明自己的真实态度和情感，以澄清误解。此外，提高书面语言表达能力也是管理者改善沟通的重要途径。

2. 学会积极倾听

倾听就是认真地听对方的讲话，并力图弄懂所听到的内容。在许多情况下，沟通无法进行都是因为不善于倾听造成的。研究表明，一般人的正常说话速度是每分钟 125～200 个字，而人的倾听能力却在每分钟 400 字以上。两者之间的差值给倾听者留下了较大的空闲时间，使其有机会神游四方。为了提高沟通的效果，我们有必要学会有效地倾听。

为了提高倾听的效果，我们应该注意以下几点：

（1）寻找兴趣点。即使对方的内容很乏味，也要想一想哪些内容对自己有用。

（2）注意领会要点。不要太拘泥于事实和细节，要把注意力放在中心思想上。

（3）保持目光接触，展现赞许性的点头和恰当的面部表情。

（4）避免分心的举动或手势，如在对方讲话时不要轻易走动，干一些无关紧要的事。

（5）适当的提问与复述，以使对方知道你在认真地倾听。

（6）少说多听，不轻易打断对方的话。

（7）站在对方立场上考虑问题，表示出对对方的同情心。

（8）不要与对方争论或妄加批评。

尤其要注意的是，在倾听过程中要做到"换位思考"，即把自己置于对方的立场来思考问题，避免先入为主，努力去理解别人要表达的含义。

3. 避免环境障碍

在组织沟通或人际沟通中，还应该注意避免环境因素所带来的障碍。诸如，选择不适宜的时间、地点、场合或在被沟通者具有不利于沟通的心境、情绪、紧张的工作时进行沟通，势必会事倍功半并导致沟通行为的失败。因此，一定要注意不利的环境因素对沟通带来的影响，积极做好前期的准备工作。

三、加强组织建设

1. 营造坦诚的沟通氛围

要创建一个宽松、公平、透明的工作氛围，让每个员工都能平和、自如、高效的进行沟通。特别提倡不同意见的发表，保护有独创性的见解，并且决策机关能及时而科学地对这些意见做出综合处理。

2. 改善组织结构

为了改善组织沟通效果，应尽量减少组织结构的层次，消除不必要的管理层。同时还应避免机构的重叠，增加沟通渠道，加强部门之间的联系，保证信息的准确和充分。美国通用电器公司（简称 GE）第八任总裁韦尔奇上任之后，大刀阔斧地发起了一场"组织改造"运动，撤除了分部层级——介于总裁和公司十三项主要事业之间的执行副总层级，实现了组织扁平化，大大优化了组织沟通。

3. 建立特别委员会

特别委员会由管理人员和一线员工组成，定期讨论各种问题，以加强上下级的沟通。国外的特别委员会通常每年碰头两至六次，并且会前有正式的会议议题，会后公开讨论结果。会中如有问题不能解决，可上报高级管理人员。

管理哲理故事

秀 才 买 柴

有一个秀才去买柴，他对卖柴的人说："荷薪者过来！"卖柴的人听不懂"荷薪者"（担柴的人）三个字，但是听得懂"过来"两个字，于是把柴担到秀才前面。秀才问他："其价如何？"卖柴的人听不太懂这句话，但是听得懂"价"这个字，于是就告诉秀才价钱。秀才接着说："外实而内虚，烟多而焰少，请损之。（你的木材外表是干的，里头却是湿的，燃烧起来，会浓烟多而火焰小，请减些价钱吧。）"卖柴的人因为听不懂秀才的话，于是担着柴就走了。

故事哲理：

秀才买柴不成交的原因是秀才用了文言文，而卖柴的人根本听不懂，所以达不成买到柴的目的。如果秀才能够根据沟通的对象进行信息编码，用简单易懂的词语进行沟通，可能就能达到想要完成的目的了。

案 例

裁 员 问 题 的 冲 突

刘明是某机械设备有限公司的总经理。该公司上半年出现亏损．年底又要还清一大笔银行贷款，在实行了两个月的节约计划失败后，刘明向各部门经理和各厂长发出了紧急备忘录。备忘录要求各部门各工厂严格控制经费支出，裁减百分之十的员工，裁员名单在一周内交总经理，并且规定全公司下半年一律不招新员工，现有员工暂停加薪。

该公司阀门厂的厂长王超看到备忘录后，急忙找到总经理询问："这份备忘录不适用于我们厂吧？"总经理回答："你们也包括在内。如果我把你们厂排除在外，那么别的单位也都想作为特殊情况处理，正像上两个月发生的情况一样，那公司的计划如何实现呢？我这次要采取强制性行动，以确保缩减开支计划的成功。"王超辩解道："可是我们厂完成的销售额超过预期的百分之五，利润也达到指标。我们的合同订货量很大，需要增加销售人员和扩大生产能力，只有这样才能进一步为公司增加收入。为了公司的利益，我们厂应免于裁员。哪个单位亏损就让哪个单位裁员，这才公平。"

刘明说："我知道你过去的成绩不错。但是，你要知道每一位厂长或经理都会对我讲同样的话，作同样的保证。现在，每个单位必须为公司的目标贡献一分力量，不管有多大的痛苦！况且，虽然阀门厂效益较好，但你要认识到，这是和公司其他单位提供资源及密切的协作分不开的。"

"无论你怎么讲，你的裁员指标会毁了阀门厂。所以，我不想解雇任何人。你要裁人就从我开始吧！"王超说完，气冲冲地走了。

刘明心想："这正是我要做的。"但是，当他开始考虑如何向董事会解释这一做法的理由时，他又开始有点为此感到犯难了。

假如你是该公司的一名常务董事，你对上述冲突过程有相当清楚的了解，你不想让王厂长因此而离开公司，但又要推动公司裁员计划的落实。

问题：

在这样的情况下，你如何分析和处理王厂长与刘总经理的冲突？

复习思考题

一、单项选择题

1. "静默语"即不知不觉向周围的人发出的信号，也就是形象。"在你开口以前，你已

经把什么都说了。"你认为这是一种沟通吗？（　　）

  A. 是，属于视觉沟通

  B. 不是，属于视觉印象，是领导形象研究的问题

  C. 是，属于非语言沟通

  D. 不是，因为这是别人的看法，而沟通应是主动的

  2. 沟通是企业中每时每刻都在进行的活动。没有良好的沟通，企业的运营就不可能顺畅，甚至可能中断。为此管理者必须要想方设法建立畅通的沟通渠道。在下列四种沟通做法中，最不可取的是（　　）。

  A. 通过建立各种沟通渠道，让企业的所有员工随时随地了解企业的全部情况

  B. 通过下达指令和文件的方式让企业的员工了解企业的使命目标和战略

  C. 经常利用口头沟通的方式和下属交流

  D. 策略地利用非正式组织在沟通中的作用

  3. 某公司产品设计部接受了一项紧急任务，该任务的完成需要进行严密的控制，同时又要争取时间和速度。在这种情况下，最适合采用哪种沟通网络？（　　）

  A. Y 式沟通网络　　　　　　　　B. 全通道式沟通网络

  C. 轮式沟通网络　　　　　　　　D. 环式沟通网络

  4. 信息沟通的有效性会受到可能在沟通过程的任何环节上造成信息失真的"噪声"的干扰，下面哪种情况属于噪声？

  A. 社会—文化系统　　　　　　　B. 演讲者突然声音嘶哑

  C. 沟通双方的态度　　　　　　　D. 以上 A，B，C 都对

  5. 如果发现一个组织中小道消息很多，而正式渠道的消息较少。据此，你认为该组织存在什么问题？（　　）

  A. 非正式沟通渠道中信息传递很通畅，运作良好

  B. 正式沟通渠道中信息传递不畅，需要调整

  C. 其中有部分人特别喜欢在背后乱发议论，传递小道消息

  D. 充分运用了非正式沟通渠道的作用，促进了信息的传递

  6. 某公司总经理白手起家，从一个普通的技术人员发展为今天拥有百万资产的企业的经营者，目前公司已经有了自己的生产线。但这位总经理却常常为管理生产工人的事发愁。因为他被工人们称为"白面书生"，很难与他们沟通。你认为最可能的解决方法是什么？（　　）

  A. 采取严厉的措施，板起脸来

  B. 招聘对生产管理有经验的专家，代替自己来管

  C. 与生产工人坐在一起开座谈会，放下架子，逐步缓和关系

  D. 开除给自己起外号的工人，杀一儆百

  7. 在组织的纵向沟通网络中，居于两端的人只能与内侧的一个成员联系，居中的人则可分别与两人传递信息，进行组织系统自上而下或自下而上的沟通。这种沟通形态属于（　　）。

  A. 链式沟通　　　　　　　　　　B. 轮式沟通

  C. Y 式沟通　　　　　　　　　　D. 全通道式沟通

8. 在一个沟通群体内，存在一个沟通中心，沟通中心和其他每个人之间都有双向的沟通渠道，但非沟通中心的每个人之间没有直接沟通渠道，必须通过将信息传递给沟通中心，再由沟通中心将信息传递给沟通目标人，才能进行互相沟通。这种沟通网络是（　　）。

A. 链型沟通   B. 环形沟通

C. 轮型沟通   D. Y 型沟通

9. 设置意见箱属于正式沟通中的（　　）。

A. 下行沟通   B. 上行沟通

C. 平行沟通   D. 斜向沟通

10. 某企业在兼并同行业内的另外一家规模相对较小的街道企业之后，冗员过多带给企业很大的成本负担，这就需要对现有员工重新进行定岗定编；就目前企业的生产能力和市场需求来看，该企业至少要有 28% 的富余人员下岗。由于这一问题涉及每个员工的切身利益，公司决定召开重要会议，并提前通过电话告知了每位会议参加者。可是，到开会时，仍有不少人迟到甚至缺席。在以下有关此项开会通知沟通效果的判断中，哪一种最有可能不正确？（　　）

A. 此项开会通知中存在信息接受者个体方面的沟通障碍问题

B. 通知者所发信息不准确或不完整可能是影响此开会通知效果的一个障碍因素

C. 这不是沟通障碍问题，而只不过是特定的组织氛围使与会者养成了不良的习惯

D. 这体现出了沟通障碍问题，很可能是所选择的信息沟通渠道严肃性不足

二、判断题

1. 我没有张口说话就表明我没有进行沟通。（　　）

2. 口头语言或书面语言容易掩饰人的内心，而身体语言却往往会流露出真实的信息。（　　）

3. 作为管理层，要尽可能限制非正式的上行沟通。（　　）

4. 书面沟通的优点是长期保存、有形展示、受法律保护，而且语言严密、清晰；缺点是传递速度较慢，难以及时反馈。（　　）

5. 按沟通的方向分类，沟通可分为上行沟通、下行沟通、平行沟通和非组织沟通。（　　）

6. 组织的纵向沟通中，时常会产生信息漏斗状况，最好的解决办法就是强化反馈机制。（　　）

7. 非正式沟通的优点是传递速度快；缺点是难于控制，信息容易失真。（　　）

8. 空间距离也能传递信息。亲密空间的距离是 0 到 46 公分，表示一般朋友、同事之间的融洽关系。（　　）

9. 管理沟通与计划、组织、领导等管理职能有关，与控制职能无关。（　　）

10. 身体语言沟通是通过动态的目光、表情、手势或静态的身体姿势、衣着打扮和空间距离等形式来实现的沟通。（　　）

三、名词解释

正式沟通　非正式沟通　非语言沟通　全通道式沟通　上行沟通

四、简答题

1. 沟通有何作用？

2. 口头沟通与书面沟通分别有哪些优点和不足？

3. 举一个日常组织沟通的例子，试分析其沟通要素和过程。

4. 什么是正式沟通？正式沟通网络的主要类型及其特点是什么？

5. 什么是非正式沟通？非正式沟通的主要优缺点有哪些？

6. 影响有效沟通的障碍有哪些？

7. "低效的沟通是发送者造成的。"你同意这种说法吗？为什么？

8. 管理者要进行良好地管理沟通应从哪些方面入手？

五、论述题

请结合自己的实践，谈谈如何进行人际沟通。

第九章 控　　制

【本章要点】

（1）控制的含义与性质。控制的概念，控制的内容，控制的特点，控制的原则，控制的功能，控制与计划的关系，控制的重要性。

（2）控制的类型与过程。控制的类型，控制的过程。

（3）控制的方法。预算控制，非预算控制。

（4）有效控制的实施。控制的前提条件，有效控制的原则，影响控制的因素，企业内部控制，企业外部控制。

第一节　控制的含义与性质

一、控制的概念

控制职能是管理职能之一，与计划、组织和领导等职能有着密切的关系。控制工作可以有效应付环境的不确定性对企业活动的影响，可以使复杂的企业活动能够协调一致地运作，可以避免和减少管理失误造成的损失。控制是管理工作的最重要职能之一，贯穿于管理的全过程。控制职能是指管理者为确保实际工作与计划相一致，依据事先确定的标准，对实际工作进行衡量和评估，发现和纠正偏差，以使组织活动符合既定目标的过程或行为。

要全面了解控制的含义，还必须了解控制的必要性。控制是保证组织计划与实际运作动态相适应的管理职能。控制的必要性是由如下因素决定的：

（1）外部环境的变化。计划从构思、制订到执行一般都要经历较长的时间。在这段时间内，组织外部环境必然会发生变化，从而影响到已定的计划和目标。为了适应变化的环境，组织必须有一个有效的控制系统，来根据变化的环境采取相应的对策。计划的时间跨度越大，控制就越显重要。

（2）组织内部的变化。受到组织内部资源因素的影响，组织成员的思想、组织结构、产品结构和组织业务活动范围都有可能发生变化。计划的变化对计划的执行也会产生影响。

（3）组织成员的素质。计划要靠人去执行和实现的，而组织成员的才能、动机和工作态度是非均质的、不断变化的，人们对计划的理解也不相同。因而，人的素质对计划的执行也会产生影响。

上述因素的存在，使计划执行过程充满不确定性。为保证计划执行不偏离正确的方向，就必须将控制工作贯穿其间。有效的控制工作不仅能衡量计划执行的速度、发现偏差并采取纠正措施，而且在许多情况下，它还可以导致确立新的目标、提出新的计划，甚至改变组织结构、改变人员配备以及在领导方法上做出重大改革。

因而在管理工作中，作为管理职能之一的控制职能是指：为了保证组织的目标及为此而制订的计划能够顺利实现，各级管理人员依据事先拟定的标准或因环境变化及组织发展需要而重新拟定的标准，而对下级的工作进行衡量、计量和评价，并在出现偏差时进行纠正，以防止偏差的继续或今后再度发生；或者根据组织内外环境的变化及组织发展的需要，在计划的执行过程中，对原计划进行修订或重新制订新的计划，并调整整个管理过程，确保新计划的实现。简单地说，控制就是监视组织各方面的活动，保证组织实际运行情况与组织计划保持动态一致的管理过程。

控制的目的在于"纠偏"，即消除计划与实际运行结果之间存在的正负偏差，并使计划更加适合于实际情况。控制工作的目标主要有两类：一类是限制偏差的积累，即纠正实际工作与原有计划及标准之间存在的偏差；另一类是适应环境的变化，对原定的标准和目标作适当的修改，即纠正组织的目标与已发生变化了的内外环境之间存在的偏差。

二、控制的内容

1. 人员控制

控制工作从根本上说是对人的控制，因为企业的任何活动都离不开人的努力，企业要实现经营目标，必须依赖于员工认真完成各种计划安排的任务。要想员工的行为趋向于目标与计划进度，就需要对员工进行控制。

2. 财务控制

企业的所有经营活动同时伴随着资金运动，包括资金的筹集、使用、分配等，同时资金的使用本来就带有一定的成本性、收益性，企业的最终经营效果大部分也是用资金来衡量的。因此，需要对财务活动进行控制。

3. 作业控制

企业是否在市场上相对于竞争对手具有竞争力，取决于它生产产品或者提供服务的能力、效果，无论是产品质量、功能还是生产规模，是否能体现效率的提升，都需要对生产过程、工艺过程等进行控制。

4. 信息控制

企业的生产经营活动伴随着大量的信息流动，管理人员决策的依据也来自于信息，其他管理职能如计划、沟通、激励、领导等无一不是信息流动与反馈的过程。可以说管理的过程事实上就是信息的收集、加工、整理、运用的过程。甚至，信息可以决定一个企业的命运。因此，必须对信息进行控制。

5. 绩效控制

企业的管理人员更加关心企业绩效，关心企业是否达到目标。同时企业外部的人员也关注企业的绩效，如证券分析师、投资者、贷款人、供应商等。企业绩效是公司总的经营成果的体现，好的企业绩效对内可以增强凝聚力，对外可以塑造公司形象，是企业进行经营活动、开展各项业务的基础。因此，需要对企业绩效进行控制。

三、控制的特点

不论是管理控制还是物理、生物、经济及其他方面的控制，控制的基本原理和过程没有明显的区别，除了一般控制所具有的目的性、纠偏性外，管理控制又有其自身的特点。

1. 整体性

这包含三个方面的意思：其一是管理控制的对象是组织的各个方面；其二是管理控制是全体成员的职责，完成计划内的任务是全体成员的共同责任；其三是管理控制是全过程的活动。确保组织中各部门和单位彼此在工作上均衡与协调是管理工作的一项重要任务，为此需要了解和掌握各部门和单位的工作情况，并予以控制。

2. 动态性

管理工作中的控制不同于简单的工艺过程控制，如对温度、压力、物料成分、化学反应等方面的调控，后者的控制是高度程序化的，具有静态的特征；而组织的运行是动态的，其内外环境在发生持续的变化，因而控制标准和控制方法不可能保持一贯性。管理控制具有动态的特征，所以必须提高控制的有效性与适应性。

3. 主观能动性

管理控制是保证工作按计划进行，并实现组织目标的管理活动，而组织中的各项工作必须由员工来完成，各项控制活动也必须由人去执行，人是具有主观能动性的。在管理控制中所有的人都是一个控制主体，都有意或无意地企图影响和控制别人的经济活动，并且这些人都有采取反控制行为的能力。因此，在这种控制中，控制者和被控制者的地位是相对的，而且是可以相互转化的，不像工程技术系统中的被控者总是处在被动的地位。这一特点说明，作为一个管理控制者，如果他把其下级单位或个人看成是单纯的、被动的、被控制的对象，无视他们自己的控制目的和选择对策的主动性，那么，他甚至反而会被人所控制。这是管理控制中的一个极其重要的特征。通常所说的"上有政策，下有对策"，就是这一特征的具体表现。在实际的控制工作中对此要有足够的认识，制定管理控制政策时，必须考虑其下属单位或个人可能会出现的反控制的对策反应。

4. 前提条件性

管理控制工作在开展之前，必须具备一定的前提与基础，包括明确、完整的计划，明确的组织结构，有效的信息等。

四、控制的原则

控制工作需要遵循一定的原则，在设计企业内部控制中最基本的原则就是实事求是，"因企制宜"，灵活兼顾。

1. 相互牵制原则

一项完整的经济业务，如果是经过两个以上的有相互制约环节对其进行监督和核查，其发生错误现象的几率就很低。就具体的内部控制措施来说，相互牵制必须考虑横向控制和纵向控制两个方面的制约关系。从横向关系来讲，完成某个环节的工作需有来自彼此独立的两个部门或人员协调运作、相互监督、相互制约、相互证明；从纵向关系来讲，完成某个工作需经过互不隶属的两个或两个以上的岗位和环节，以使下级受上级监督，上级受下级牵制。例如，在材料采购控制系统中，采购部门只有凭领导审批后的采购单或合同（纵向牵制）进行采购，而采购的材料必须经过验收（横向牵制）后，才能办理有关手续。因而只有经过横向关系和纵向关系的核查和制约，以使发生的错误减少到较低程度，或者即使发生问题，也易尽早发现，便于及时纠正。

2. 成本效益原则

企业最关心的是经济效益，如果单纯从控制的角度来考虑，参与控制的人员和环节越多，控制措施越严密复杂，控制的效果就越好，其发生的错误现象就越少，但因控制活动造成的控制成本就越高。因此，在设计内部控制时，一定要考虑控制投入成本和控制产出效益之比。一般来讲，只要对那些在业务处理过程中发挥作用大、影响范围广的关键控制点进行严格控制。对那些只在局部发挥作用、影响特定范围的一般控制点，其设立只要能起到监控作用即可，而不必花费大量的人力、物力进行控制。防止由于一般控制点设立过多、手续操作繁杂，造成企业经营管理活动不能正常、迅捷地运转。因此，控制点设定的数量需根据实际情况，科学设立、易于操作，千万不要因不必要控制点的设立，造成投入产出的得不偿失，力争以最小的控制成本获取最大的经济效果。

3. 岗位责任原则

内部控制的设立是与企业的管理模式紧密联系的，企业按照其推行的管理模式设立工作岗位，并赋予其责、权、利，规定相应的操作规程和处理程序。责任和权力是岗位责任原则中的关键因素，有什么样的岗位责任，就要赋予此岗位完成任务所必需的权力，切忌出现岗位责任不明确、权力不清楚的现象。岗位责任主要解决的是不相容职务的分离，在设置岗位时必须考虑到授权岗位和执行岗位的分离、执行岗位和审核岗位的分离、保管岗位和记账岗位的分离等，通过不相容的职责的划分，各部门和人员之间相互审查、核对和制衡，避免一个人控制一项交易的各个环节，以防止员工的舞弊行为。另外，必须注意让员工理解其各自的控制责任，一方面要让员工懂得如何完成自己的工作，即操作规程和处理程序；另一方面要让员工明白严格按照规章制度履行职责的重要性。

4. 协调配合原则

协调配合原则要求各部门之间、人员之间应相互配合、协调同步、紧密衔接，避免只管相互牵制而不顾办事效率的做法，导致不必要的扯皮和脱节现象。为此，必须做到既相互牵制，又相互协调，保证经营管理活动连续、有效地进行。在内部控制中相互牵制是基础，协调配合是升华，因而，协调配合对人员素质的要求是很高的，内部控制是由人建立的，也要由人来行使，如果企业行使控制监督职能的人员在思想道德上、心理素质上、技能上和行为方式上未能达到实施内部控制的基本要求，对内部控制的程序和要求含混不清，连最基本的岗位责任也不能执行到位，那么，再谈协调配合显然已不能胜任。

5. 例外与重点原则

凡对达到组织目标没有重要意义的项目与事务，不应该经常核查，而只是以防止情况恶化为限。它应该严格地用"例外"来控制。即应该树立一种标准，定期地进行衡量，并且只是进行抽样衡量，只有当情况比较明显地与标准出现偏差时才予以控制。控制的重点应放在对组织目标有重要意义的项目与事务上。控制人员越是只注意一些重要的例外偏差，就越把控制的主要注意力集中在那些超出一般情况的特别好或特别坏的情况上，控制工作的效能和效率就越高。

6. 弹性原则

任何一个控制系统，为了同外界进行正常的物质、能量和信息交换，同外部环境之间保持积极的动态适应关系，都必须充分考虑到各种变化的可能性，使管理系统整体或内部各要素、层次在各个环节和阶段上保持适当的弹性。

7. 系统网络原则

按照系统网络原则的要求，各项控制点应在企业管理模式的控制之下，设立要齐全且点点相连、环环相扣、不能脱节。各个控制点的设立必须考虑到控制环境、控制活动对它的影响。控制环境和控制活动构成了企业的氛围，它主要包括员工的诚实性和道德观、岗位匹配能力、组织结构、管理模式和经营风格及人力资源管理政策等。无论哪一个环节出现问题，其对内部控制的实施都会带来极大的负面影响。因而，建立必要的风险评估、信息沟通和监督机制，随时适应新情况，适时调整不适合的控制点，以保证整个网络下的控制点连成一片，协调顺畅地发挥作用。

五、控制的功能

在管理工作中，人们借助计划工作确立目标，借助组织工作来调配资源、构建分工协作网络，借助领导和激励来指挥和激发员工的士气和工作积极性。但是，这些活动并非一定能保证实际工作按计划进行和组织目标的真正实现。因此，控制显得尤为重要，控制是管理职能链条上的最终环节，控制为组织适应环境变化、限制偏差累计、处理组织内部复杂局面和降低成本提供了有效的途径。控制的四项基本功能也是控制的目的所在。

1. 适应环境的变化

如果管理者能够建立起目标并即刻将其实现，那么就不需要进行控制。事实上，制定目标之后到目标实现之前，总是有一段时间。在这段时间内，组织内部和周围环境会有许多事情发生：竞争对手可能会推出新产品和新的服务项目；新材料和新技术可能会出现；政府可能会制定新的法规或对原有政策进行修正；组织内部的人员可能会产生很大的变动等。这些不仅会阻止目标的实现，甚至可能要求视情况的变化对目标本身进行修改。因此，需要构建有效的控制系统帮助管理者预测和确定这些变化，并对由此带来的机会和威胁做出反应。这种环境探测越有效、持续的时间越长，组织对外部环境的适应能力就越强，组织在激烈变化的环境中生存和发展的可能性就越大。

2. 限制偏差的累积

小的差错和失误并不会立即给组织带来严重的损害，然而时间一长，小的差错就会得以积累、放大，并最终变得非常严重。工作中出现偏差在很大程度上是不可完全避免的，关键是要能够及时地获取偏差信息，及时地采取有效的矫正措施。20世纪90年代畅销的管理著作《第五项修炼》始终强调管理中的两个关键点——寻找杠杆解（即确定并设法解决那些关键性的问题）和减少时滞。这就要求有效的控制系统予以保证。

3. 处理复杂的局面

如果一个企业只购买一种原材料，生产一种产品，组织设计简单，并且市场对其产品需求稳定，那么它的管理者只需一个非常基本和简单的系统就能保持对企业生产经营活动的控制。但这样的企业在现实中几乎没有，大多数企业要选用很多的原材料，制造多种产品，市场区域广阔，组织设计复杂并且竞争对手林立。他们需要复杂的系统来保证有效的控制。组织内部的复杂局面使得授权成为必要，但是现实中许多管理者发现他们难以授权，原因是怕下属将他们负责的事情做错。然而，如果管理者建立起有效的控制系统，由它给管理者提供有关下属工作绩效的信息，那么管理者对授权的担心就会减轻，并使组织内的复杂局面变得井然有序。

4. 提高竞争的优势

从事经营管理工作的人们，最熟悉的一个公式应该是："利润＝收入－成本"。成本领先是企业获得竞争优势的一个主要来源，它要求积极建立起能达到有效规模的生产设施，强化成本控制，减少浪费。为了达到这些目标，有必要在管理方面对成本控制予以高度重视。

六、计划和控制的关系

只有明确计划与控制之间的关系，才能便于我们更深入地了解控制的含义。首先，计划起着指导性作用，管理者在计划的指导下领导各方面工作以便达成组织目标，而控制则是为了保证组织的产出与计划一致而产生的一种管理职能。计划预先指出了所期望的行动和结果，而控制则是按计划指导实施的行为和结果。其次，只有管理者获取关于每个部门、每条生产线及整个组织过去和现在状况的信息才能制定出有效的计划，而这些信息中的绝大多数都是通过控制过程得到的。再次，如果没有计划来表明控制的目标，管理者就不可能进行有效的控制。计划和控制都是为了实现组织的目标，二者互相依存。当然，控制实施有其前提条件，具体如下：

1. 计划前提

要制订一套科学的，切实可行的计划。控制的基本目的是防止工作出现偏差，需要将实际工作的进展与预先设定的标准进行比较，因此控制之前必须制订相应的评价标准，即计划。计划不仅为实际工作提供了行动路线，也为后续的控制工作奠定了基础。在制订计划时不仅要考虑其实施问题，还要考虑后续控制工作的需要。计划越明确、全面、完整，控制越容易、效果越好。

2. 组织结构前提

要有专门控制职能的组织机构，即控制机构。在开展控制工作之前应明确界定负责评价和纠正偏差工作的机构、岗位和个人。这样不仅明确职责也清楚相互之间的监督关系。

3. 信息沟通网络前提

应建立起相对完善的信息沟通网络。控制工作本身是一个信息交流的过程，控制者需要不断收集相关信息，以及时判断实际工作的进展。

七、控制的重要性

控制工作的重要性概括而言，就是保证组织活动有条不紊地进行，以达到组织目标的实现。一个组织若缺少有效的控制，就会产生混乱，甚至偏离组织的正常活动的轨迹。具体而言，控制的重要性表现在以下几个方面。

1. 组织及组织活动的复杂性

随着一国经济向全球经济转化的趋势，当今的组织变得越来越复杂，出现了跨国公司及复合企业。一个企业可以跨地区、跨国界经营。也可以同时进入不同的市场及互不相关的行业，组织规模日益庞大，组织活动、组织机构变得日益错综复杂，组织的分权在所难免。所有这些都要求持续地、适当地应用控制系统来衡量各方面工作的成效，保证各方面协调，以确保公司整体目标有效地完成。

2. 组织未来环境的不稳定性

任何组织的目标和计划都是基于对未来一定时期的组织内部和外部环境预测的基础上制定的，是组织对未来一定时期内的努力方向和行动步骤的描述。由于环境是不断变化的，且管理人员对环境的预测也不能做到完全准确。因此，为使目标和计划适应环境的变化，组织中的管理人员就必须通过控制活动来及时了解环境变化的程度和原因，分析这种变化对原定计划有何影响，并采取适应性的措施，或对原定计划进行修改和校正，来使组织活动控制在正常的运行轨道中。

3. 管理权力下放的责任性

组织中各项工作由各阶层的管理者共同完成，管理者在授权过程中，责任是绝对的。要使员工真正负起责任来，做到尽职尽责，首先必须让员工知道他们的职责是什么，他们的工作业绩如何进行评价和考核，以及评价的标准是什么。没有控制，也就无所谓责任，这样就很难授权。而通过制定控制标准，不断对下级员工的工作进行评估，就可以给下级员工造成持续不断的压力与动力，从而促使其更好地负起责任，高效地完成上级分配的任务和子目标。

4. 管理者失误的不可避免性

人总是难免犯错，管理者也不例外，管理人员在执行工作过程中，由于个人能力限制、个人动机或个性差异，也会犯各种错误。认识并纠正错误是管理水平提高的重要标志，同时也是组织不断完善、不断发展的必要前提。而控制则是组织发现错误，纠正错误的重要手段。控制本质上就是一个信息的反馈过程，通过不断地检查、评价、发现偏差、认识偏差产生的原因，采取纠正措施来改进工作，推动工作不断前进。

第二节 控 制 的 类 型

采用不同的方法，控制可以分为不同的类型。按控制发生的时间分类，控制可以分为前馈控制、实时控制和反馈控制。按控制所采取的手段划分可以分为直接控制与间接控制。按照控制的力量来源划分，可分为正式组织控制、非正式组织控制和自我控制。按控制的层次划分，组织首先进行简单的控制，然后再转为较复杂的控制，控制可以分为简单控制、自动化控制、操作员控制、监督控制、信息控制。

一、按控制发生的时间划分

控制按照发生的时间分类，可分为前馈控制、实时控制和反馈控制三类，如图 9-1 所示。

1. 前馈控制

前馈控制又称事前控制，指在实际工作开始之前，通过最新信息或经验教训，预测，对影响因素进行控制。可防患于未然，对事不对人。在问题发生前作出预测，防止问题在随后的转换中出现。事前控制集中注意进入组织的各种资源或工作的投入，其侧重点在于预先防范。

图 9-1 控制的类型

前馈控制有许多优点。首先，它克服了时滞现象，前馈控制的工作重点是对输入过程进行控制，在偏差发生之前就采取了纠正措施，消除了不利影响，保证了系统平稳运行。其次，前馈控制在工作开始前就针对计划所依赖的条件进行控制，而不是针对具体的人员。因此，在控制实施过程中不易造成管理者与被管理者的对立情绪，使控制措施能顺利进行。最后，前馈控制采取了预防措施，将偏差消除于萌芽状态，有效地限制了偏差的积累。因此，它是理想的控制类型。

但是，前馈控制在实施过程中却有很大困难。首先，前馈控制的关键是对系统产生偏差的原因进行准确的预测，因而，收集的信息是否及时和准确，成为前馈控制的成败所在。其次，系统环境是动态的，随时会有新问题出现，原先制定的前馈控制措施有可能失效，管理者必须了解这些情况，调整预定方案。最后，控制者必须充分了解前馈控制因素与计划工作的影响关系，熟悉工作过程，做好预测工作，这就对管理者的个人素质与业务能力提出了较

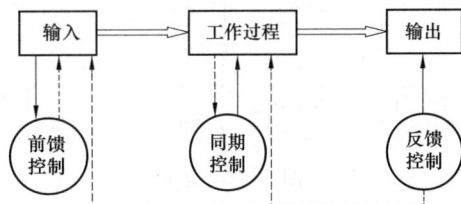

高的要求。

2. 实时控制

实时控制又称事中控制，是企业生产或经营的过程中，对活动中的人和事进行指导和监督，以便管理者在问题出现时及时采取纠正措施。在工作进行的过程当中，管理者亲临现场，所实施的控制。有监督和指导两项职能。事中控制的侧重点在于及时了解情况并予以指导。

实时控制的优点在于它可以充分利用管理者的丰富经验来指导系统运行，从而提高工作效率和工人的业务水平；它能及时发现实际工作与计划的偏差，并采取相应的针对性的措施，控制损失进一步扩大；通过实时控制，还有利于提高员工的自我控制能力，形成良性循环，促进组织素质的提高。

实时控制也有弊端。首先，运用这种控制方法容易受管理者的时间、精力、业务水平的制约，管理者不能时刻对事事进行实时控制。其次，实时控制的应用范围较窄，对生产工作容易进行实时控制，而对那些问题难以辨别、成果难以衡量的工作如科研、管理工作，很难进行实时控制。最后，实时控制容易在管理者和被管理者之间造成对立，容易损害被管理者的工作积极性与主动性。

3. 反馈控制

反馈控制又称事后控制，是常见的控制类型。当系统最后阶段输出产品或服务时，来自系统内部对产生结果的总结和系统外部顾客与市场的反应，都是在计划完成后进行的总结和评定，具有滞后性的特点，但可为未来计划的制定和活动的安排以及系统持续的运作提供借鉴。事后控制的侧重点在于矫正偏差。反馈控制的整个流程如图 9-2 所示。

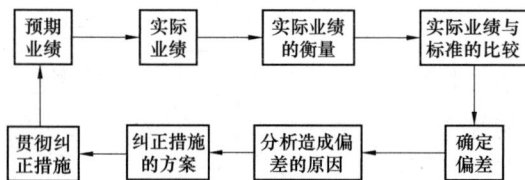

图 9-2　反馈控制

反馈控制的优点在于为管理者提供执行计划的结果的真实信息，管理者通过对真实信息和计划之间的差异进行分析，总结规律，为计划的进一步实施创造条件，提高工作效率。如果差异很大，管理者能及时采取纠正措施，或者制订新的计划。反馈控制的各种报表和数据齐全，可靠性大，为总结评审提供依据，为制定正确的纠正措施提供条件。组织的运行是一个连续的循环过程，对前一阶段工作的考核与分析，是指导下一阶段工作的必要环节。

反馈控制的缺点是在管理者发现偏差，采取纠正措施前，偏差已经客观存在，并且已经影响到了系统的运行，对目标的完成已经造成实质性的影响，反馈控制只能起到亡羊补牢的作用。另外，反馈控制还存在时滞问题，从信息反馈到发现偏差再到采取纠正措施，这需要一个过程，而可能在采取措施时，新的情况又会出现，该措施有可能起不到对症下药的作用。由此可见，反馈控制并不是最好的控制，但由于条件的限制，许多工作没有有效的预测方法，反馈控制仍是当前应用最多的控制类型。

组织内的所有活动都可以被认为是将各种资源由输入到转换再到输出的过程。将控制集中到上述各个阶段，便形成了三种基本的控制类型：前馈控制、实时控制和反馈控制，如图 9-3 所示。

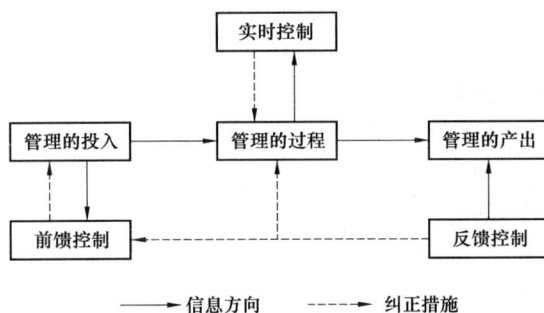

图 9-3 三种基本控制类型的关系

二、按照控制所采取的手段分类

1. 直接控制

直接控制认为，计划实施的结果取决于执行计划的人，管理者及其下属的素质越高，就越不需要间接控制。因此，直接控制着眼于培养更好的管理人员，提高他们的素质，使他们能熟练地应用管理的概念、技术和原理，能以系统的观点来看待管理问题，从而防止出现因管理不善而造成的不良后果。

直接控制的优点如下：

（1）直接控制比较重视人的素质，因而能对管理人员的优缺点有比较全面的了解，在对个人委派任务时能有较大的准确性；同时，为使管理人员合格，对他们经常进行评价，并进行专门的培训，能消除他们在工作中暴露出的缺点及不足。

（2）直接控制可以及时采取纠正措施并使其更加有效。它鼓励用自我控制的方法进行控制。由于在对人员评价过程中会暴露出工作中存在的缺点，因此，会促使管理人员更加努力地担负起职责并自觉地纠正错误。

（3）由于提高了管理人员的素质，减少了偏差的发生，可以减轻损失、节约开支。

（4）直接控制可以获得较好的心理效果。管理者的素质提高后，其自信心和威信也会得到提高，下级也会更加支持他们的工作，这有利于整体目标的顺利实现。

直接控制隐含了这样一个前提条件，即合格的管理者可以不犯错误或少犯错误。但事实上管理者及其下属在工作中所犯的错误的性质与错误的数量并不是等同的。

2. 间接控制

间接控制基于这样一些事实：即人们常常会犯错误，或常常没有觉察到那些将要出现的问题，因而未能及时采取适当的纠正或预防措施。因此，间接控制重点在于发现工作中出现的偏差，分析其产生的原因，并追究管理者个人的责任，使之改进未来的工作。

在实际工作中，管理人员往往是根据计划和标准，对比或考核实际的结果，研究造成偏差的原因和责任，然后才去纠正。实际上，在工作中产生偏差的原因是很多的。比如，有时是制定的标准不正确，可对标准做合理的修订；或者存在未知的不可控制的因素，如未来社会的发展状况、自然灾害等，因此而造成的失误是难免的；但还有一种原因，就是管理人员缺乏知识、经验和判断力等，在这种情况下可运用间接控制来纠正。同时，间接控制还可以帮助管理人员总结并吸取经验教训，丰富他们的知识、经验和判断力，提高其管理水平。

但是间接控制也存在许多缺点。最明显的是间接控制是在出现了偏差或造成损失之后才采取的措施，因此其花费的代价比较大。另外，间接控制是建立在以下五个假设的基础之上的。

（1）工作绩效是可以计量的；

（2）人们对工作有责任感；

（3）追查偏差原因所需要的时间是有保证的；

（4）出现的偏差可以及时发现；

（5）有关部门和人员将会采取纠正措施。

然而这些假设在实际当中有时却不能成立。如工作绩效的大小和责任感的高低有时是难以精确计量或准确评价的，而且两者之间可能关系不大或根本无关；有时管理人员可能不愿意花费时间去调查分析偏差的原因；有的偏差并不能预先估计或及时发现；有时发现了偏差并查明了原因，可管理者有时候或推卸责任或固执己见，而不去及时采取措施等。因此，间接控制尚存在一些局限性，还不是普遍有效的控制方法。

直接控制的控制重点在于对管理者的选择与培养上，间接控制的控制重点在于对管理者管理活动的结果的监督与调整上。在现代管理活动中，控制是管理循环的终点，是保证计划得以实现和组织按既定的路线发展的管理职能，又是新一轮管理循环的起点。

三、按控制的力量来源划分

按照控制的力量来源，可分为正式组织控制、非正式组织控制和自我控制。

1. 正式组织控制

正式组织控制是为实现一定的共同目标而明确规定各成员之间职责范围的一种结构，它是通过管理人员设计和建立一些结构和规定来进行控制的。例如，通过规划来指导组织成员的活动，通过预算来控制资源的分配，通过审计来检查任务是否按规定进行，对违反规定者进行处理并提出改正措施，通过作业指导书来指导操作人员的动作，通过质量控制标准来控制生产系统的运行过程等，这些都是正式组织控制。

正式组织控制具有较强的强制性，其内容通常涉及组织活动的各个方面：一是质量标准化，包括产品质量、服务质量；二是工作标准化，组织制定统一的管理标准和规范的工作流程及正式的操作规程等；三是保护组织的财产不受侵犯，如设计账簿，记录报表、审计作业程序等预防财产的非正常损失；四是防止滥用权力，通过设计组织结构来相互制约；五是对员工进行指导与考评，促使其行为规范符合组织目标。

2. 非正式组织控制

非正式组织控制是基于非正式组织成员之间不成文的价值观念和行为准则来加以维持，也被称为群体控制。非正式组织是相对于正式组织而言的，它不是正式组织建立或需要的，而是由人们相互联系而自发形成的个人和社会关系网络，成员之间以共同的感情、爱好、价值观为纽带。非正式组织没有明文规定的行为规范，但是成员都清楚这些规范的内容，并且只有遵守这些规范才能得到其他成员的认可，否则，将会遭到排斥。非正式组织控制的力量不可轻视，它常常左右一定范围人群的行为，形成一股强大的势力。如果指导得当，它将使工作取得事半功倍的效果，否则将会带来危害。

3. 自我控制

自我控制指一个人有意识地按某一行为规范进行活动。例如，公司财务人员能够严守财务纪律，确保账目分明，这不仅仅是因为受到国家法律和单位制度的约束，还取决于他对自己的控制；技术开发人员在正常上班时间以外，虽然公司并没有特别要求，仍然潜心钻研，待在实验室做实验，期待尽早拿出成果等，这些都属于自我控制。

自我控制能力取决于控制者个人的素质。一般说来，具有良好修养的人，自我控制能力较强；具有集体利益高于个人利益价值观的人，自我控制能力较强；具有较高层次需求的人相比较低需求层次的人，也具有较强的自我控制能力。但自我控制力会随着环境、经验、阅历、思想及其他条件的变化而变化。因此，自我控制并不能单独发挥作用，仍然需要与其他控制手段结合起来使用，才能取得较好的控制效果。

正式组织控制、非正式组织控制和自我控制有时是一致的，有时又相互抵触，这主要取决于组织文化。管理者应充分认识这三种控制的长处与不足，综合运用，使它们和谐协调地发挥控制作用，促进组织计划的实施。

四、按控制的层次划分

按照控制的层次，可分为作业控制和财务控制、结构控制和战略控制，如图 9-4 所示。

1. 作业控制和财务控制

作业控制和财务控制是最基层的控制。作业控制集中于组织将资源转变为产品和服务的过程，例如质量控制便是作业控制的一种类型。财务控制是与组织的财务资源相关的控制活动，如对应收账款进行监控，以确保顾客按时付款便是财务控制的基本内容之一。

2. 结构控制

结构控制的形式主要有两种：一种是官僚式控制，一种是家族式控制。官僚式控制通过规则、政策、监督、预算、时间表、奖励系统和其他机制来进行控制，

图 9-4 控制在组织系统中的层次

保证员工行为如预期的那样并且绩效符合标准。官僚式控制很大程度来自于员工外部，强调建立固定的、界定很细的工作任务和自上而下的垂直控制。家族式控制运用价值、信念、传统、公司文化、共同的规范和非正式关系来控制员工行为并帮助实现组织目标。与官僚式控制相比，家族式控制强调内在的激励、弹性的职责、广泛的任务，以上这些都是基于相关信息的影响和专业知识而不是控制职位。

3. 战略控制

战略控制处于控制层次的最高点，它集中注意组织的各项战略如何有效地帮助组织实现其目标，是对战略计划进行评价，对组织的业绩进行衡量以便将实际业绩同预期的战略目标比较，必要时采取相应的纠正措施的整个过程。

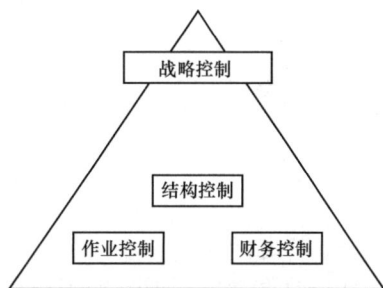

第三节 控制的过程

控制过程包括三个步骤，一般控制的过程都包括三个基本环节的工作：确立标准，衡量成效，纠正偏差。控制标准、衡量成效和纠正偏差是控制工作的三项基本要素，它们相互关联、相互依存，缺一不可。首先，控制标准是预定的工作标准和计划标准，它是检查和衡量实际工作的依据。如果没有控制标准，衡量实际工作便失去了根据，控制工作便无法进行。其次，衡量成效就是寻找偏差信息，偏差信息是实际工作情况或结果与控制标准或计划要求

之间产生偏离的信息。了解和掌握偏差信息，是控制工作的重要环节。如果没有或无法得到这方面的信息，那么控制活动便无法继续开展。再次，纠正偏差，就是采取矫正措施，根据偏差信息，做出调整决策，并付诸实施。所以说，根据实际情况和需求，来矫正实际工作，或修正计划或标准，是管理控制的关键环节。具体如图 9-5 所示。

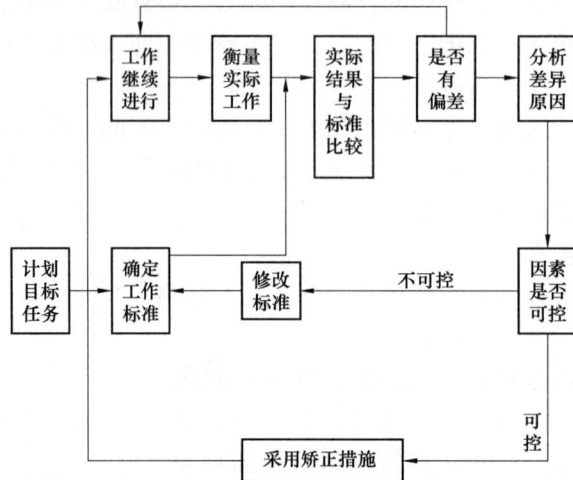

图 9-5 控制工作过程示意图

一、制定标准

标准是衡量实际或预期工作成果的尺度。控制始于工作标准的建立。从逻辑上讲，控制过程的第一步是制订计划，制定标准是进行控制的基础。计划工作是进行控制的依据，标准是控制的依据，也是人们检查和衡量工作及其结果的规范，没有标准，控制就成了无目的的行动，不会达到预期的效果。

1. 控制标准

控制标准是指反映或衡量系统预期稳定状态的水平或尺度。决定这种标准最主要的依据是计划。标准是界定或标识系统预期状态属性或特征的指标，大致包括以下几种。

（1）实物标准，也是非货币标准。

（2）成本标准，指的是以货币衡量的消耗标准。如直接成本、间接成本、原材料成本等。

（3）资本标准，指的是组织的活动中占用的自己或他人的资本的标准。如投资收益率、负债率等。

（4）收益标准，指的是组织活动的预期结果。可以是其他的标准。

（5）时间标准，指的是活动完成的期限。

（6）计划标准，指为进行控制制定的可变动预算方案。

（7）无形标准，不能以实物衡量的标准。如在综合评价组织业绩中，通常使用的"良好""一般"等标准。

（8）指标标准，可以是定量指标，也可以是定性指标。

2. 控制标准的要求

标准是一种测量尺度，是一种模式与规范，标准具有权威性。因此可以这样描述标准：

标准就是一种作为模式和规范而建立起来的测量单位。控制标准是控制目标的表现形式，是测定实际工作绩效的基础。没有一个完整的标准体系，衡量绩效与纠正偏差就会没有客观依据。在管理控制中，标准一般应能满足以下几个属性。

（1）可行性。可行性即对标准的测量范围、使用单位、允许偏差等要有详细说明，标准不能过高，也不能过低，要使员工经过努力能够达到标准的要求。所以在建立标准时，在客观上要考虑资源的分配，在主观上要考虑员工的能力。标准过高可能会损伤员工积极性，过低又无法保证目标的实现，员工的潜力也发挥不出来。因此，控制标准必须在现实与理想之间达到平衡，力求可行。

（2）适用性。控制标准要能对每一项工作都有明确的评价内容与要求，以利于组织目标的实现。例如，在加工装配工厂中，规定每个工序的生产提前期和加工批量及在制品数量，保证生产的连续均衡进行。

（3）相对稳定性。所建立的标准在一定时间内要保持不变，又要具有一定的弹性，能对环境的变化有一定的适应性。特殊情况可以例外处理。

（4）可操作性。在使用标准对实际工作进行评价、比较与考核时，要使标准能反映部门或个人的工作绩效，当出现偏差时，能有相应的单位或部门承担责任。同时，控制标准要能全面系统地反映部门的工作绩效，不能顾此失彼。

（5）一致性。建立的标准应尽可能体现协调一致、公平合理的原则。在实际工作中，会按部门、专业建立许多横向、纵向的控制标准，各项控制标注应彼此协调，不可相互冲突。同时，控制标准应在所规定的范围内保持公平性，如果某项标准适用于每个组织成员，就必须一视同仁。

（6）前瞻性。前瞻性即建立的标准既要符合现实的需要，又要与未来的发展相结合。控制标准实际上是对组织成员的一种规范，它反映组织的期望，也为员工提供了努力的方向。因此，在制定标准时，要把组织当前的需要与未来的目标进行有效的结合，即控制标准要有预见性。

制定标准的方法有三种：统计分析法、工程测量法、经验估计法。

二、衡量成效

衡量成效是找出实际工作与标准之间的偏差信息，根据这种信息来评价实际工作的优劣。具体说就是依据标准衡量、检查工作的实际执行情况，以便与预定的标准相比较。这是控制工作的中间环节，是一个发现问题的过程。

1. 绩效衡量的要求

衡量工作成效的控制信息质量要求准确、及时、可靠适用。收集信息的主要方法有亲自观察、分析报表资料、抽样调查、召开会议、口头报告、书面报告。

（1）控制信息及时、准确。这是绩效衡量最基本的要求，具体要做到如下三点。

1）保证信息的及时性。应在监测工作中，尽可能事先预见到可能出现的偏差，尽早发现偏差，及时采取有力措施。

2）保证信息的可靠性和准确性。组织必须采用先进、科学和可行的手段与方式，保证收集到的信息尽可能地客观公正、真实准确，才能引导组织做出正确的控制决策。

3）保证信息的有效性。不同的管理部门对信息的种类、范围、内容、详细程度等方面的需求是不同的，应为不同的部门提供其所需的特定信息。

（2）采用科学方法测量实绩。只有采用科学、可靠的方法，才能进行准确的测量。可以通过现场观察、统计报告、抽样调查等方法衡量绩效。不同的测量方法有不同的优缺点，应结合具体的情境进行选择。在测量过程中，尽可能利用定量化的指标进行衡量。即使对那些难以直接定量的活动，也要借助一些可计量的相关因素来间接衡量，增强其可计量效果。

2. 偏差分析

偏差分析就是对实际成效与计划标准之间的差距进行分析。这是衡量成效的关键环节。偏差分析的主要过程包括以下方面。

（1）确认偏差的性质、幅度和特征，并尽可能定性、定量地加以准确界定。

（2）深入分析造成偏差的原因和条件，并寻找出诸因素中的主要原因，以便有针对性地采取纠正措施。

并非所有的偏差都需作为"问题"来处理，关键要看偏差是否在容限范围内。所谓容限是指准许偏差存在的上限与下限范围。在容限范围内的偏差，应视为正常。超越容限范围的，应采取控制行动纠正偏差。

三、纠正偏差

前面分析了偏差产生的主要原因、确定纠偏的对象，这里强调采用适当的纠偏措施。管理控制最终是通过纠正偏差的行动实现的。纠正行动是指根据偏差分析的结果进行决策，制定纠正偏差的措施并付诸实施，以便实际系统重新进入计划轨道，保证目标实现的行为。这是管理控制中最为关键的环节。纠正措施中，如何调整计划和行动呢？

（1）调整行动，使行动与计划相符。原定计划合理，制订计划的客观环境并没有变化，主要是执行人员主观努力不够，则应采用这种方式，通过改变行动或采取补救措施来实现计划目标。

（2）调整计划，使计划与行动相符。如果在执行中发现原计划不合理，或客观环境已发生变化，则应运用改变航道原则，通过重新制订计划或调整目标，来实现计划与行动的统一。

（3）既调整计划又调整行动，使两者趋向一致。当组织处在较为复杂的环境中时，上述两类因素相互交织，应采用这种方式对计划与行动都进行调整，以实现计划与行动的一致。

第四节　控 制 的 方 法

一、预算控制

企业在未来的几乎所有活动都可以利用预算进行控制。预算是事先预估了企业在未来时期的经营收入或现金流量，同时也为各部门或各项活动规定了在资金、劳动、材料、能源等方面的支出不能超过的额度。预算控制就是根据预算规定的收入与支出标准来检查和监督各个部门的生产经营活动，以保证各种活动或各个部门在充分达成既定目标、实现利润的过程中对经营资源的利用，从而费用支出受到严格有效的约束。实施预算控制的步骤：编制预算；执行预算；预算差异分析；分析总结，评价和考核预算控制的绩效。

1. 预算的编制程序

为了有效地从预期收入和费用两个方面对企业经营进行全面控制，不仅需要对各个部门、各项活动制定预算，而且要对企业整体编制全面预算。

一个组织要编制预算，首先必须建立一套预算制度。

编制预算的步骤一般有：

（1）高层管理者将可能列入预算或影响预算的计划和决策提交预算委员会，预算委员会根据客观条件与环境的变化估计与确定未来某段时间的产销量，以及与之相关的价格和成本。

（2）负责编制预算的管理者向其他部门提出预算的建议并提供必要的资料，各部门根据企业计划与自己所拥有的资料，编制本部门的预算。

（3）各部门根据过去的统计数据进行趋势外推，并在考虑工资、物价适度增长的前提下，对本部门预算进行修正。

（4）企业负责编制预算的管理者将各部门的预算汇总整理成总预算，并将预算初步汇总方案上报预算委员会和高层管理者审查批难。

预算被批准后，在实施过程中，必须经常检查和分析执行情况，必要时可修改预算，使之能与组织目标动态适应。

2. 预算的种类

预算在形式上是一整套预计的财务报表和其他附表不同的内容，可以将预算分为经营预算、投资预算和财务预算三大类。

（1）经营预算。经营预算是指企业日常发生的各项基本活动的预算。它主要包括销售预算、生产预算、直接材料采购预算、直接人工预算、制造费用预算、单位生产成本预算、报销及管现费用预算等。

经营预算中最基本和关键的是销售预算，它是销售预测正式的、详细的说明。出于销售预测是计划的基础，加之企业主要是靠销售产品和劳务所提供的收入来维持经营费用的支出和获利的，因而销售预算也就成为预算控制的基础。

（2）投资预算。投资预算是对企业确定资产的购置、扩建、改造、更新等，在可行性研究的基础上编制的预算。它具体反映在何时进行投资、投资多少、资金从何处取得、何时可获得收益、每年的现金净流量为多少，需要多少时间回收全部投资等。由于投资的资金来源往往是所有企业的限定因素之一，而对厂房和设备等固定资产的投资又往往需要很长时间才能回收，因此，投资预算应当力求和企业的战略及长期计划紧密联系在一起。

（3）财务预算。财务预算是指企业在计划期内反映有关预计现金收支、经营成果和财务状况的预算。它主要包括"现金预算""预计收益表"和"预计资产负债表"。必须指出的是，前述的各种经营预算和投资预算中的资料，都可以折算成金额反映在财务预算内。这样，财务预算就成为各项经营业务和投资的整体计划，故也称"总预算"。

在财务预算中，经常会用到比率分析。比率分析就是将组织资产负债表和收益表上的相关项目进行对比，形成一个比率，从中分析和评价组织的经营成果和财务状况。组织活动分析中常用的比率分为财务比率和经营比率两类。

财务比率可以帮助了解企业的偿债能力和盈利能力等财务状况。常用指标如下：

1）流动比率。流动比率是企业的流动资产与流动负债之比，反映了企业偿还需要付现的流动债务的能力。一般来说，企业资产的流动性越大，偿债能力就越强；反之，偿债能力则越弱，这会影响企业的信誉和短期偿债能力。因此，企业资产应具有足够的流动性。资产若以现金形式表现，流动性最强。但要防止为追求过高的流动性而导致财务资源的闲置，以避免使企业失去本应得到的收益。

2）速动比率。速动比率是流动资产和存货之差与流动负债之比。和流动比率一样，该比率也是衡量企业资产流动性的一个指标。当企业有大量存货且这些存货周转率低时，速动比率比流动比率更能精确地反映客观情况。

3）负债比率。负债比率是企业总负债与总资产之比，反映了企业所有者提供的资金与外部债权人提供的资金的比率关系。只要企业全部资金的利润率高于借入资金的利息，且外部资金不会根本上威胁企业所有权的行使，企业就可以充分地向债权人借入资金以获取额外利润。一般来说，在经济迅速发展时期，债务比率可以很高。20 世纪 60 年代到 70 年代初，日本许多企业的外借资金占全部营运资金的 80％左右。但是，过高的负债比率对企业的经营不利。

4）盈利比率。盈利比率是企业利润与销售额或全部资金等相关因素的比例关系，反映了企业在一定时期从事某种经营活动的盈利程度及其变化情况。常用的比率有销售利润率和资金利润率。

销售利润率是销售净利润与销售总额之间的比例关系。它反映企业从一定时期的产品销售中是否获得了足够的利润。将企业不同产品、不同经营单位在不同时期的销售利润率进行比较分析，能为经营控制提供更多的信息。

资金利润率是指企业在某个经营时期的净利润与该期占用的全部资金之比。它是衡量企业资金利用效果的一个重要指标，反映企业是否从全部投资中实现了足够的净利润。同销售利润率一样，资金利润率也要同其他经营单位和其他年度的情况进行比较。

一般要为企业的资金利润率规定一个最低的标准。同样一笔资金，投入到企业营运后的净利润收入至少不应低于其他投资形式（比如购买短期或长期债券）的收入。

经营比率是与资源利用有关的几种比例关系。它们反映了企业经营效率的高低和各种资源是否得到了充分利用。常用的经营比率有三种。

1）库存周转率。库存周转率是销售总额与库存平均价值的比例关系。它反映了与销售收入相比库存数量是否合理，表明了投入库存的流动资金的使用情况。

2）固定资产周转率。固定资产周转率是销售总额与固定资产之比。它反映了单位固定资产能够提供的销售收入，表明了企业资产的利用程度。

3）销售收入与销售费用的比率。这个比率表明单位销售费用能够实现的销售收入，在一定程度上反映了企业营销活动的效率。由于销售费用包括人员推销、广告宣传、销售管理费用等组成部分，因此还可进行更加具体的分析，比如测度单位广告费用能够实现的销售收入或单位推销费用能增加的销售收入等。

反映经营状况的这些比率通常也需要进行横向的（不同企业之间）或纵向的（不同时期之间）比较，才更有意义。

3. 预算的作用

由于预算的实质是用统一的货币单位为企业各部门的各项活动编制计划，因此它使得企业在不同时期的活动效果和不同部门的经营绩效具有可比性，可以使管理者了解企业经营状况的变化方向和组织中的优势部门与问题部门，从而为调整企业活动指明了方向：通过为不同的职能部门和职能活动编制预算，也为协调企业活动提供了依据，更重要的是，预算的编制与执行始终是与控制过程联系在一起的，编制预算是为企业的各项活动确立财务标准，用数量形式的预算标准来对照企业活动的实际效果大大方便了控制过程中的绩效衡量工作，也使之更加客观可靠。在此基础上，很容易测量出实际活动对预期效果的偏离程度，从而为采取纠正措施奠定了基础。

二、非预算控制

1. 传统的非预算控制方法

（1）视察。视察主要指上级管理人员到下级机构或岗位检查工作，它通过获取第一手资料对管理活动进行直接控制。各级管理人员通过视察，可以判断运营活动的完成进度和执行情况，了解各环节与计划是否一致，并且通过直接交流可以从与下级的交谈中了解员工的真正需求与感受，及时获取他们的一些有益的建议。

基层管理者通过视察，可以判断产品产量、质量、技术参数的完成情况及了解设备运行情况与员工的工作态度情况等；职能部门的管理者通过视察，可以了解工艺规程、技术文件等是否得到贯彻，生产计划是否按预定进度执行，规章制度是否被严格遵守，运营过程中是否存在潜在的偏差等；上层管理者通过视察，可以了解到组织的方针、目标、政策是否被大家理解并执行，发现职能部门的报告是否属实，了解员工的情绪与士气及合理化建议是否被认真对待等。总之，视察可以使组织的管理者保持和不断更新自己的感觉，使他们感觉到事情是否进展顺利及组织是否运转正常，并且有利于发现人才、创造一种良好的组织气氛。

不过，管理人员的视察不能流于形式，或者引起下属的误解，将其看作是对他们工作的一种干涉与不信任，或者是看作不能充分授权的一种表现。视察也不仅仅是到各个部门走动而已，管理者还必须根据所观察到的工作情境，搜集最直接的管理活动信息，以弥补正式沟通的不足，并对活动信息做出反应。即使在计算机信息系统盛行的时代，因为管理的对象是具有能动性的人，许多管理活动仍然需要管理者去亲自推动，视察一直是优秀管理者坚持使用的控制手段。

（2）报告。报告是下级向上级管理者全面、系统地说明计划的进展情况、存在的问题与困难，原因分析情况及措施采取情况，对措施的效果、不能解决的问题提出进一步的计划等的一种重要的上下级沟通方式与管理控制手段。

运用报告进行控制的效果，取决于上级管理人员对报告的要求。一般情况下，上级管理者根据掌握下属工作完成情况的需要，对报告中以下几个方面的内容特别关注。

1）投入程度。管理者需要确定他本人对管理活动的参与程度，他需要确定他应该在该项活动中介入多深、花费多少时间与精力等。

2）进展情况。管理者需要获得其向上级部门或上级主管汇报的有关计划的完成情况、进度水平。例如，各项资源投入是否正常，产出是否达到预定比率等。

3）重点情况。管理者需要在向其汇报的报告中选择出那些应该由其本人注意与决策的事项。

4）全面情况。管理者需要了解管理活动的各环节的具体活动，以判断该项活动的整体情况及该活动对其他活动的影响。

（3）程序控制。程序是对操作或事务处理流程的一种描述、计划与规定。组织中常见程序很多，如决策程序、投资审批程序、费用审批程序、活动开展审批程序、主要活动的计划与控制程序、操作程序、核算程序、审计程序等。凡是连续进行的、需要多道工序、由多个部门或岗位参与的管理活动或生产技术活动，只要具有重复发生的特点，组织就应当为它制定管理程序。

程序规定了如何处理重大问题，以及日常经营中的物流、资金流、信息流、商流等事项的例行办法，对经营管理中出现的事项涉及哪些工作、部门与人员、进行的顺序与路线、各部门的责任与协调主体，以及所需要的校核、审批、记录、存储、报告等进行分析、研究与计划，从中找出最简捷、最有效、最便于实施的准确方案。要求人们严格遵守。同时，它通过文字说明、格式说明和流程图等方式，把一项业务的处理方法规定得很清楚，既便于执行者明确地遵照执行，也便于管理者进行例行检查与控制。

事实上，组织中本来就有许多不断重复出现的活动，通过程序对这些活动的控制，可以使管理过程简化、标准化，不仅有利于防止偏差的产生或减少偏差的扩大，而且有利于组织统一协调与行动，从而保证组织目标的实现。管理人员在对程序进行计划与控制时，应该遵循以下准则。

（1）使程序精简到最低程度。程序控制有一些固有的缺点，如增加文书工作费用，习惯程序的工作流程会压抑人们的创造性，对改变了的情况不能及时做出反应等。这些都需要管理人员在制定程序之前仔细考虑，要尽可能发挥程序控制的优点，规避程序控制可能出现的管理惯性，要对需要程序控制的活动进行斟酌，要对程序的数量进行限制。

（2）确保程序的计划性。程序的设计必须考虑到有助于实现整体目标而非局部目标，有助于提高整个组织的效率而非局部效率。因此，管理对于哪些活动需要程序进行控制要做到心中有数并列好计划，对于管理程序本身也需要进行控制，即程序是否必要，是否能达到预期的效果，是否有助于实现计划，是否还可以改进等。

（3）把程序看做一个系统。任何程序，如工作安排、会议组织、采购招标、成本核算、产品开发、市场拓展等，其本身是由许多相互联系的活动组成的。同时，组织又是由许多程序构成的，程序具有系统的特质，所以要用系统的观点来开发与设计程序，要对程序进行优化。

（4）程序要有权威性。程序要发挥作用，除了设计合理外，还必须严格执行。首先，程序的制定与发布要具有权威性，要设立专业的委员会来统一制定、协调与发布程序及其控制标准，并监督实施。其次，各级管理者要带头遵守程序，如果上级管理者带头破坏规则，不按程序进行各项管理活动，便会上行下效。再次，要长期坚持既定程序的实施与监督，要将程序以文件形式分发给各有关部门，并通过培训使员工理解程序的必要性及其目的，通过审计、审核等职能活动定期检查程序的实施情况，对违反程序造成的损失要有追责措施。

2. 其他的非预算控制方法

（1）人员控制。管理者是通过他人的工作实现自己的目标的。为了实现组织的目标，管理者需要而且也必须依靠下属员工。因此管理者使员工按照他所期望的方式去工作是非常重要的。为了做到这一点，管理者最简明的方法就是直接巡视和评估员工的表现。

在日常工作中，管理者的工作是观察员工的工作并纠正出现的问题。比如，一位监工发现一位员工在操作机器不当时，就应该指明正确的操作方法并告诉员工在以后的工作中按正确的方式操作。

管理者对员工的工作进行系统化的评估是一种非常正确的方法。这样，每一位员工的近期绩效都可以得到鉴定。如果绩效良好，员工就应该得到奖励，如增加工资，从而使之工作得更好；如果绩效达不到标准，管理者就应该想办法解决，根据偏差的程度进行不同的处理。

下面列举出了一些行为控制手段。在实践中，管理者几乎用到了所有列举的方法来增加员工按期望的方式去做的可能性。

1）甄选。识别和雇佣那些价值观、态度和个性符合管理者期望的人。

2）目标。当员工接受了具体的目标，这些目标就会指导和限制他们的行为。

3）职务设计。职务设计的方式在很大程度上决定着人们可从事的任务、工作的节奏、人们之间的相互作用及类似的活动。

4）定向。员工定向规定了何种行为是可接受的或不可接受的。

5）直接监督。监督人员亲临现场可以限制员工的行为和迅速发现偏离标准的行为。

6）培训。正式培训计划向员工传授期望的工作方式。

7）传授。老员工非正式和正式的传授活动向新员工传递了"该知道"和"不该知道"的规则。

8）正规化。正式的规则、政策、职务说明书和其他规章制度规定了员工可被接受的行为和被禁止的行为。

9）绩效评估。员工会以使各项评价指标看上去不错的方式行事。

10）组织报酬。报酬是一种强化和鼓励期望行为和消除不期望行为的手段。

11）组织文化。通过故事、仪式和高层管理的表率作用，文化传递的内容构成了人们的行为的信息。

（2）作业控制。作业控制的概念来自作业管理，而作业管理是指将资源转换成组织的产品或服务的管理过程。作业控制是为确保组织能够在合理的成本下生产出较高品质的产品与服务，或是能以较低的成本生产出所设定质量的产品与服务。简单来说，作业控制的目的是提高生产效率。

一个组织的成功，在很大程度上取决于生产产品或提供服务的效率和效果。作业控制方法就是用来评价一个组织的转换过程的效率和效果的。典型的作业控制包括质量控制、库存控制和成本控制。

1）质量控制。美国质量控制协会将质量定义为一种产品满足确定的和潜在的需求能力的总体特点和特征。质量有几个不同的属性。为了确定某一特定产品的质量，可以从以下八个基本维度来分析。

其一，绩效。产品最主要的是运用特征，如汽车的加速性能和电视的画面清晰度。

其二，特性。一种产品基本功能特性的补充，如电动车防盗。

其三，可靠性。一定时期内不出故障的可能性。

其四，一致性。产品的设计和运营特性与确立的标准相吻合的程度。

其五，耐用性。产品生命的度量指标。

其六，维护保养方便性。维修的速度和容易性。

其七，美观性。产品的外观、触感、口味和气味。

其八，感觉到的质量。消费者看到的质量。

要获得质量，最好从建立组织的"愿景"及方针和目标开始，目标向成果的转化（使质量得以实现）是通过管理过程来进行的，过程也就是产生预期成果的一系列活动，在质量管理活动中频繁地应用着三个这样的管理过程，即质量计划、质量控制、质量改进。这些过程被称为"朱兰三部曲"。

第一，质量计划。必须以外部和内部认识顾客，确定顾客的要求，开发能满足顾客需要的产品，制订质量目标，并以最低的综合成本来实现；开发出能生产所需要产品的生产程序；验证上述程序的能力，证明它在实施中能达到的质量目标。

第二，质量控制。选择控制对象，选择测量单位，确定质量目标，测定实际质量特性，通过实践与标准的比较，找出差距，根据差距采取措施。

第三，质量改进。证明改进的需要，确定改进的对象，组织诊断，寻找原因，提出改进方法，证明这些改进方法的有效，提出控制手段，以保持其有效性。

质量控制定义，"质量控制"指对于事物的运作而言是一个普遍的过程，它提供稳定性，即防止负面改变并"维持现状"。为维持稳定性，质量控制过程对实际绩效加以评估，将之与目标进行对照，并采取措施消除两者的差异。

质量控制是质量管理的三个基本管理过程之一，朱兰三部曲示意图（见图9-6）显示了这些过程之间的关系。

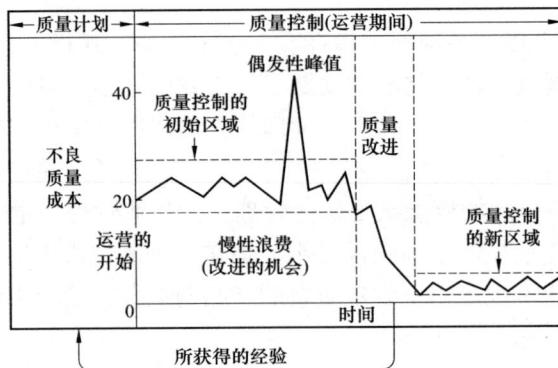

图9-6　朱兰三部曲示意图

2）库存控制。库存控制的目的是在确保组织可以拥有所需的原物料、零部件及其他相关的存货前提下、而使总库存成本降至最低的状况。与库存存货相关的成本包括四类，即订货成本、保管成本、缺货成本、购置成本，如表9-1所示。

表9-1　　　　　　　　　　　　　库存成本分类

订货成本或调整成本	订货成本：订货手续费、物资运输装卸费、验收入库费、采购人员差旅费以及通信联络费等	发生于企业外购原材料或零部件时，其费用随订购次数的增加而增加
	调整成本：由于生产系统转换产品时，对设备进行调整而造成的提供损失	发生于企业自制时，其费用主要与生产调整的次数有关
保管成本	主要包括物资在库存过程中发生的变质、损失、丢失等自然损失的费用，库存物资占用资金的成本，以及仓库运营的人工费、税金的支出	物料在库存过程中发生的成本，费用与库存量和库存时间有关
购置成本	购买物资耗费的货款，发生于存在差别价格的情况下	增加每次订货批量，可获得价格优惠，降低总购置成本
缺货成本	包括：生产系统为处理误期任务而付出的额外费用，如加班费、改变运输方式的额外运费等，误期对企业收入的影响，包括误期交货的罚款等	由于无法满足用户需求而产生的损失

经济订货批量。库存的控制主要是为了减少库存，降低各种占用，提高经济效益。管理人员使用经济订购批量模型计算最优订购批量，使所有费用达到最小。所谓经济订货批量，就是使得库存总费用最省、最经济的订货批量。

$$Q^* = \sqrt{\frac{2DC}{pH}}$$

$$经济订货量 = \sqrt{\frac{2 \times 年需求量 \times 每次订货成本}{物料订购单价 \times 年保管费率}}$$

$$年订货总成本 = C \cdot \frac{D}{Q^*} = 每次订货成本 \times \frac{年需求量}{经济订货批量}$$

$$年保管总成本 = \frac{Q^*}{2}(PH) = \frac{经济订货批量}{2} \times (物资订购单价 \times 年保管费率)$$

订货点库存存储备量 $R = d \times L = 日需求量 \times 订货提前期$

准时制库存系统。日本企业发明了一种被称为准时制库存系统（JIT），又称适时管理，其目标是实现零库存。基本思路是企业不储备原材料库存，一旦需要时，立即向供应商提出，由供应商保质保量按时送到，生产继续进行下去。

准时制库存系统的具体做法如下：企业收到供应商送来的装有原材料的集装箱，其中的原材料准备用于生产装配，同时把箱中的"看板"（卡片或标牌）交回给供应商；供应商收到"看板"后立即进行生产，并将新生产出来的原材料再送来。如果双方衔接得好的话，这时，上次的原材料刚好用完。

3）成本控制。全面成本控制。成本与费用管理是企业管理的重要领域之一，全面成本控制是指对企业生产经营过程发生的全部成本、成本形成的全过程、企业内所有员工参与的成本进行控制，是对系统的所有工作全面详细的分析后，层层分解成本指标，以其作为衡量控制标准，也就是以成本控制为主线，确保在预定成本下获得预期利润。全面成本控制的内容包括以下三个方面。

其一，全部成本控制。全部成本控制是指对企业生产经营过程中耗费的全部成本，包括原材料、人工、间接费用各项支出进行严格的监督与限制，不仅要对变动成本进行控制，而且对固定成本也要进行控制。

其二，全过程的成本控制。全过程的成本控制是指对产品设计、工艺开发、采购、制造、销售、物流、使用的整个过程发生的成本进行控制，也就是说产品的整个寿命周期都要进行成本控制。

其三，全员的成本控制。全员的成本控制是指发动企业管理人员、工程技术人员、生产员工树立成本意识，参与成本的控制。成本是一项综合性的指标，涉及各项职能管理部门、执行单位，必须调动组织内部全体员工的积极性，并建立经济责任制，明确每个员工、每个部门在成本控制中的职责。对各项费用定额、开支标准、成本目标和降低成本的措施，应该广泛发动全体员工进行讨论，使成本控制成为全体员工的工作职责，并付诸行动。

战略成本控制。传统成本控制重在成本节省，它表现为成本维持和成本改善两种执行形式。减少废品损失、节约能耗、零库存、作业分析与改进等。

企业战略成本控制的目标在于建立成本优势，重在成本避免，立足于预防。因而战略成本控制更重视企业的长久发展，它不再局限于单一的经营期间而是充分考虑不同发展阶段的特点，使各个发展阶段都服从于企业的长远目标，甚至不惜牺牲短期利益来追求持久的竞争优势，不断扩大企业的市场份额。

实际工作中往往有降低成本、获取成本优势、获取最大利润、提高资源利用率四个方面的目标取向。因此降低成本的途径包括两个方面：一方面，在企业现有经济规模和生产技术水平下，采取降低消耗、提高劳动生产率、合理组织管理的手段；另一方面，通过优化生产要素配置、不断改进生产技术水平。

（3）信息控制。管理者需要信息来完成他们的工作。不精确的、不完整的、过多的或延迟的信息会严重阻碍他们的行动。因此应该开发出一种管理信息系统，使它能在正确的时间以正确的数量为正确的人提供正确的数据。

管理信息的方法在最近几年发生了很大的变化。比如，在 15 年前，一个大组织的管理者依靠一个集中的数据处理部门提供信息。如果他需要将每周的总销售额分解成按地区汇总的销售额，就不得不向数据处理经理提出要求。一个幸运的经理可能会在一周开始的早些时候拿到计算机打印的上周的销售数字。而今天，管理者通常用他们办公桌上的计算机在几秒钟内就可得到这些数据。

（4）组织绩效控制。许多研究部门为衡量一个组织的整体绩效或效果作着不懈的努力。管理者关心组织的绩效，但他们并不是唯一的衡量其组织的人。顾客和委托人在他们选择生意对象时也会对此做出判断。证券分析家、潜在的投资者、潜在的贷款者和供应商（尤其是以信用方式交易的供应商）也会做出判断。为了维持或改进一个组织的整体效果，管理者应该关心控制。但是衡量一个组织的效果并没有单一的衡量指标。生产率、效率、利润、员工士气、产量、适应性、稳定性以及员工的旷工率等都毫无疑问的是衡量整体绩效的重要指标。但是，其中任何一个指标都不能衡量组织的整体绩效。一个组织的绩效要通过下列三种基本方式之一评价。

1）组织目标法。就是以组织最终完成目标的程度而不是以实现目标的手段来衡量其效果。衡量时，是采用宣传的目标还是实际的目标，是采用短期的目标还是长期的目标？由于组织具有多重目标，那么这些目标如何按重要性进行排序？这些都是管理者不得不面对的问题。如果管理者敢于面对组织目标的内在复杂性，就可以获得评价组织的合理信息。

2）系统方法。一个组织可以描述成这样一个实体，即获得输入、从事转换过程、产生输出的实体。从系统的角度看，可以通过下述这些方面的能力评价组织，即获得输入的能力、处理输入的能力、产生输出的能力和维持稳定与平衡的能力。输出产品或服务是目的，而获得输入和处理过程是手段。如果一个组织想要长期生存下去，必须保证有健康的状态和良好的适应能力。组织效果评价的系统方法主要集中考虑那些对生存有影响的因素，即目标和手段。

系统方法所考虑的相关标准包括市场份额、收入的稳定性、员工旷工率、资金周转率、用于研究和发展方面的费用增长情况、组织内部各部门的矛盾冲突情况、雇员的满意程度及内部交流的通畅程度等。值得注意的是，系统方法强调那些影响组织长期生存和兴旺发展的因素的重要性，而这些因素对短期行为可能并不特别重要。比如，用于研究和发展方面的费用是一种对未来的投资，管理层可以削减这里的费用并且立即就会增加利润或减少损失，但这种行为将会影响到组织以后的生存能力。

系统方法的主要优点在于可以防止管理层用未来的成功换取眼前的利益；另一个优点是

当组织的目标非常模糊或难以度量时，系统方法仍然是可行的。比如，公共部门的管理者采用"获得预算的增长能力"作为衡量效果的标准。也就是说他们用一种输入标准来取代输出标准。

3）战略伙伴法。此法是假定一个有效的组织能够满足顾客群体的各种要求，并获得他们的支持，从而使组织得以持续地生存下去，这种方法为战略伙伴法。战略伙伴法应用于企业，比如，如果一个公司有很强的资金实力，就不必关心银行家所采用的效果标准。然而，假如公司有 2 亿美元的银行贷款将于下一个季度到期，管理者就会因为不可能按期归还而不得不请求银行对这笔债务进行重新安排。毫无疑问，在这种情况下，银行用来衡量公司的效果指标就值得重视。如果不这样做将会威胁到公司的生存。因此一个有效的组织必须能够成功地识别出关键伙伴——顾客、政府部门、金融机构、证券分析家、工会等，并满足他们的要求。

虽然战略伙伴法非常有意义，但管理者付诸行动却非易事。在实践中，将战略伙伴从广泛的环境中分离出来就是一件非常困难的事。由于环境总是在不断地变化，昨天对一个组织来说还是很关键的利益集团，今天可能就已经不是了。采用战略伙伴法，管理者可以大大减少忽略或严重伤害那些利益集团的可能性。这些利益集团对组织的运转有着重要的影响。如果管理层知道谁的支持对组织的健康发展是必需的，他们就可以更改目标重要程度的顺序，以反映他们与战略伙伴权力关系的变化。

第五节　有效控制的实施

组织运行从计划到实施，从控制的角度来看，就是一个控制系统，整个过程由施控者、受控者、作用过程、反馈过程构成。要使控制工作卓有成效，必须分析实施控制的前提。所有的管理人员都希望有一个适宜的、有效的控制系统协助他们的工作，使一切活动按计划进行。虽然控制的基本原理和过程具有普遍性，但实际的控制系统仍然需要特殊的设计和制定。

一、控制的前提条件

实施控制时，前提条件越充分，对控制过程的积极影响越大。有效控制必须具备以下前提条件：

（1）必须有一个科学合理、切实可行的计划。控制是以计划为前提的。计划的正确性是控制工作取得成效的基本前提。如果没有一个科学合理的计划，那么控制工作做得越好就越会给组织带来损失。

（2）必须有专门控制职能的组织机构。一个组织若没有专门的控制机构，而由各部门自行监督、自行管理、自行控制，那就难以防止出现各部门对于切身利益的考虑而弄虚作假等种种人为因素造成的无序状况，或由于忙于贯彻指令而无暇顾及调查研究、分析评价，以至于难以反映真实的情况。因此，控制机构相应的规章制度越健全，控制工作越能取得预期的效果。

（3）必须有畅通的信息反馈渠道。控制工作中的一个重要环节就是要将计划执行情况及时反馈给管理者，信息反馈的速度与准确性直接影响到控制指令的正确性与纠正偏差措施的及时性、准确性。因此，必须设计好信息反馈渠道，明确与控制工作有关的人员在信息传递过程中的任务和职责，事先规定好信息的传递程序、收集方法和实践要求。

（4）应注重培养组织成员的自我控制能力。自我控制是提高有效性的根本途径，其优点如下：

1）有助于发挥职工积极性及创造性；

2）减轻管理人员负担；

3）有助于提高控制的及时性和准确性；这并不意味着对职工放任自流，工作目标应服从于总体目标，并有助于其实现。

（5）控制过程要坚持灵活性、及时性和适度性的统一。灵活性是指控制系统能适应主客观的变化，持续地发挥作用，与计划一同变动；及时性是指要及时做好信息的收集和传递，才能及时纠偏，否则不起作用，甚至消极作用；适度性是指注意成本，投入过大未必导致计划更顺利的实施。

二、有效控制的原则

1. 适应计划与组织结构

控制的目的是为了保证目标的实现，它需要组织内的各部门、各单位的全体人员来实施，所以控制应该与计划和组织的特点相适应。不同的计划，有不同的特点，需要控制的信息也不一样。例如，对成本计划的控制与对销售计划的控制，需要的信息不同，控制的部门也不同，采取的控制方法也不一样。

同样，控制还应当反映组织结构的类型和特征。组织结构既然明确规定了企业内各成员所担负的职务和相应的职责职权，所以它就成为确定计划执行的职权所在和产生偏差的职责所在的依据。健全的组织结构包括纵向和横向两个方面：在纵向，组织实际的工作状况和控制信息要能上传下达；在横向，组织中的每一个部门和个人要担负起自己的职责，权责明确，管理工作没有遗漏也没有重叠。这样，偏差一旦出现，就有对应的单位或部门承担责任。

2. 突出重点，强调例外

管理者应该掌握"关键的少数与次要的多数"的统计规律，找出和确定最能反映经营成果的关键因素，并加以控制。控制也要强调例外，管理者将控制工作的重点放在计划实施中的例外情况上，可以使他们把有限的精力集中在真正需要引起注意和重视的问题上。只要偏差在预先规定的允许波动范围内浮动，管理者就不必特别关注。不过，例外并不能仅仅依据偏差数值的大小来确定，而要考虑客观的实际情况。在同一组织中，对于不同类别的工作，一定额度的偏差所反映的事态严重程度不一样。有时，管理费用高于预算 3% 可能关系并不大，但是产品合格率下降 1% 则可能出现产品严重滞销的现象。所以，例外控制应该与关键控制点原则有效结合。

3. 避免出现目标扭曲

组织将规则、程序、预算这些低层次的计划作为控制标准时，最容易发生目标与手段的本末倒置问题。规则、程序、预算本来是实现组织目标的手段，但在实际工作中，有关人员对它们的关注往往超过对组织目标的关注，出现"为控制而控制"的现象。例如，销售部门在市场竞争越来越激烈的环境下，不愿意采取针对性的促销行动，是为了遵守规定或完成预算。这种不顾实际控制效果的刻板、扭曲的行为，使控制功能发生障碍。因此，管理者要明确低层次的控制标准是为组织目标服务的，不能出现"不是组织在运用控制职能，而是控制在束缚着组织"这种不正常的现象。

4. 符合主管人员个性

控制系统必须与个人的性格相适应。例如，对于统计员和会计员，他们喜欢把信息归纳成复杂的数据表格形式，或者喜欢用计算机把信息打印出来。而另一些人，可能喜欢图表的格式，就应该让他们采取这种方式。信息要便于理解，控制技术也是一样的。在实际工作中，有许多复杂的计划与控制技术，如可变预算法和网络计划技术都归于失败，仅仅是因为这些技术的使用者不能将之弄懂，或者是技术太复杂了。因此，高明的管理人员并不是去向别人显示他有多内行，而是宁愿去设计一个别人易于理解的方法，便于人们能够利用它。也就是说，有效的控制系统应该使管理人员易于理解和操作。

5. 适应组织环境

要使任何控制系统或控制技术都收到最大成效，就必须使其与组织环境相适应。例如，一个人们享有相当大的自由并让员工参与管理的企业，运用严格的控制系统，就可能触犯众怒，而最终注定要失败。而在一个习惯于听取上级领导下达指令的组织中，实行员工自我控制，也很难获得成功，因为那些参与管理的愿望很微弱或者不习惯参与管理的人，一般希望有明确的标准和衡量工作绩效的办法，而且由上级告诉他们应该做些什么。

6. 控制趋势

对于控制全局的管理人员而言，重要的是现状所预示的趋势，而不是现状本身。控制变化的趋势比改变现状重要得多，同时，也困难得多。趋势是多种复杂因素综合作用的结果，对管理工作的成效起着长期的制约作用，它是逐渐形成的，且不易被察觉。例如，一家企业的销售量增长了 6%，而实际上行业增长率为 12%，如果只看前者，管理者会放松警惕，满足于管理成效，如果两者一起看，则会发现该企业的经营管理趋势并不乐观。

通常，当趋势可以明显地绘成一条曲线，或可以用数学模型来进行预测时，再进行控制就为时已晚。所以控制趋势的关键在于从现状中提示倾向，并在刚露出苗头时就敏锐地觉察到。

7. 提出纠正措施

一个有效的控制系统应该能揭示失误的环节在哪里，并且揭示应该由谁来负责，从而确保采取某些纠正措施。值得注意的是，控制系统的正确性只有通过适当的计划工作、组织工作、人员配备和领导工作来纠正那些已经揭示出来的偏差来证明。

8. 直接控制

直接控制的原则强调，管理人员及其下属的素质越高，他们的工作质量就会越高越不需要间接控制。因为高素质的管理人员能事先觉察出实际工作与计划之间的误差能采取预防措施防止偏差的扩大及产生不利于目标实现的影响。

三、影响有效控制的因素

1. 组织规模

组织规模与采取有效控制的手段与方法有着密切的联系。一般来说，组织规模较大，通常采取前馈控制与反馈控制的方法对组织进行控制，采用正式的报告、严密而广泛的规章制度建立官僚式的控制系统。小规模组织更多采用现场同步控制，管理者通过直接观察建立非正式的、个人特征很强的控制系统。

2. 员工在组织中的位置

因员工在组织结构内的位置和级别的不同，即职位和层次不同，对其采取的控制标准是多重的，而且标准也不同。例如，对总经理的控制评价标准与对基层员工的控制评价标准就不同。应该对组织内不同层级的员工建立控制程度不同的评价标准，以达到组织对不同层级员工有效控制的目的，也促进员工的不断进步。一般而言，高级别员工的评价标准是多重的，低级别员工的评价标准是少而易于衡量的。

3. 组织的分权程度

组织的分权程度同样也会影响控制的有效性。分权程度高的组织，管理者将决策权下放给被授权者，管理者需要更多地获得被授权者的行为信息和工作绩效，最终还要对被授权者的工作绩效负责，因此，分权程度高的组织，需要增加控制的数量和宽度。

4. 组织文化

组织文化同样影响控制的有效性。组织越来越重视其文化建设，当控制系统与组织文化一致时，已建立的控制系统会发挥相应的作用。当组织文化是开放的、积极的、民主的、信任的，员工会产生主动的、非正式的自我控制，积极完成组织目标。相反，组织文化是封闭的、消极的、独裁的、怀疑的，员工可能会增强自我保护，被动接受领导权威、领导决策来实现组织目标。如果组织采用开放而积极的组织文化，控制系统应该采用非正式的自我控制，反之则采用正式而广泛的控制。

5. 活动的重要性

活动的重要性对控制也会产生影响，在重大活动中，即使是微小的偏差也会产生重大影响，这就需要采用复杂而广泛的控制。相反，活动重要性低，只需要采取松散的、非正式的控制系统，以减少控制成本支出。

6. 控制信息的有效性

对实际工作情况进行衡量的目的，是为控制提供有用的信息，为纠正偏差提供依据。然而，并不是所有衡量实际的工作都由直接负责制定纠正偏差措施的管理人员或部门来进行，因此就有必要建立有效的控制信息系统，使反映实际工作情况的信息既能迅速收集上来，又能适时地传递给需要这项信息的管理人员，并且能将纠正偏差的指令迅速传递到有关人员以便对问题做出处理。

四、企业的内部控制

强化企业内部控制是企业在市场经济中生存和发展的需要，体现在：强化企业内部控制是建立现代企业制度、完善法人治理结构的需求；强化企业内部控制是降低企业经营风险的有力措施；强化企业内部控制是提高会计信息质量的保证。

然而，在一些企业中，内部控制存在着较为严重的问题，突出表现在：内部控制意识薄弱；产权关系不明；人员素质参差不齐，内部控制制度执行难；内控制度不健全，监督机制缺失。解决内部控制存在的问题，实施有效的内部控制对于企业的兴衰存亡有非常重要的意义。有效内部控制的实施需要以下措施：

1. 提高管理人员对内部控制的认识程度，改善企业的内部控制环境

控制环境中的要素有价值观、组织结构、控制目标、员工能力、激励与诱导机制、管理哲学与经营风格、规章制度和人事制度等。控制环境中的要素很多，改善企业内部控制环境需要做好如下几项工作：

一是要加快现代企业产权制度改革，真正建立产权明晰、权责明确、管理科学、政企分开的现代企业制度，从产权制度上保证内控制度的有效建立。

二是要有明确的内部控制主体和控制目标。企业内部由四种经济主体所组成，相应地也有四种控制主体，即股东、经营者、管理者和普通员工。这四种控制主体都有各自的控制目标，只有在控制主体及其控制目标明确的情况下，才能实施有效控制。

三是要有先进的管理控制方法和高素质的管理人才。

2. 建立健全有效的内部控制体系

企业首先要确定内部管理体制和管理目标，包括管理模式、内部核算体系、机构设置及职能划分等，以明确内部控制制度设计和建立的方向。根据企业内部管理体制，明确规定企业各级机构职责和具体岗位职责。在此基础上，设计内部控制制度和流程体系。具体包括三个相对独立的控制层次：

第一层次要完善货币资金控制制度、物资采购制度、财产物资管理制度、费用支出审批制度、投资审批制度及项目建设招投标制度。

第二层次是在会计部门常规性会计核算的基础上，对企业各个岗位、各项业务进行日常性和周期性的核算，充分发挥会计的监督职能，建立以"堵"为主的事中控制制度。这一控制体系的有效运行，依赖于财务人员的强烈责任心和称职的工作能力。

第三层次是稽核、内部审计、纪律检查部门通过内部常规稽核、离任审计、落实举报、监督审查报表等手段，对有关业务和会计部门实施内部控制，建立以查为主的事后控制制度。

3. 严格执行内部控制制度，发挥内控制度的效率和效果

首先，领导要率先垂范，带头执行落实内控制度。其次，加强员工教育和培训，全面提高职工素质。提高职工素质的目的在于使职工的能力与所在岗位的要求相适应。再次，建立岗位定期轮换制度。最后，建立岗位职责和目标考核制度，完善激励机制。对岗位任务完成好的给予奖励，对岗位职责完成差的给予处罚。

4. 进行全面的风险评估

在风险评估中可以采用如下风险管理模型，即"工作目标—风险评估—控制风险"。工作目标是风险评估的起点，是控制环境中的要素，通过对风险的评估，采取积极有效的控制措施，可以保证工作目标的实现。

5. 采取有效的控制手段

首先，应按照职责分离原则划分各个人的工作，特别是一些不相容职务要实行严格分离。其次，应为每个岗位设计工作流程图，工作流程图中明确规定每个人应该做什么、如何做、何时做及工作的结果等。再次，要定期举行绩效考评会议。考评会议作为对工作目标完成情况的事后控制，不仅可以总结一定时期的工作成果，同时也是发现问题、改进工作的过程。最后，进行独立稽核。为了避免错误的发生，每一个人完成的工作应由与工作没有直接关系的另一个人或部门进行验证、审计。

6. 建立完善的信息交流系统

一个有效的内控系统需要有充分的和全面的内部财务、经营等方面的数据，以及关于外部市场与决策相关的信息。这些信息应当可靠、及时，有效的内控要求建立可靠的信息系统涵盖公司的全部重要活动。有效的内控系统需要有效的交流渠道，以确保所有员工充分理解

和执行现行制度和程序，并确保相关信息传达到应被传达到的人员。

7. 加强内部控制的监督与评审

加强内控的监督评审是完善内部控制、严肃财经纪律、改善经营管理、提高经济效益的有效途径。要加大审计宣传力度，提高领导干部对内部审计工作重要性的认识，使领导干部的思想实现由"要我审"到"我要审"的转变。建立与现代企业制度相适应的内部审计模式，提高内部审计的独立性与权威性。充分利用内部审计人员熟悉财经法规制度、精通财务管理的优势。内部审计人员要以服务为宗旨，树立以防错防弊、监督企业内部控制制度的健全性和有效性为手段的新的审计观念。健全内部审计工作规范，提高内部审计人员素质。内部审计的质量很大程度上取决于内部审计人员的素质和审计规范的完善程度，建立健全内部审计规范体系有利于约束审计行为，提高审计质量。

企业内部控制规范体系的建设，是实现科学管理、提升企业软实力的重要举措，是现代企业制度落实到位的重要标志。企业应以防范风险，规范管理为目标，从建立健全规范的企业内部控制体系入手，根据我国企业内部控制规范体系的相关要求，系统梳理企业已有的内部控制制度并加以完善，着力规范业务流程，明确岗位职责，强化制约，落实责任追究，形成企业健全有效的内部控制规范体系，确保企业可持续发展。

五、企业的外部控制

外部控制系统是尽管超出一个企业资源计划的范围，但可以用来实现公司治理目标的公司治理机制的总称。它包括公司治理的法律和政治途径、产品和要素市场竞争、公司控制权市场、声誉市场等。

企业外部控制的含义仍要从"内部人控制"理论中引申出来。"内部人控制"是公司控制权分配的一种格局，这一概念主要被用来研究东欧和前苏联各国在向市场经济转轨过程中的企业治理结构问题，其含义是企业经理人员（通常与工人合谋）获取了企业控制权的相当大的部分。经济学家们通常把职工和经理人员一起看成是内部人。根据外部要素对"内部人"控制力的大小，可将迄今为止的企业外部控制类型划分为以下四种：

1. 股东主导控制型

这是企业外部控制的常态，也是"股东至上主义"的逻辑延伸。其特点是：股东是唯一的或占主导地位的外部权力供给者；股东通过委托关系及相应的激励约束机制对公司内部人实施控制；内部人为股东利润最大化目标服务。

2. 政府主导控制型

这是指政府充当外部控制要素对内部人实施的主导性的控制。其特点是：政府是公司的唯一或主要的外部权力供给者；它通过经济的或非经济的手段对公司实施控制；内部人为政府的利益最大化的目标服务。

3. 职工主导控制型

当把职工作为外部要素考察时，其实施外部控制的权力基础有两种：一是主要以拥有公司"成员"资格（也可能拥有一定比例的但不能单独分割出去的股权）对公司内部人实施民主控制，如股份合作制企业；二是公司职工拥有的股权在公司股权结构中占相对控股以至绝对控股地位，这类似于股东主导控制型公司，但也有区别，因为这里的占主导地位的股东同时又具有公司职工的身份。

4. 混合控制型

这种类型公司是以近年来备受宣扬的利益相关者理论为基础的。该理论的最早思想源于1932年，当时，哈佛商学院学者杜德在驳斥贝利的一篇论文中指出，公司董事会必须成为真正的受托人，他们不但要代表股东的利益，而且也要代表其他利益主体如员工、消费者，特别是社会整体的利益。后来，公司的利益相关人被进一步明确为除股东之外的其他所有者、债权人、供应商、客户、员工、政府部门等。

在了解企业内部控制和外部控制的基本概念及分别促进其有效实施的措施后，我们必须认识到从理论层面上即运用控制论的思路来指导现代企业管理的重要性，这就要求管理控制做到：

（1）无论是传统产业还是现代产业，企业在进行管理控制时必须考虑对资源的低消耗、低排放、高效率的利用，实行资源减量化。循环经济的发展要求企业重新调整经济目标和生态目标的关系，通过设定企业的生态总体目标，使企业内个人所追逐的目标与之相吻合，通过设立成本、环境效益考核体系，使个人为实现自身利益而制定的决策、从事的活动有助于企业总体目标的实现。

近几年，出现了扁平式、学习型组织，企业利用组织设计和组织再造的方法来优化管理控制系统，通过更多的授权而不是传统意义上的监督和控制来实施管理控制。随着循环经济的发展，不仅要求运作有序的信息化管理，而且更加强调物质流管理。

（2）管理控制过程是一种行为性过程，涉及管理者及其下属之间的相互影响。企业文化的差异使得管理控制过程的细节在不同企业之间也存在着差异。而管理者的价值观念、领导风格、人际协调能力、经验、决策模式、技术能力及其他诸多方面正是深刻影响着企业文化的形成与变迁的关键因素。

管理哲理故事

扁 鹊 的 医 术

魏文王问名医扁鹊说："你们家兄弟三人，都精于医术，到底哪一位最好呢？"

扁鹊答说："长兄最好，中兄次之，我最差。"

文王再问："那么为什么你最出名呢？"

扁鹊答说："我长兄治病，是治病于病情发作之前。由于一般人不知道他事先能铲除病因，所以他的名气无法传出去，只有我们家的人才知道。我中兄治病，是治病于病情初起之时。一般人以为他只能治轻微的小病，所以他的名气只及于本乡里。而我扁鹊治病，是治病于病情严重之时。一般人都看到我在经脉上穿针管来放血、在皮肤上敷药等大手术，所以以为我的医术高明，名气因此响遍全国。"

文王说："你说得好极了。"

管理如同医生看病，治标不能忘固本。许多企业强调重视管理，而现实中却存在"头疼医头、脚疼医脚"的管理误区，造成"重结果轻过程"的现象比比皆是。

问题：1. 分析这则故事给你在管理思维上的启示。

2. 你认为应如何防止企业进入管理误区？

故事哲理：

（1）人们在认识一件事物时，往往不会留意事物的起因及初步的发展过程，只有当事物发展到无法控制的地步，才会意识到事态的严重性，加以重视并寻求解决办法。因此，在历史的长河中，人们只记住了救人于水火的扁鹊，却不曾对他的两位兄长留下印象。这则寓言给我的启示是：事前控制在管理中极为重要，不要等到出现了严重问题才知道要采取措施补救，而应该将问题扼杀在萌芽状态。殊不知事后控制不如事中控制，事中控制不如事前控制。防重于治，企业家要有防患于未然的敏锐洞察力，尽最大可能去化解经营中的潜在风险。可惜大多数的企业经营者均未能体会到这一点，等到错误的决策造成了重大的损失时才寻求弥补，有时是亡羊补牢，为时已晚。治病是这个道理，管理也同样是这个道理。"良医治未病"，处理组织管理上的问题最有效的就是要加大预防力度，像扁鹊的大哥那样，治病于未发之前；发现苗头性问题，要像扁鹊的二哥那样，治病于初起之时。有些领导者是"消防队员"类型的，也多喜欢"救火式"的下属，因而每天总是忙得不可开交的样子，这就丝毫不奇怪了。在这里，我们可以看一下德鲁克的观点："一个平静无波的工厂，必是管理上了轨道。如果一个工厂常是高潮迭现，在参观者看来，大家忙得不可开交，就必是管理不善。管理好的工厂，总是单调无味，没有任何刺激动人的事件。那是因为凡是可能发生的危机都早已预见，且已将解决办法变成例行工作了。"同理，一个管理上了轨道的组织，常是一个令人觉得索然无味的组织。在这样的组织里，所谓"引人注目"的事情大概就是为未来做决策，而不是轰轰烈烈地处理过去的问题。

（2）防止企业进入管理误区的方法有以下两条：一是加强事前控制的力度。在管理过程中密切关注事态或环境的细微变化，努力将问题控制在初期阶段，这样才能避免出现严重问题后只能"头痛医头、脚痛医脚"的局面。事前控制想要完美的实现，就要从组织建立的第一天起就有明确的制度和文化来制约，后来的管理只能是亡羊补牢，慢慢地去修正这种控制事情的节奏。二是强调对过程的关注。尽管结果对一个企业来说很重要，但忽视过程的做法往往导致企业的行为事倍功半。过程的重要性体现在它是结果的必然。做一件事情或一份工作，过程是最关键的，如果每做一步都能按照程序办，踏踏实实，并在这个过程中预见问题，防范问题，或是发现问题的端倪进而给予及时的调整，那么结果必然能达到预期的目的，反之则不然。

案　例

麦当劳公司的控制系统

麦当劳公司以经营快餐闻名遐迩。1955 年，克拉克在美国创办第一家麦当劳餐厅，其菜单上的品种不多，但食品质量高、价格廉、供应迅速、就餐环境优美，连锁店迅速发展到每个州，至 1983 年，国内分店已超过 6000 多家。1967 年，麦当劳在加拿大开办了首家国外分店，以后国外业务发展很快。到 1985 年，国外销售额占它的销售总额的约 1/5。在 40 多个国家里，每天都有 1800 多万人光顾麦当劳。

麦当劳金色的拱门上允诺：每个餐厅的菜单基本相同，而且"质量超群，服务优良，清洁卫生，货真价实"。它的产品、加工和烹制程序乃至厨房布置，都是标准化的、严格控制的。它撤销了在法国的第一批特许经营权，因为他们尽管赢利可观，但未能达到在快速服务和清洁方面的标准。

麦当劳的各分店都由当地人所有和经营管理。鉴于在快餐饮食业中维持产品质量和服务水平是其经营成功的关键，因此，麦当劳公司在采取特许连锁经营这种战略开辟分店和实现地域扩张的同时，就特别注意对各连锁店的管理控制。如果管理控制不当，使顾客吃到不对味的汉堡包或受到不友善的接待，其后果就不仅是这家分店将失去这批顾客及其周围人光顾的问题，还会波及影响其他分店的生意，乃至损害整个公司的信誉。为此，麦当劳公司制定了一套全面、周密的控制办法。

麦当劳公司主要是通过授予特许权的方式来开辟连锁分店。其考虑之一，就是使购买特许经营权的人在成为分店经理人员的同时也成为该分店的所有者，从而在直接分享利润的激励机制中把分店经营得更出色。特许经营使麦当劳公司在独特的激励机制中形成了对其扩展中的业务的强有力控制。麦当劳公司在出售其特许经营权时非常慎重，总是通过各方面调查了解后挑选那些具有卓越经营管理才能的人作为店主，而且事后如发现其能力不符合要求则撤回这一授权。

麦当劳公司还通过详细的程序、规则和条例规定，使分布在世界各地的所有麦当劳分店的经营者和员工们都遵循一种标准化、规范化的作业。麦当劳公司对制作汉堡包、炸土豆条、招待顾客和清理餐桌等工作都事先进行拟实的动作研究，确定各项工作开展的最好方式，然后再编成书面的规定，用以指导各分店管理人员和一般员工的行为。公司在芝加哥开办了专门的培训中心——汉堡包大学，要求所有的特许经营者在开业之前都接受为期1个月的强化培训。回去之后，他们还被要求对所有的工作人员进行培训，确保公司的规章条例得到准确的理解和贯彻执行。

为了确保所有特许经营分店都能按统一的要求开展活动，麦当劳公司总部的管理人员还经常走访、巡视世界各地的经营店，进行直接的监督和控制。例如，有一次，管理人员巡视中发现某家分店自行主张，在店厅里摆放电视机和其他物品以吸引顾客，这种做法因与麦当劳的风格不一致，立即得到了纠正。除了直接控制外，麦当劳公司还定期对各分店的经营业绩进行考评。为此，各分店要及时提供有关营业额、经营成本和利润等方面的信息，这样总部管理人员就能把握各分店经营的动态和出现的问题，以便商讨和采取改进的对策。

麦当劳公司的另一个控制手段，是在所有经营分店中塑造公司独特的组织文化，这就是大家熟知的"质量超群，服务优良，清洁卫生，货真价实"口号所体现的文化价值观。麦当劳公司的共享价值观建设，不仅在世界各地的分店、在上上下下的员工中进行，而且还将公司的一个主要利益团体——顾客也包括进这支建设队伍中。麦当劳的顾客虽然被要求自我服务，但公司特别重视满足顾客的要求，如为他们的孩子们开设游戏场所，提供快乐餐和组织生日聚会等，以形成家庭式的氛围，这样既吸引了孩子们，也增强了成年人对公司的忠诚感。

问题：

1. 麦当劳公司采用了哪些控制技术与方法？

2. 麦当劳公司是如何制定标准来约束管理人员和一般员工的行为的？

3. "麦当劳公司总部的管理人员还经常走访、巡视世界各地的经营店。"请问，这是哪一种控制方法，其优点是什么？

复习思考题

一、概念题

控制　反馈控制　实时控制　前馈控制　　预算控制

二、选择题

1. 控制的最根本作用是（　　）。

A. 反馈 　　　　　　　　　　　　B. 纠偏

C. 保证计划目标的实现 　　　　　　D. 衡量成效

2.（　　）是指管理人员在计划执行过程中，指导、监督下属完成计划要求的行动。

A. 同步控制 　　　　　　　　　　B. 前馈控制

C. 反馈控制 　　　　　　　　　　D. 直接控制

3.（　　）是整个管理控制中最关键的一个环节。

A. 衡量成效 　　　　　　　　　　B. 确立标准

C. 信息反馈 　　　　　　　　　　D. 纠正偏差

4.（　　）是指以一定文化为基础，一定的社会群体依靠共同价值和群体规范引导与约束其成员的一种社会控制方式。

A. 反馈控制 　　　　　　　　　　B. 社群控制

C. 预先控制 　　　　　　　　　　D. 同步控制

5. 预算主要体现为一种（　　）的手段。

A. 预先控制 　　　　　　　　　　B. 直接控制

C. 间接控制 　　　　　　　　　　D. 同步控制

6. "亡羊补牢"是一种（　　）。

A. 预先控制 　　　　　　　　　　B. 反馈控制

C. 直接控制 　　　　　　　　　　D. 间接控制

7. 为了保证一项工作任务的圆满完成，在尚未行动之前，必须挑选合适的人员和做好物资准备，这属于（　　）。

A. 反馈控制 　　　　　　　　　　B. 直接控制

C. 间接控制 　　　　　　　　　　D. 预先控制

8. 某商场经理聘请专家在售货现场对销售人员进行指导，这是（　　）。

A. 同步控制 　　　　　　　　　　B. 前馈控制

C. 反馈控制 　　　　　　　　　　D. 直接控制

9.（　　）是把对行为最终结果的考核分析作为控制将来行为的依据的一种控制方式。

A. 前馈控制 　　　　　　　　　　B. 反馈控制

C. 直接控制 　　　　　　　　　　D. 间接控制

10. 就客观条件，尤其对管理者需要的信息量和可靠性而言，要求最高的控制类型是（　　）。

A. 预先控制 　　　　　　　　　　B. 现场控制

C. 事后控制 　　　　　　　　　　D. 反馈控制

三、判断题

1. 前馈控制是一种管理者与被管理者面对面进行的控制活动。（　　）

2. 一般来说，集中控制适用于规模较大的组织。（　　）

3. 分层控制的最大优点就是能够保证组织的整体一致性。（　　）

4. 有效的控制只能针对关键项目，抓住活动过程中的关键和重点进行局部的和重点的控制，这就是控制的目标原则。（　　）

5. 坚持控制的经济性原则，一要有选择地实行控制；二要降低控制的各种耗费。（　　）

6. 有效的控制系统包括三个主要步骤，即制定标准、衡量工作绩效和分析偏差。（　　）

7. 反馈控制最大的缺点是，在管理者实施纠偏措施之前，偏差已经产生，损失已经造成，对工作没有任何意义，所以我们没有必要进行反馈控制。（　　）

8. 一般来说标准必须从计划中产生，计划必须先于控制。（　　）

9. 只要控制工作做得好，完全可以防止管理失误。（　　）

10. 严格的控制，会使实际工作过程缺乏灵活性，极大地限制人的工作的积极性。（　　）

四、简答题

1. 控制的内容。

2. 控制的特点。

3. 控制的原则。

4. 控制的功能。

5. 计划和控制的关系。

6. 控制的类型。

7. 控制的过程。

8. 控制的方法。

五、论述题

1. 试论述控制的重要性。

2. 试论述如何有效控制的实施。

第十章 创 新

【本章要点】

(1) 创新概述。创新的定义，创新的起源与发展，创新的意义，创新的特点。

(2) 创新的内容。理念创新，管理创新，技术创新。

(3) 创新的过程和主体。创新的过程，创新活动的组织，创新主体。

(4) 创新的方法。综摄法，检核表法，智力激励法，特性列举法，综合创造法。

第一节 创 新 概 述

一、创新的定义

创新是一种思想及在这种思想指导下的实践，是一种原则及在这种原则指导下的具体活动。美国的经济学家熊比特在其《经济发展理论》一书中首次提出创新的定义。他认为，创新是对生产要素的重新组合，包括生产一种新产品、采用一种新的生产方法、开辟一个新市场、获得一种原料或半成品的新的供给来源和实现一种新的企业组织形式。之后，许多研究学者也对创新进行了定义，有代表性的定义有以下五种。

(1) 创新是一种开发新事物的过程。这一过程从发现潜在的需要开始，经历新事物的技术可行性阶段的检验，到新事物的广泛应用为止。创新之所以被描述为是一个创新过程是因为它产生了某种新的事物。

(2) 创新是运用知识或相关信息创造和引进的某种有用的新事物的过程。

(3) 创新是对一个组织或相关环境的新变化的接受。

(4) 创新是指事物的本身，具体说来就是指被相关使用部门认定的任何一种新的思想、新的实践或新的制造物。

(5) 创新是新思想转化为具体行动的过程。

由此可见，创新定义所包含的范围很广，涉及许多方面。比如，有的东西之所以被称为创新，是因为它提高了工作效率或巩固了企业的竞争地位；有的是因为它改善了人们的生活质量；有的是因为它促进了经济的发展。但值得注意的是，创新并不一定是全新的东西，旧的东西以新的形式出现或以新的方式结合也是创新。

从管理的角度来看，创新是指管理者对组织要素的重新组合，其目的是改变组织资源的产出量或者提高消费者的满意程度。创新是管理者根据内外环境的变化而采取某种新的、更有效的资源整合与协调方式来促进管理系统效率和效益目标实现的过程。

综上所述，本书给创新的定义为：创新就是指将发明创造引入经济活动之中，形成具有创新性的思想并且将它转换为有用的产品或者服务的过程。

二、创新的起源与发展

1. 创新的起源

人类的文明史就是一部不断创新的历史，创新推动着人类社会的进步。创新是以新思维、新发明和新描述为特征的一系列过程，它起源于拉丁语，有三层含义，第一，更新；第二，创造新的东西；第三，改变。创新是人类特有的认识能力和实践能力，是人类主观能动性的高级表现形式，是推动民族进步和社会发展的不竭动力。1912年美国哈佛大学教授熊彼特的《经济发展理论》中第一次将创新作为一种理论提出来，并获得世界各界的广泛认可。

2. 近代创新理论的突起

随着资本主义国家的发展，加快了创新的步伐。文艺复兴运动使人的思想得到了解放，为创新开创了道路。认识方法的变革促使了创新思维的发展，因此，欧洲在近代几百年的时间里，成了世界科技、经济发展的中心。20世纪初，技术创新问题引起主流经济学、管理学等科研学者的广泛关注，出现了一些涉及技术创新的专门研究领域。弗里曼将这些研究称为"新熊彼特主义"，他们注重研究创新的机制，包括创新的起源、创新过程、创新方式等，其目的在于提高创新的有效性，从而为创新实践和经济发展提供指导。

3. 现代创新的加速发展

第二次世界大战以后，创新的成果层出不穷。主要是由于创新的手段越来越先进和知识总量积累越来越多，为人们进行再创新提供了有利的条件。其次，各国研究与发展的经费投入和研究开发的人员越来越多，为创新提供了物质、人力的条件。第三，创造学、创新理论的创立和推广，使更多的人在理论的指导下自觉地创新。最后，世界经济的一体化，使不同发展水平的国家都投入到创新的行列。由于竞争日趋激烈，也使越来越多的人的创新意识、创新潜能得到激活和释放。

三、创新的意义

1. 创新是现代经济增长的核心动力

创新是经济增长的内在因素，通过产品创新、技术创新、市场创新、要素创新和组织创新等创新活动方式，打破均衡，刺激增长。创新内涵的丰富，提供了推动经济发展的理论依据，有助于认识和实施创新发展战略。创新活动在优化创新资源配置上具有重要作用，国家或者企业通过制订计划和颁布政策规定等，能够引导和激励企业、科研机构和中介机构相互作用，从而加快技术创新活动，推动科技知识的产出、传播、扩散和应用。

2. 创新是国家和企业持续发展的动力

国家和企业要持续发展，必须进行创新。国家通过制定创新发展战略，推进产业的创新与升级。实施国家知识产权战略，从宏观和微观层面为国家创新发展提供全面的制度保障。在市场得到充分竞争的同时，企业既需要维持现有增长模式，延缓增长率下滑趋势，又需要考虑从现有模式向新增长模式的跨越，这时公司的战略转型是必然选择。而当传统业务难以有效支持未来的发展时，创新成为企业持续发展、战略转型，甚至生存的唯一选择。

3. 自主创新是可持续发展的必然选择

创新依靠人的智力和创造性劳动。人类的认知能力与思维模式有助于深刻把握科学规律，将创新思维应用于各种社会层面。国家依靠自主创新，充分发挥科技对经济社会的支撑和引领作用，大幅度提高科技进步对经济的贡献率，实现经济社会全面协调可持续发展和综合国力不断提升。对任何企业而言，创新都是根本。企业通过引进和自主创新获得先进的知识，掌握和拥有真正的核心技术。因此，国家和企业要真正强大起来，必须走自主创新之路。

四、创新的特点

1. 新颖性

创新的本质在于创和新，在于解决前人所未能解决的理论问题和实践问题，因而其成果必然是新颖的。事物总是不断变化的，不仅组织的内、外部环境发生变化，而且组织的创新能力也是不断积累和发展的，因此创新要素有必要进行动态的调整。从企业的竞争来看，随着企业创新能力的扩散，企业的竞争优势将会消失，这就需要推动一轮又一轮的创新，新颖性将持续保持企业的竞争优势。

2. 复杂性

创新不是孤立进行的，是由一系列事件所组成的，是一个复杂的系统过程。创新的过程是一条长链，可以增加上游的基础研究投入，也可以直接增加下游的新技术、新产品的产出，但是在实际的经济活动中，创新有很多的起因和知识源，它可以在研究、开发市场化和应用等任何阶段发生。创新是一系列复杂的、相互渗透并且共同作用的活动。

3. 价值性

从创新成果的社会效果来看，需具有相应的社会价值、实用价值和精神价值。创新可以转变经济发展方式，建立效率更高、成本更低的生产管理系统，拓展新的市场空间，激发市场主体发展活力，构建现代产业发展体系，最终实现市场价值提升的过程。因此，创新的成果一定体现具体的价值，对经济社会具有一定的效益。

4. 时效性

在创新初期，企业的创新活动主要是产品创新。一旦新产品被市场接受，企业会把注意力集中在过程创新上，其目的是降低生产成本、改进品质、提高生产效率。当产品创新和过程创新进行到一定程度时，企业的创新注意力又会逐渐转移到市场营销创新上，目的是提高产品投放市场的占有率，一段时间以后，又会被更新的产品所代替。所以在进行创新决策时，要考虑三个方面的问题，消费者对创新产品需求的持续时间有多长、被其他产品替代的可能性及创新所处的时间段。

第二节 创新的内容

创新主要包括三个方面的内容：即理论创新、管理创新和技术创新。理论创新是最重要的创新，是整个创新思想的核心，是其他一切创新的基础。

一、理念创新

理念创新是指革除旧有的既定看法和思维模式，以新的视角、新的方法和新的思维模式，形成新的结论或思想观点，进而用于指导新的实践的过程。理念创新的模式一般经历四个阶段，其中产生、继承、超越和发展分别对应了以下四个阶段。

1. 理念创新产生于客观的实际

新理念的产生主要来源于社会实践，不论是自身变革实践的挫折和失败，还是经验教训的概括总结，或者是来自外部的变革经验和教训。对实践变革的探索，不断提出新思路、新看法、新观念，实践推动了观念的更新，理念的创新。理念创新的实质是认识不断深化的过程，具有深刻性，进而对社会实践具有指导作用。理念是对客观对象的理性认知与概括，没有认识就没有理念，理念随着认识的深入而产生变革。

2. 理念创新的前提是继承

观念的更新是以逐步进化的方式前进的，是基于对原有知识与经验的认知，在对世界的求知、改造过程中，对客观世界认识的抽象、提炼、升华的过程。观念更新和理念创新都具有一定的继承性，即以继承为起点，以适应时代为特点，通过内在的运行机制的创新使其得到不断发展。理念是人类的一种文化特质，文化的积淀对理念的继承和更新起某种决定作用，使理念创新具有继承性和相对稳定性。

3. 理念创新的本质在于超越原有观念

人类的进步和发展就是一个不断超越既成现实，追求和实现理想的过程，是一个超越创新的过程。理念创新的过程实质上是破与立相统一的过程。"破"是对过时的或错误的观念的否定和扬弃；"立"则是对符合时代要求的、正确的新理念的创立和完善。随着对旧观念的否定和怀疑，进一步发展到理性的分析和判断，从本质上认识到旧观念与客观规律不符合的实质，进而要突破和超越，进行理念创新。

4. 理念创新是动态发展的

客观事物的变化是必然的、经常的，人的理念也应随其变化而变化。理念属于精神层面，它是以主观形式体现的，其内容是主观对客观事物的反映。在实践中，主观形式与客观实际不统一的主要有两个原因：一是主观认识的原因，即将主观愿望当做客观实际，不注重理论联系实际，照搬他人的经验模式等；二是客观实际方面的原因，即理念所反映的实际情况发生了变化，或者所反映客观事物本身没有发生变化，但其外部环境条件发生了变化。

二、管理创新

管理创新是指组织把新的管理要素组合起来包括新的管理方法、管理手段、管理模式等要素，引入企业管理系统中以便有效地实现组织目标的活动。管理创新可以将制度创新、技术创新及组织创新等其他形式的创新活动结合起来，引导企业各方面的创新。

企业需要制度创新。为适应市场发展的需求，企业必须及时调整其管理制度，使其不仅适应国家政策规定，也要适应国际企业管理制度发展模式和趋势，建立更加优质、高效的管理制度，协调企业各级管理者、各类员工的权益关系，提高企业的管理效率。

企业需要技术创新。在经济增长的过程中，技术创新占有重要地位。科学技术已成为推动经济增长的主要力量，所以必须从知识形态转化为物质形态，从潜在的生产力转化为现实的生产力，对企业而言，追求技术创新的价值和动力，在于它能够提高企业的投入产出水平，生产出具有市场竞争力的新产品，从而提高企业的竞争力。而这一转化，正是在技术创新这一环节中实现的。

企业需要组织创新。为适应市场经济的发展需求，对企业组织结构的调整显得尤为重要。企业应减少管理层级，缩小中间管理层次，使企业的管理组织结构能够灵活多样，形成一种新型的扁平化结构，降低管理成本，提高企业的组织效率。在全球化竞争中为员工的发展和想法提供最迅速的反应机制，让每一位员工都能充分发挥其主观能动性。

组织通过资源、市场、战略和流程等领域的管理创新，可以形成科学的管理，最终提高现有资源的配置效率。

复旦大学芮明杰教授认为管理创新至少包括五种情况。

（1）提出一种新的发展思路并加以有效实施。新的发展思路如果是可行的，这便是管理方面的创新。

（2）创设一个新的组织机构并使之有效运转。组织机构是组织内管理活动及其他活动有序化的支撑体系。创设一个新的组织是一种创新，但如果不能有效运转则成为空想，不是实实在在的创新。

（3）提出一个新的管理方式方法。一个新的管理方式方法能提高生产效率，或使人际关系协调，或能更好地激励组织成员等，这些都将有助于组织资源的有效整合以实现组织既定目标和责任。

（4）设计一种新的管理模式。所谓管理模式是指组织综合性的管理范式，是指企业总体资源有效配置实施的范式，这么一个范式如果对所有组织的综合管理而言是新的，则自然是一种创新。

（5）进行一项制度的创新。管理制度是对组织资源整合行为的规范，既是对组织行为的规范，也是对员工行为的规范。制度的变革会给组织行为带来变化，进而有助于资源的有效整合，使组织更上一层楼。

三、技术创新

技术创新是指组织应用创新的知识和新技术、新工艺，采用新的生产方式和经营管理模式，提高产品质量，开发生产新的产品，提供新的服务，占据市场并实现市场价值。企业是技术创新的主体。技术创新是发展高科技、实现产业化的重要前提。

技术创新通常包括材料创新、手段创新、工艺创新、产品创新等。其中，材料创新主要是寻找和发现现有材料的新用途和利用新知识和新技术制造新的合成材料；手段创新主要是指生产的物质条件的改造和更新；工艺创新主要是指生产工艺的改革和操作方法的改进；产品创新包括新产品的开发和老产品的改造。产品创新是技术创新的核心和主要内容，其他创新都是围绕着产品创新进行的，而且其成果也最终在产品创新上得到体现。

1. 技术创新的模式

技术创新的模式一般划分为技术推动模式、市场需求拉动模式和双重作用模式三种。

（1）技术推动模式。技术推动模式是指由技术发展的推动作用而产生的技术创新。技术推力表现为科学和技术的重大突破，使科学技术明显地走到生产的前面，从而创造出全新的市场需求，或是激发市场的潜在需求。在经济发展的过程中，许多重大的技术创新成果如尼龙、人造纤维、核电站、半导体等都属于这一模式。

（2）市场需求拉动模式。市场需求拉动模式是指技术创新始于市场需求。具体表现为由于市场的需求，对产品和技术提出了明确的需求，从而导致科学技术的发展，进而制造出适销的产品，最终满足市场的需求。随着社会、经济与科技的发展与融合，近代的众多技术创新都属于这种模式，如信息产业、互联网产业、汽车产业、工业用仪表、测试仪器及大多数改进产品的创新等。有调查显示 60%～80%的重要创新是由需求拉动的。

（3）双重作用模式。双重作用模式是指在技术创新时，创新者在拥有或部分拥有技术发明或发现的条件下，受到市场需求的诱发，并由此开展创新活动的一种模式。由于技术与经济的相互渗透，以及技术创新过程越来越复杂，涉及的因素越来越多，从而很难断定技术推动和市场需求哪个是技术创新的决定因素。双重作用模式强调技术推动与市场需求综合考虑，双方有机结合导致了技术创新的开展。

2. 技术创新能力

技术创新能力是指企业依靠新技术推动企业发展的能力。是指企业通过引入或开发新技术，满足或创造市场需求，增强企业竞争力的能力。技术创新能力可以分解为七个创新能力要素，即创新倾向、创新资源投入能力、创新管理能力、研究开发能力、生产制造能力、营销能力和信息能力，这七大要素也是评价企业技术创新能力的重要指标。

（1）创新倾向。创新倾向指企业家具有的创新主动性和前瞻性。创新倾向性强表现为创新率高、创新视野开阔、创新规划长远和具有强烈的创新愿望。企业家首先应该设法把企业的发展建立在生产有市场前景的产品和开拓有市场前景的领域上，从技术创新中谋求进步。

（2）创新资源投入能力。创新资源投入是指技术创新活动中的资源投入。技术创新资源投入能力指企业投入技术创新资源的数量和质量。按照国际通行的方法，企业投入技术创新的资源可划分为研究与开发的投入和非研究与开发的投入。

（3）创新管理能力。创新机会需要捕捉，创新活动离不开管理。创新管理能力表现为企业发现和评价创新机会，组织管理技术创新活动的能力。一个善于管理创新的企业，应具有明确而可行的创新战略和有效的创新机制。

（4）研究开发能力。研究开发能力是指创新资源投入的积累结果，但是，创新资源投入能力替代不了研究开发能力。研究开发能力可细分为基础研究能力、应用研究能力和创新研究能力。

（5）生产制造能力。企业生产制造能力是企业的生产可能性的重要指标。生产制造能力是指把研究开发成果从实验室成果转化为符合设计要求的批量产品的能力，包括企业装备的先进性和工人的技术等级、适应性和工作质量。

（6）营销能力。营销能力是指管理者研究市场，使消费者接受新产品的能力。通过企业用户和竞争者反馈信息以改进产品，从而提高新产品市场占有率和扩大市场范围的能力。

（7）信息能力。信息能力是企业开展情报的搜集与处理工作，了解和掌握世界技术及商业行情的能力。信息能力取决于管理者和技术人员掌握信息和情报的质量，它是从可行性研究到谈判、消化吸收直至发展创新等技术引进工作的基础。

第三节 创新的过程与主体

一、创新的过程

创新是一个复杂的过程，要有效地组织系统的创新活动，就必须研究和揭示创新的规律。因为创新是对旧事物的否定，对新事物的探索，所以，创新在本质上是杂乱无章的。总结众多成功企业的经验，成功的创新要经历"寻求机会、提出构想、迅速行动、坚持不懈"这样四个阶段的努力。

1. 寻求机会

创新是对原有秩序的破坏。之所以要打破原有秩序，是因为其内部存在着或出现了某种不协调的现象。这些不协调对系统的发展提供了有利的机会或造成了某种不利的威胁。创新活动正是从发现和利用旧秩序内部的这些不协调现象开始的，不协调为创新提供了契机。旧秩序中的不协调既可存在于系统的内部，也可产生于对系统有影响的外部。

就系统的外部说，有可能成为创新契机的变化主要有：

（1）技术的变化，从而可能影响企业资源的获取、生产设备和产品的技术水平。

（2）人口的变化，从而可能影响劳动市场的供给和产品销售市场的需求。

（3）宏观经济环境的变化。迅速增长的经济背景可能给企业带来不断扩大的市场，而整个国民经济的萧条则可能降低企业产品需求者的购买能力。

（4）文化与价值观念的转变，从而可能改变消费者的消费偏好或劳动者对工作及其报酬的态度。

就系统内部来说，引发创新的不协调现象主要有：

（1）生产经营中的瓶颈，可能影响了劳动生产率的提高或劳动积极性的发挥，因而始终困扰着企业的管理人员。这种卡壳环节，既可能是某种材料的质地不够理想，且始终找不到替代品，也可能是某种工艺加工方法的不完善，或是某种分配政策的不合理。

（2）企业意外的成功和失败，如衍生产品的利润贡献不声不响地、出人意料地超过了企业的主营产品，老产品经过精心整顿改进后，结构更加合理、性能更加完善、质量更加优异，但并未得到预期数量的订单等，这些出乎企业意料的成功和失败，往往可以把人从原先的思维模式中分离出来，从而可以成为企业创新的一个重要源泉。

企业的创新，往往是从密切地注视、系统地分析社会经济组织在运行过程中出现的不协调现象开始的。

2. 提出构想

敏锐地观察到不协调现象的产生以后，还要透过现象究其原因，并据此分析和预测不协调的未来变化趋势，估计它们可能给组织带来的积极或消极后果。并在此基础上，努力利用机会或将威胁转换为机会，采用头脑风暴，列举法等方法提出多种解决问题、消除不协调、使系统在更高层次实现平衡的创新构想。

3. 迅速行动

创新成功的秘密主要在于迅速行动。提出的构想可能还不完善，但这种并非十全十美的构想必须立即付诸行动才有意义。"没有行动的思想会自生自灭"，这句话对于创新思想的实践尤为重要。一味追求完美，故步自封，就可能坐失良机。创新的构想只有在不断地尝试中才能逐渐完善，企业只有迅速地行动才能有效地利用创新提供的机会。

4. 坚持不懈

构想经过尝试才能成熟，而尝试是有风险的，是不可能"一蹴而就"的，是可能失败的。创新的过程是不断尝试、不断失败、不断提高的过程。因此，创新者在开始行动以后，为取得最终的成功，必须坚定不移地继续下去，决不能半途而废，否则便会前功尽弃。

二、创新活动的组织

企业是人的集合体，企业的绩效及其生存与发展的能力首先取决于员工的努力。因此，一个企业要想成为"创新型"组织，首先必须积极培养员工的创新意识。

1. 营造自主创新氛围

追求创新的公司认识到，在企业内对创新思想严加控制是错误的，他们招聘自我激励的员工并尽量"放任"他们。要相信员工会自动调整他们的行动，向企业的目标看齐。企业文化决定了其员工的创新自由度。公司必须建立一种文化，鼓励每个员工都奋发向上、努力进取、大胆尝试。要造成一种人人谈创新，无处不创新的组织氛围。索尼公司鼓励员工进行实验，并在市场上实验新的产品的行为予以奖励。与其他公司不同，索尼"明知不能全部成功，仍将大批新产品投放市场"。因此，索尼文化是鼓励创新行为。

2. 人才资源是组织创新的基本保证

创新性组织积极对其员工开展培训，加快员工的知识更新。同时，通过职业生涯设计，给员工提供工作保障，鼓励员工成为创新能手，一旦产生新思想，创新者会主动而热情地将新思想深化提高并克服阻力，以确保组织创新方案得到推行。有研究表明，创新型企业家具有共同的个性特征：自信性、坚持性、精力旺盛、冒风险等。另外，他们一般处于拥有相当大自主权的职位，这使他们能在组织中引入并推行所提倡的组织创新。

3. 吸取经验和教训

追求开拓创新的企业致力于创造重要的产品和服务，但这并不是一个零缺陷过程。创新与持续改进长期存在的工作流程是完全不同的。不容许任何错误的公司绝不可能期望它的员工公开发表他们那些未经尝试的想法。管理人员应该允许失败、支持失败、甚至鼓励失败。组织成员通过从失败中吸取经验和教训，使下次失败到成功的路程缩短。美国一家成功的计算机设备公司在它那只有五六条的企业哲学中甚至这样写道："我们要求公司的人每天至少要犯 10 次错误，如果做不到这一条，就说明谁的工作不够努力。"

4. 建立合理的奖酬制度

激发每个人的创新热情，还必须建立合理的评价和奖酬制度。奖酬制度是否科学合理，不仅关系到员工个人的切身利益，也将直接影响员工创新动力。如果创新的努力得不到组织和社会的承认，不能得到公正的评价和奖酬，继续创新的动力就会渐渐失去。

促进创新的奖酬制度至少要符合下述条件：

（1）物质奖励与精神奖励结合。奖励可以用物质激励，但不一定全部是金钱上的，精神上的奖励有时比物质报酬更能满足驱动人们创新的心理需求。

（2）奖励所有努力的创新者。奖励应是对特殊贡献甚至是对希望做出特殊贡献的努力的报酬，奖励的对象不仅包括成功以后的创新者，而且应当包括那些成功以前甚至没有获得成功的努力者。就组织的发展而言，也许重要的不是创新的结果，而是创新的过程。如果奖酬制度能促进每个成员都积极地去探索和创新，那么对组织发展有利的结果是必然会产生的。

（3）奖励制度促进竞争与合作。内部的竞争与合作对创新都是重要的。竞争能激发每个人的创新欲望，有利于创新机会的发现、创新构想的产生，而过度的竞争则会导致内部的各自为政、相互封锁；协作能综合各种不同的知识和能力，从而可以使每个创新者都更加完善，但没有竞争的合作难以区别个人的贡献，从而会削弱个人的创新欲望。

三、创新的主体

创新主体是有自己的创意并成功地将其付诸实施的人。创新主体是具有创新能力并实际从事创新活动的人或社会组织。创新主体具有对创新活动自主的决策权，具备进行创新活动所要求的能力，能够承担创新活动的责任与风险，并能获取创新活动的收益。

熊彼特在创立其创新理论时，创新主体主要是指企业家。实际上，创新领域是广阔的，创新主体也是多元的，人们可以用不同的标准对创新主体进行分类。本书按照创新主体在进行创新活动时所采取的形式来分类，分为个体创新和群体创新。不同的创新主体应该具备不同的创新素质，而创新素质的高低成为决定其创新能力的关键性因素。

1. 个体创新

组织中的每个个体都是创新活动的源泉。管理者不仅应该对自己的工作进行创新，更重要的是要充分调动全体员工参与创新的工作热情，为组织内部的创新活动提供条件，以提高组织工作的整体效率。

作为个体的员工很难成为创新的主体，个人很可能因为资源有限而受到多方面的限制，虽有创意也很难在工作中进行实践。但作为群体的员工却往往能成为创新的主体，这是因为群体中可以包容大量的创意，当这些创意得到上司认可并付诸实施时，这些员工们就成了真正的创新主体，他们在每天的工作过程中就可以进行亲身实践。比如，日本企业成立各种小组，全员参与管理创新，如合理化建议制定、零缺点运动、质量管理小组、创意发明委员会等，创造出著名的全面质量管理、即时生成体制等，为企业创造了大量的财富。

创新型企业家也是创新的关键，由于企业家在整个企业发展中所处的特殊地位和管理支配力，他们或亲自提出创意并付诸实施，或对管理创新活动产生重大影响。因此，企业家是管理创新成败的关键人物，创新精神要求他们必须具备一定的心智特征和能力结构。

2. 群体创新

管理者是在专业分工的条件下对自己职责范围内的事物、人员、资源进行管理的。这些管理领域如人事、财务、生产、营销等都存在着大量的创新空间，因此，这些管理者如果提出创意并加以有效实施的话，就能成为创新的主体。例如福特公司提出"让工薪阶层都有一部福特车"的创新思维，生产部门的管理人员和技术人员经过艰苦努力，不断修改创意，设计实施方案，最后终于提出了"生产流水线"这一生产流程方面的重大创新，极大地扩张了生产规模，降低了产品成本，成为工业革命以来的一项重要创新。

专家智囊团、研究机构和高等院校也是创新的群体。在复杂、多变和激烈的竞争环境中求生存，单凭企业家和几个管理人员的知识、智慧和经验是不够的，还需要借助一些专门的管理专家、研究机构和高校的理论和智慧，依靠他们来分析收集信息，制定创新方案，并帮助企业家付诸实施。这种利用"外脑"的方式对创新是非常重要的。据资料表明，国外一些企业的重大创新成果很多是由专家组成的"智囊团"和研究机构取得的。因此，在国家创新系统中，研究机构和大学作为知识创新的主体，要充分发挥这部分群体的力量。

第四节　创新的方法

一、综摄法

综摄法（Synectics Method）是由美国麻省理工大学教授威兼·戈登（W J Gordon）于1944年提出的一种利用外部事物启发思考、开发创造潜力的方法。

综摄法又称类比思考法、类比创新法、科学创造法等。综摄法是指以外部事物或已有的发明成果为媒介，将它们分成若干要素，对其中的元素进行讨论研究，综合利用激发出来的灵感，来发明新事物或解决问题的方法。

1. 应用原则

（1）异质同化原则：把看不习惯的事物当成早已习惯的熟悉事物。在碰到一个完全陌生的事物或问题时，要用全部经验、知识来分析、比较，并根据这些结果，做出很容易处理或很成熟的表达，然后再使用相关方法，达到这一目的。

（2）同质异化原则：对某些早已熟悉的事物，根据人们的需要，从新的角度或运用新知识进行观察和研究，以摆脱陈旧固定的看法，产生出新的创造构想，即把熟悉的事物转化为陌生的事物看待。

2. 综摄法的实施步骤

(1) 准备阶段。

1) 确定会议室和会议时间；

2) 确定参加人员约十名，参加者可以为不同专业的研究人员，但需是内行；

3) 指导员应具备使用本方法的一切常识及细节问题，如模拟技巧、实施要点等。

(2) 实施阶段。

1) 主持人向与会者介绍本方法的大意及实施概要以及模拟技巧、思考方式等；

2) 主持人先不公开议题，而介绍与研究课题有关的更广泛的资料，引导与会者进行讨论，启发他们的灵感；

3) 当讨论涉及解决问题时，主持人再明确提出来，并要求参加者积极构思解决问题的方案；

4) 整理综合各种方案，寻找出最佳方案。

二、检核表法

检核表法（Checklist Technique）是由亚历克斯·奥斯本于 1941 年提出的，发表于世界上第一部创新学专著《创造性想象》中。

检核表法又称稽核表法、对照表法、分项检查法等，奥斯本创造的检核表原有 75 个问题，可归纳为六类问题的九组提问。检核表法围绕一个主题，将有可能涉及的各有关方面罗列出来，设计成表格（或问题清单），逐项检查核对，并从中选择重点，深入启迪创造性设想。

1. 检核表法的六类问题

(1) 由现状到目的：转移；

(2) 由目的到现状：替代；

(3) 质量的变化：改变；

(4) 组合排列：调整、颠倒、组合；

(5) 量的变化：改造、缩小；

(6) 借助其他模型：引入。

2. 检核表法的九组提问

(1) 能否转移：现有事物原理、方法、功能能否移植至其他领域；

(2) 能否改变：能否改变现有事物的形、色、声、味等；

(3) 能否引入：现有事物能否引入其他设想的系列成果；

(4) 能否改造：能否改进现有事物，增加其使用价值；

(5) 能否缩小：能否使现有事物缩小、减轻、分割；

(6) 能否替代：能否用其他材料代替现有材料，功能成本不变；

(7) 能否调整：能否调整、变化现有事物的程序；

(8) 能否颠倒：能否使现有原理、功能、工艺颠倒过来；

(9) 能否组合：能否使若干事物（部分）组合，产生更大功能、效果。

3. 检核表法的实施步骤

(1) 根据创新对象明确需要解决的问题。

(2) 根据需要解决的问题，参照表中列出的问题，运用丰富想象力，强制性地一个个核对讨论，写出新设想。

（3）对新设想进行筛选，将最有价值和创新性的设想筛选出来。

三、智力激励法

智力激励法经各国创造学研究者的实践和发展，至今已经形成了一个发明技法群，如奥斯本智力激励法、默写式智力激励法、卡片式智力激励法等。

智力激励法又叫头脑风暴法（Brain Storming）或 BS 法，是指一组人员通过召开特殊的专题会议形式，针对某一特定问题，与会成员之间互相交流、互相启迪、互相激励、互相修正、互相补充、集思广益，从而达到产生大量新设想的集体性发散技法。这是世界上最早付诸实践的创新技法。

1. 应用原则

（1）自由思考原则：要求与会者解放思想，自由畅谈，不受任何传统思维和常规逻辑的束缚，充分运用创造性思维。

（2）延迟评判原则：限制在讨论问题时过早地进行评判，对所提各种设想，不做任何肯定或否定性评论。

（3）以量求质原则：以创造性设想的数量保证创造性设想的质量。

（4）结合改善原则：鼓励与会者积极参与知识互补、智力互激的信息增值活动。与会者要仔细倾听他人的发言，取长补短，提出更完善的创意和方案。

2. 智力激励法的实施步骤

（1）准备：选择会议主持人，确定会议主题、人选，提前下达会议通知。

（2）热身：主持人灵活确定热身活动所需要的时间和活动方式，使会场尽快形成热烈轻松的气氛，使大家尽快进入创造的"临战状态"。

（3）明确问题：主持人介绍问题，激发大家参与的兴趣，采用开拓大家思路的陈述方式。

（4）畅谈：主持人要营造一种高度激励的气氛，使与会者能突破思维障碍和心理约束，让思维自由驰骋，借助与会者之间的知识互补和情绪鼓励，提出大量有价值的设想。

（5）整理：主持人应组织专人对设想进行分类整理，并进行去粗取精的提炼工作。倘若还有悬而未决的问题，还可以召开下一轮智力激励会议。

四、特性列举法

特性列举法（Attribute Listing Method）是 20 世纪 30 年代初美国内布拉斯加大学教授克劳福特创立的一类创新技法。

特性列举法又称属性列举法，是一种通过创新对象的特征，包括名词性、形容词性和动词性等一一例举出来，然后分析、探讨能否以更好的特性替代，最后提出革新方案的创新技法。

1. 应用原则

（1）把研究对象的主要属性逐一列出，判断每一个特性是否具有改进和创新的必要性和可能性，按重要程度进行排列，通过详细分析，探讨能否进行改革或创新。

（2）尽量列举该事物的各种不同的特征或属性，然后确定应加以改善的方向及如何实施。列举得越全面、越详细，越容易找到创新和改进的方面，要着手解决的问题越小，越容易获得创新的成功。

2. 特性列举法的实施步骤

（1）确定研究对象：研究对象应当选择一个比较明确的革新课题，课题宜小不宜大，如果课题较大应将其分解成若干小课题。

（2）列举研究对象的特性：名词特性——主要用来表征事物的性质、整体、部分、材料及制造方法等；形容词特性——反映事物的颜色、形状、大小、长短、轻重等；动词特性——反映事物的机能、作用、功能等。

（3）分析鉴别特性：运用发散性思维，提出革新方案。对所列举出的特性逐一进行具体的分析，淘汰那些没有价值和不现实的特性，并将欲创新的特性加以整理、按重要程度进行排列。

五、综合创造法

综合创造法是把研究对象的各个部分、各个方面、各种因素的各个特点联系起来，作为一个统一的技术整体加以思考的一种发明创造法。

1. 应用原则

（1）寻找内在的相互关系：这种发明创造法并不是各个部分的机械相加，也不是把各种因素加以形式上的堆砌，而是根据研究对象本身各种特性之间的客观联系，从内在的相互关系中去把握对象的整体性的发明创造方法。

（2）以细致、深入分析为前提：发明者在发明创造中对所研究的对象了解得更细致、更深入，从而加深对研究对象各个方面、各个部分的认识，然后再进行综合创造。

2. 综合创造法的实施步骤

（1）首先要有一个明确的目标，即要选择一个比较明确的发明课题。目标选定后，再通过分析把革新发明的对象的各个部分、各个特性一一区分开来。

（2）在分析的过程中为了获得更多的创造性思想，可采用提问、联想，列举缺点等方式，诱发创新思想的产生。

（3）从众多的创造性设想中，综合成为一种新的性能好、效益高、实用性强和切实可行的发明方案。

管理哲理故事

创新往往是最简单的

人们经常把创新想象得太高深、太神秘、太复杂，并因此阻碍了他们的创新。其实创新甚至是伟大的创新往往却是最简单的。

多年前，有一家酒店的电梯不够用，打算增加一部。于是酒店请来了建筑师和工程师研究如何增设新的电梯。专家们一致认为，最好的办法是每层楼打个大洞，直接安装新电梯。方案定下来之后，两位专家坐在酒店前厅面谈工程计划。他们的谈话被一位正在扫地的清洁工听到了。

清洁工对他们说："每层楼都打个大洞，肯定会尘土飞扬，弄得乱七八糟。"工程师瞥了清洁工一眼说："那是难免的。"清洁工又说："我看，动工时最好把酒店关闭些日子。"工程师说："那可不行，关闭一段时间，别人还以为酒店倒闭了呢。再说，那也影响收益呀。""我要是你们，"清洁工不经意地说，"我就会把电梯装在楼的外面。"工程师和建筑师听了这话，相视片刻，不约而同地为清洁工的这一想法叫绝。于是，便有了近代建筑史上的伟大变革——把电梯装在楼外。

故事的哲理：

理念创新的本质在于超越，在于对原有观念的突破。革除旧有的既定看法和思维模式，以新的视角、新的方法和新的思维模式，形成新的结论或思想观点才是关键所在。

华为的核心竞争力是怎样炼成的

在过去的 30 年时间里，大多数中国民营科技企业总是逃脱不了"各领风骚三五年"的宿命，我们也听到和看到太多关于中国民营企业崛起、衰落、倒闭的悲伤故事。但是华为技术有限公司却成功了。华为从 2 万元起家，用 25 年时间，从名不见经传的民营科技企业，发展成为世界 500 强和全球最大的通信设备制造商。

华为成功的秘密就是创新。创新无疑是提升企业竞争力的法宝，同时它也是一条充满了风险和挑战的成长之路。尤其在高新技术产业领域，创新被称为一个企业的生存之本和一个品牌的价值核心。

"不创新才是华为最大的风险"，华为总裁任正非的这句话道出了华为骨子里的创新精神。"回顾华为 20 多年的发展历程，我们体会到，没有创新，要在高科技行业中生存下去几乎是不可能的。在这个领域，没有喘气的机会，哪怕只落后一点点，就意味着逐渐死亡。"正是这种强烈的紧迫感驱使着华为持续创新。

华为虽然和许多民营企业一样从做"贸易"起步，但是华为没有像其他企业那样，继续沿着"贸易"的路线发展，而是踏踏实实地搞起了自主研发。华为把每年销售收入的 10%投入研发，数十年如一日，近 10 年投入的研发费有 1000 多亿元人民币，在华为 15 万名员工中有近一半的人在搞技术研发。为了保持技术领先优势，华为在招揽人才时提供的薪资常常比很多外资企业还高。

华为的创新体现在企业的方方面面，在各个细节之中，但是华为不是为创新而创新，它打造的是一种伺机而动、有的放矢的创新力，是以客户需求、市场趋势为导向，紧紧沿着技术市场化路线行进的创新，这是一种可以不断自我完善与超越的创新力，这样的创新能力才是企业可持续发展的基石。

现在，华为的产品和解决方案已经应用于 150 多个国家，服务全球 1/3 的人口。在全球 50 强电信运营商中，有 45 家使用华为的产品和服务，其海外市场销售额占公司销售总额的近 70%。

技术创新对于一个企业的国际化非常重要，但不等于说只有在完成技术创新之后才进行国际化。完全掌握了核心技术，再进行国际化，这是一种过于理想化的模式。国际化的过程本身就是提高企业技术能力的过程，在"战争中学习战争"也是一种伺机而动的思维。所以在 1996 年，华为就尝试走出国门，让国际竞争来促进和提升自身的技术创新。

实际上，华为的技术创新，更多表现在技术引进、吸收与再创新层面上，主要是在国际企业的技术成果上进行一些功能、特性上的改进和集成能力的提升。对于所缺少的核心技术，华为通过购买或支付专利许可费的方式，实现产品的国际市场准入，再根据市场需求进行创新和融合，从而实现知识产权价值最大化。

任正非说："科技创新不能急功近利，需要长达二三十年的积累。"中国企业要走出国门，融入世界，做大做强，就必须摒弃赚"快钱"的心态，舍得在技术升级和管理创新上花钱，转型和升级才可能实现。华为不赚"快钱"赚"长钱"的思想值得很多企业学习借鉴。

但必须指出的是，产业升级仅有技术升级也是不够的，还需要管理的同步升级。与其他国内企业一样，华为在创业之初也有过一段粗放式管理的时期，但是华为及时认识到管理创新的重要性，并不惜血本，进行脱胎换骨式的变革和提升。

在国际化进程中，华为认识到先进的企业内部管理体系的基础作用。华为先后与 IBM、HAY、MERCER、PWC 等国际著名公司合作，不惜花数十亿资金，引入先进的管理理念和方法，对集成产品开发、业务流程、组织、品质控制、人力资源、财务管理、客户满意度等方面进行了系统变革，把公司业务管理体系聚焦到创造客户价值这个核心上。

经过 10 多年的不断改进，华为的管理实现了与国际接轨，不仅经受了公司业务持续高速增长的考验，而且赢得了海内外客户及全球合作伙伴的普遍认可，有效支撑了公司的全球化战略。

在产品研发上，华为"以客户需求为导向"，以客户需求驱动研发流程，围绕提升客户价值进行技术、产品、解决方案及业务管理的持续创新，快速响应客户需求。同时，华为还坚持"开放式创新"，先后在德国、美国、瑞典、英国、法国等国家设立了 23 个研究所，与世界领先的运营商成立了 34 个联合创新中心，从而实现了全球同步研发。不仅把领先的技术转化为客户的竞争优势，帮助客户成功，而且还为华为输入了大量高素质的技术人才。

华为的"客户创新中心"和"诺亚方舟实验室"就是专门为客户量身打造的创新研究机构。通过对客户个性化需求的解读与研判，创造性地为客户进行"量体裁衣"式的个性化服务。满足各个国家客户不同的需求，成为华为进行创新的动力。抓客户的"痛点"而不是竞争对手的"痛点"，抓客户价值而不是抓产品成本，这就是华为国际化成功的经验。

试回答以下问题：

1. 华为创新的核心内容是什么？

2. 华为做到持续创新的经验有哪些？

复习思考题

一、概念题

创新　理念创新　管理创新　技术创新　创新主体　智力激励法

二、填空题

1. 创新的特点有_____、_____、_____、_____。

2. 理念创新的前提是继承，继承是_____，创新是_____。

3. 技术创新的模式一般划分为_____、_____、_____。

4. 技术创新能力可以分解为七个创新能力要素，即_____、_____、_____、_____、_____、_____、_____。

5. 创新的过程要经历_____、_____、_____、_____四个阶段的努力。

6. 促进创新的奖酬制度至少要符合下述条件：_____、_____、_____。

7. 创新主体可以分为_____、_____两种。

8. 创新的方法有_____、_____、_____、_____、_____。

三、选择题

1. 创新具有以下的哪个特征（ ）。

A. 滞后性   B. 时空性

C. 价值性   D. 整体性

2. 理念创新一般经历（ ）阶段。

A. 产生   B. 继承

C. 超越   D. 以上三个

3. 企业制度创新的方向包括调整和优化（ ）。

A. 产权制度、管理制度之间的关系

B. 所有者、经营者、劳动者三者之间的关系

C. 经营制度、管理制度之间的关系

D. 经营者、劳动者之间的关系

4. 技术创新的模式划分为（ ）。

A. 技术推动模式   B. 市场需求拉动模式

C. 双重作用模式   D. 以上三个

5. 营造自主创新氛围是（ ）中的内容。

A. 创新活动的组织   B. 创新的过程

C. 技术创新过程   D. 管理创新过程

6. "寻求机会、提出构想、迅速行动、坚持不懈"是（ ）中的内容。

A. 创新活动的组织   B. 创新的过程

C. 技术创新过程   D. 管理创新过程

7. 综摄法的应用原则包括（ ）。

A. 延迟评判原则、结合改善原则   B. 自由思考原则、以量求质原则

C. 异质同化原则、同质异化原则   D. 自由思考原则、同质异化原则

8. 特性列举法是（ ）创立的一类创新技法。

A. 奥斯本   B. 克劳福特

C. 戈登   D. 熊彼特

9. 智力激励法的实施步骤包括（ ）。

A. 准备、热身   B. 明确问题

C. 畅谈、整理   D. 以上全部

10. 就企业系统的外部说，有可能成为创新契机的变化有（ ）。

A. 技术、人口   B. 生产经营中的瓶颈

C. 企业的成功和失败   D. 企业的主营产品

四、判断题

1. 企业需要技术创新，不需要管理创新。（ ）

2. 创新具有新颖性、价值性和滞后性等特征。（ ）

3. 创新是一个复杂的过程，要有效地组织系统的创新活动。（ ）

4. 创新作为管理的基本职能，独立于管理的其他基本职能。（ ）

5. 威廉·戈登是第一个明确使用"国家创新系统"学者。（ ）

6. 检核表可归纳为九类问题的 75 组提问。（ ）

7. 管理创新对技术创新有着一定的驾驭性。（ ）

8. 为适应市场经济的发展需求，对企业组织结构的创新显得尤为重要。（ ）

9. 特性列举法是由亚历克斯·奥斯本于 1941 年提出的。（ ）

10. 检核表法又称稽核表法、头脑风暴法、分项检查法等。（ ）

五、简答题

1. 创新的意义有哪些？

2. 创新的起源有几个阶段？

3. 创新的特点是什么？

4. 管理创新包括哪些情况？

5. 技术创新能力有哪些？

6. 创新的过程是什么？

7. 简答创新主体分为几类？

8. 特性列举法的实施步骤有哪些？

六、论述题

1. 请论述创新的过程。

2. 请论述如何组织创新活动。

参 考 文 献

[1] 芮明杰. 管理学. 上海：上海人民出版社，1999.

[2] 周健临. 管理学. 上海：上海财经大学出版社，1996.

[3] 汪克夷. 管理学. 大连：大连理工出版社，2001.

[4] 吴照云. 管理学. 北京：经济管理出版社，2000.

[5] 周三多. 管理学. 北京：高等教育出版社，2005.

[6] 杨文士，张雁. 管理学原理. 北京：中国人民大学出版社，1994.

[7] [美] 哈罗德·孔茨，海因茨·韦里克. 管理学. 北京：中国经济出版社，1993.

[8] [美] 斯蒂芬·P·罗宾斯. 管理学. 11 版. 北京：中国人民大学出版社，2012.

[9] 乔忠. 管理学. 北京：机械工业出版社，2003.

[10] 于凯成. 人力资源管理. 大连：大连理工出版社，2001.

[11] 张德. 人力资源管理. 北京：清华大学出版社，2001.

[12] 席酉民. 经济管理基础. 北京：高等教育出版社，1998.

[13] 许庆瑞. 管理学. 北京：高等教育出版社，1997.

[14] 赫伯特·西蒙. 管理行为. 杨砾，等译. 北京：北京经济学院出版社，1988.

[15] Wayne K. Hoy, Cecil G. Miskel, Educational Administration：Theory, Research & Practice
(3rd ed.) Random House, 1987.

[16] [美] 斯蒂芬·P·罗宾斯. 组织行为学. 14 版. 孙健敏，李原，等译. 北京：中国人民大学出版
社/Prentice Hall 出版公司，2012.

[17] 杨杜. 现代管理理论. 北京：中国人民大学出版社，2008.

[18] 谭力文. 管理学. 武汉：武汉大学出版社，2001.

[19] 汪英洛. 管理学. 西安：陕西人民出版社，2001.

[20] 曾坤生，李军. 管理学. 北京：清华大学出版社，2009.

[21] 焦叔斌，杨文士. 管理学. 北京：中国人民大学出版社，2014.

[22] 徐国华，赵平. 管理学. 北京：清华大学出版社，2006.

[23] 罗哲. 管理学. 北京：电子工业出版社，2010.

[24] 马凌，施涛. 高级管理学. 北京：科学出版社，2012.

[25] 王关义，高海涛，张铭. 管理学. 北京：机械工业出版社，2011.

[26] 汪洁，丁皓. 管理学基础. 北京：清华大学出版社，2009.

[27] 方振邦，鲍春雷. 管理学原理. 北京：中国人民大学出版社，2014.

[28] 郭文臣. 管理沟通. 北京：清华大学出版社，2014.

[29] 刘福成，徐红. 管理沟通. 大连：东北财经大学出版社，2013.

[30] 王皓白. 商务沟通. 杭州：浙江大学出版社，2011.

[31] 潘福林，张智利，李涛. 管理学原理. 北京：中国铁道出版社，2013.

[32] 张兆响，司千字. 管理学. 北京：清华大学出版社，2006.

[33] 周鸿. 管理学原理与方法. 北京：机械工业出版社，2007.